十勝のアイヌ民族

その歴史的な経緯を「市町村史」などにより探る

加藤公夫❖編

北海道出版企画センター

はじめに

昭和二十五、六（一九五〇、一）年頃、私が育った隣の家で、十五、六歳のお姉ちゃんが、住み込みで農家の手伝い、子守として働いていました。戦後、樺太（満州語・アイヌ語・ロシア語から由来する地名、サハリン）からやって来た、樺太アイヌ民族のお姉ちゃんです。

そのお姉ちゃんの九人家族は、私の住む芽室町とは、縁もゆかりもありませんでした。終戦後、北海道に引き上げ、割り当てられた住宅が、芽室町にあった無縁故引き揚げ者用の旧陸軍輜重部隊の住宅でした。

お姉ちゃんのお婆さんは、身分の高い人だったため、口の周囲から耳にかけて、大きく入れ墨がありました。それを珍しそうに、見に来る人たちがいたそうです。

それから六十数年後、そのお姉ちゃんが八十歳近く、私が六十歳後半になったとき、偶然にも連絡がとれるようになり、再会することができました。安部洋子さんといいます。

洋子さんが樺太へ先祖のお墓参りに行くとき、電話で、『一緒に行きましょう』と、私を誘ってくれました。私が『足が痛いので、歩けない』と言うと、私の幼少の頃の印象しかなかった洋子さんは、『おんぶしてあげるから』と、笑いました。

幸いにも、私は、一緒に洋子さんの故郷、樺太に行くことができました。その後、安部洋子さんは、樺太の思い出、自伝、『オホーツクの灯り』を出版しました。

明治十八（一八八五）年、芽室町の芽室太には、主に、十勝の西部地域からアイヌ民族が移住して、農業を営むようになりました。多くのアイヌ民族の方々は、農業で生活していました。中には、農家の出面（アルバイト）で、生計を営んでいる人もいました。

私が小学校に入学する前、ある日、父の自転車に乗せられ、芽室太のアイヌの人の家を訪ねました。父が、アイヌの人たちに農作業の手伝い（出面）をお願いするためです。

家は草葺きで、入り口にはムシロを下げてありました。中に入ると、家の中は一室で、床は土間となっていました。ムシロが敷かれ、二、三人が横になって休んでいました。壁はヨシで作られ、そこから太陽光が漏れ、隙間から外が見えました。冬の寒さに耐えられる家ではなく、夏にだけ住む家だったと思います。

十勝川沿いのヨシ原に、アイヌ民族の古い丸木舟がありました。鮭の密漁に使用していたのでしょうか。大きな声で言えませんが、私の父も、終戦後間もない頃、鮭の密漁で、お巡りさんのお世話になったようなことを聞いたことがあります。

中学生の頃、用事で芽室市街行きの国鉄バスに乗っていると、芽室太で、口元に入れ墨をしたアイヌのお婆さんが乗りました。バスにはほとんど乗客がなく、座席が空いていました。それにも関わらず、和服を着た上品なお婆さんは、バスの通路の床に正座をして座ったのです。

私は、気の毒に思い、『座席に座ってください』と、幾度も声をかけようとしました。私は、気恥ずかしさもあり、それが言えませんでした。そのとき、お婆さんは、「他所のバスだから」と、遠慮して乗っているように感じられました。

以前、根室市で仕事をしていたとき、別当賀地区に住む、アイヌ民族の方の家を訪問しました。お婆さんが、お茶を出してくれてから、板の間に膝を崩すことなく正座をしました。言葉も品が良く丁寧でした。私は驚きました。

不思議に思い、しばらくしてから、お婆さんの生い立ちを尋ねました。すると、若い頃、近くの明治時代から多くの使用人が働いていた大農場・柳田牧場へ、行儀見習いとして、働いていたことを聞かせてくれました。

昭和四十六（一九七一）年、数十年も前のことで、私の記憶が定かでありませんが、阿寒湖畔に住み、北海道アイヌ協会の役員として活躍されていた山本多助さん（アイヌ文化伝承・著述家）から、島根県の隠岐の島の教育委員会から、地名解明の依頼を受けたことを聞きました。

古代日本語、古代朝鮮語のどちらでも解明できない地名を、アイヌ語で解明することができないでしょうかと、依頼を受けたそうです。

山本多助さんは到着すると、すぐに、現地を見ず、『どのような地名ですか』と、担当の方に尋ねました。『それは、アイヌ語では、湿地帯の意味。それは貝の多いところという意味』と、説明したところ、担当者は驚き、『そのような場所です』と、答えが返ってきたと話しました。

私が退職してから、良く晴れた日に台湾が見えるという、沖縄の西、与那国島に旅行しました。そのとき、アイヌ語の地名があることを知りました。与那国町の役場所在地は、祖納（ソナイ）にあり、川があります。「ソナイ」の「ナイ」は、北海道の地名としてたくさんあり、「川」の意味です。

山間の水田地帯に「タルマイ」という地名がありました。タルマイは、北海道の「樽前」と同じ地名だと思いました。「丘の底に水が流れる」、「凹んでいるところ」というような意味があるそうです。確かに、そこは小さな盆地で水田地帯でした。与那国町の役場の方に聞くと、アイヌ語の地名と云われていると教えてくれました。

その後、昔、火縄銃が伝来したという種子島に旅行したとき、アイヌ語のタンネ、「長い」に由来しているということを知りました。種子島は細長い島です。九州の阿蘇山も、「火を噴く山」というような意味のアイヌ語とのことです。

私は、このように、以前から、アイヌ民族に関することについて、興味があり、生活、歴史的な経緯などについて、多くのことを知ることができればと思っていました。

原稿を書き著すにあたり、各市町村史に記載されている事柄、今まで資料として、収集してあった「十勝毎日新聞」、「北海道新聞」の記事、その他、多くの文献を引用、活用しました。

令和三（二〇二一）年三月　加藤　公夫

十勝のアイヌ民族　目次

建保四年・和人の罪人が蝦夷地に住む／
康正三・長禄元年・コシャマインの戦い／松前藩の祖、武田信広／
長禄元年・十勝アイヌ民族の出身地／十勝アイヌ民族、モチャロク／
文禄二年・五代目の蠣崎慶広、蝦夷地の主／
慶長九年・松前藩、外様大名／
慶長十九年・元和元年・アイヌ民族、松前と交易／
元和三年・蝦夷地の産金／
寛永十二年・戸賀知が初めて登場／トカチの語源／
寛永二十年・十勝沖にオランダ船／オランダ船・十勝川河口でアイヌ民族に会う／
寛文六年・十勝場所・アイヌ民族と交易／
寛文九年・シャクシャインの戦い／シャクシャインは十勝出身／
享保六年・名古屋の船頭、十勝アイヌに助けられる／
享保十一年・アイヌ民族の労働力／
天明五年・最上徳内、択捉島、得撫島を調査／
寛政元年・国後目梨騒動／
寛政三年・十勝場所／粟・稗を耕作／
寛政十年・広尾会所／近藤重蔵、択捉島に「大日本恵登呂府」標柱／

七月十四日・サルル会所から広尾会所へ／十勝内陸調査の準備／
七月十五日・熊三頭見る・鹿一頭捕る・人家一軒／子鹿を食べる・メムに人家二軒／
ヘルフネ村・人家二軒／
タイキは蚤の意味・アシリコタン・人家二軒、一泊／
カジカ、マス、アメマス、トレフをご馳走になる／
七月十六日・歴舟川・神居古潭上流の三股まで行く・人家一軒／
元札内の乙名マウカアイノの家、キハダの皮を敷く、宿泊／
札内村・人家五軒／
七月十七日・戸蔦別村へ、ハウサナクル八七歳の家で、鹿肉のご馳走・人家四軒／
山の湖水にトド、アザラシが生息／美生川中流で野宿／
七月十八日・芽室太に着く／エエクルの家に立ち寄る／カムイコバシと再会
七月十九日・芽室川から十勝川へ／然別太村・人家四軒／然別川上流・人家六軒／
然別村で聞き取り・人家七軒／十勝川を舟で下る／
音更川河口、惣乙名シラリサ／音更川河口・人家八軒／
音更川川筋・人家一三軒／
七月二十日・音更川河口で十勝石を拾う・人家四軒／札内川河口・人家二軒／
別奴村・人家一軒／白人村・人家五軒／十勝川温泉付近・人家二軒／

十勝川上流の鮭漁禁止／根室県、アイヌ民族救済／トノサマバッタ蔓延／
明治十七年・アイヌ民族の惨状／十勝国五郡旧土人授産方法／飢餓状況／
種薯代を貸与／トノサマバッタの採卵堀駆除／アイヌ民族に教育費／
鮭漁の禁止に伴う飢餓状況調査／飢餓状態に陥った原因／
トノサマバッタ駆除の雇用／札幌県の勧農政策／救済方法の作成／
明治十八年・釧路国・足寄で農業指導／土人開墾事務所を開設／開拓地の選定条件／
十勝国五郡旧土人授産方法／旧土人開墾事務所の設置／
アイヌ民族の集落／
新得・清水／芽室／池田／豊頃／本別／
赤痢、腸チフス、コレラの伝染病／トノサマバッタ死滅／この年の十勝は
冷害・鳥害／
明治十九年・三県一局を廃止／アイヌ民族の女性と結婚／芽室・西士狩で開墾に着手／
明治二十年・芽室で初めて和人が入植／アイヌ民族の入植定着実績／
明治二十一年・二ヵ所にアイヌ民族移住地／
明治二十三年・イギリス人の画家・ランドー／
明治二十五年・アイヌ民族の病気／
明治二十九年・幕別・白人アイヌ学校の設立／

昭和二十五年・音更・新聞報道によるアイヌ民族の現状／
昭和二十七年・兜が出土／
昭和三十五年・帯広カムイトウウポポ保存会が発足／
昭和三十六年・北海道ウタリ協会／
昭和三十七年・太刀が出土／
昭和四十一年・アイヌ民族の居住なし／
昭和四十二年・アイヌ民族の伝説・アザラシが住む七つ沼カール／
昭和四十八年・池田・千代田堰堤・カムイイロキ／
昭和五十七年・北海道ウタリ協会「新法の制定」を決議／
昭和五十八年・上士幌・川上英幸の活動／
昭和五十九年・上士幌・ウタリ文化継承保存会／
昭和六十年・ウタリ協会上士幌支部結成／
昭和六十一年・アイヌ植物園／
昭和六十三年・パウダー工場／

第七章　平成・令和の十勝アイヌ民族 … 379

第八章　十勝アイヌ民族の生活・風俗・習慣…391

第九章　十勝アイヌ民族の伝説…419

序章　十勝のアイヌ民族

アイヌ民族は縄文人の直系

人類学、遺伝学等では、形質的に、日本列島の縄文人の直系的な子孫であろう。和人は、縄文人と渡来人が混血して形成されたようであるといわれている（『帯広市史・平成十五年編』から引用）。

アイヌの意味・定義

アイヌという言葉は、「人・人間」という意味である。

私（編者）は、かつて、日高の平取町二風谷にある、萱野茂（大正十五年生〜平成十八年没・参議院議員）さんが設立した「二風谷アイヌ資料館」の展示を見に行ったことがあった。

そのとき、偶然、そこに居合わせた萱野茂さんにお会いした。私は以前から気になっていたこと、『アイヌという言葉を使用しても、差し支えないでしょうか』と、いうようなことを聞いた。すると、萱野さんは、『アイヌという言葉は、「人、人間」という意味だから、差し支えない』と、教えてくれた。

アイヌとは、北海道を中心に本州北部、樺太南部、及び、千島列島を本拠としていた民族。アイヌは、アイヌ語で、「人間」という意味。和人から「蝦夷」、北方民族から「クギ」、「クーイ」、「クル」などと呼ばれていた。

明治以降、「蝦夷」という呼称は廃止され、和人と区別が必要なときは、「旧土人」と呼ぶことになった。

また、毛髪が濃く眼に特徴があるため、一つの人種と考えられるが、何系の人種に属するのか人類学者の間にも相違があって、単一人種であるか否かは決定されていない。

アイヌ民族は、アジア東北部森林地帯を経て北海道に移動して、独特の文化を育てた民族と考えられ、その時期は、北海道考古学年代の擦文土器時代と推定されている（『幕別町百年史』から引用）。

『北海道旧土人保護法沿革史』によると、「貴族院に於ける討議」の中で、政府委員は、『アイヌは、同じく帝国の臣民であり（二〇七頁）』と、話している。

議員からアイヌ民族の混血児に関して、『アイヌの方に入れるのか、入れないのか』という質問があった。

これに対して、政府委員の説明は、次のようであった。

政府委員は、『明らかに誰が見ても分かる者だけ、アイヌとして取り扱うつもりであります（二二〇頁）』というように答弁している。これといった、定義がなかったようである。

平成二十五年の北海道環境衛生部の『北海道アイヌ生活実態調査報告書』の中で、調査対象の「アイヌ」とは、「地域社会でアイヌの血を受け継いでいると思われる方、また、婚姻、養子、縁組みなどにより、それらの方と同一の生活を営んでいる方」となっている。

アイヌ民族の特質

・身長　現代アイヌ民族の身長は、和人よりも高い。
・脚部　脚が短く、胴長。和人も同じ。
・胸囲　広い。
・頭長　長い。
・体毛　上下脚、胸、腹、背部に密生。ヒゲは硬毛。
・鼻型　鼻幅が広い。
・臀部　蒙古斑は少ない。
・目耳　目は二重瞼《まぶた》、耳は大きい。
・血液　ＡＢＯ方式の中のＢ型が多い。
・人種的起源は、ヨーロッパ、モンゴル説、南方人種説、インディアン説などがある（『豊頃町史』から引用）。

アイノとアイヌ

「アイヌ」という言葉の表現は、以前、「アキノ」、「アイノ」と云われ、書かれていた。

明治十二（一八七九）年、日高平取の二風谷にやって来たイギリス人宣教師のアイヌ研究家、ジョン・バチェラーが、「アイヌ」と発音すべきだと主張してから、「アイヌ」と表現されるようになったとのことである（『日本庶民生活史料集成』第四巻）。

余談になるが、明治三十（一八九七）年の春、私（編者）の祖母は、両親（愛知団体）と共に、芽室の美蔓にやって来た。その祖母は、「アイノ」と発音していた。

親戚が北見に「屯田兵」としてやって来ていたので、祖母は、「とんだへい」といっていた。現在は、「とんでんへい」というが、初期の頃は「とんだへい」といったのかもしれない。

夷人《えびす》・蝦夷《えぞ》・胡人《こじん》

「夷人《えびす》」、「蝦夷《えぞ》」の表現は、アイヌ民族の古名とのこと（『新撰北海道史・第二巻』）。

「えぞ（蝦夷）」という発音は、樺太（ロシア語ではサハリン）で、「人」を「エンチュウ」という。この発音が転じて「えぞ（蝦夷）」、「えみし（蝦夷）」というようになった（『豊頃町史』から引用）。

胡人《こじん》とは、北方、または、西方の異民族のことをいう。

和人の呼び名

アイヌ民族は、「和人」を「シサム（隣人）」と呼んだが、そのうち、「シャモ」となまって呼ぶようになった。

アイヌ語の地名

北海道内の地名は、アイヌ語に由来する地名が多い。約八〇％の地名が、アイヌ語に由来してるという。十勝のアイヌ語の地名は、田沼穰が十勝管内の地形図を調べた結果、五六％がアイヌ語に由来していると推計した。

十勝は、北海道内では比較的新しく開拓が進められた地域である。そのため、入植した人々は、自分たちが開拓した地域に、故郷から神社を移したり、同じ地名を付けることがあった。そのため、アイヌ語の比率が北海道全体よりも低いと考えられる。

アイヌ語の地名は、川、海、岩、崖、岬などの地理、地形を表すことが多い。川を意味する「ベツ」と「ナイ」は、ひじょうに多い。

川はアイヌ民族にとって、鮭や鱒などの魚を捕る場所であり、川沿いを道として利用したり、丸木舟に乗って移動する交通の場所であったり、炊事洗濯など、日常生活に深く結びついた場所である。そのため、川沿い、河口などに集落が作られることが多かった。

アイヌ語地名研究者の山田秀三は、明治二十四（一八九一）年、永田方正著、『北海道蝦夷語地名解』に採録されている六、〇〇〇余の地名を分析した。

その中で、北海道全体で、川を意味する地名は半数近くを占めた。そのうち、「〇〇ベツ」と付けられている川の地名が、六三三（三〇・八％）。「〇〇ナイ」と付けられている川が一、四二二（六九・二％）。合計二、〇五五（一〇〇・〇％）あることが分かった。十勝は、三七二の地名が記載されている。そのうち、川の名称は一一三ヵ所であり、「〇〇ペツ」と「〇〇ナイ」の内訳は、「〇〇ペツ」が六一ヵ所、「〇〇ナイ」が五二ヵ所であった。

かつては、「〇〇ペツ」は、普通の川、「〇〇ナイ」は、沢と考えられていたが、地域によって、「〇〇ペツ」と「〇〇ナイ」の意味が異なる。

知里真志保は、北海道の南西部では、「〇〇ペツ」を普通の川、「〇〇ナイ」は、谷間を流れてくる小さな川に限定している。樺太では、「〇〇ペツ」は、特に小さな川をいい、「〇〇ナイ」を普通の川としている。北海道の北東部、網走や宗谷では、「〇〇ペツ」山中の小さな支流、「〇〇ナイ」は、普通の川であるとしている。

アイヌ民族は、川を生き物と考えていた。和人は、川は、山から海に向かって流れると、ごく自然に思っている。

アイヌ民族は、川は、海から山へ上って行くものと考えていた。行き着く先の山の名称は、川の名が付けられるのが一般的だった。和人は、川が海に出るところを河口という。アイヌ語では、川尻という（『新得町百二十年史・上巻』から引用）。

十勝アイヌ民族の出身地

・松浦武四郎の紀行文。利別川の川筋の釧路領、足寄、陸別は、釧路アイヌ民族が網を張るため、十勝アイヌ民族と時々、境界争いになった。

・音更のソバウシ談。ビロウ（広尾）、オホツ（大津）海岸のアイヌ民族は、日高のシャマニ（様似）、ホロイズミ（幌泉）方面から来たらしい。

・音更のユポアン談。十勝には、昔、アイヌ民族が住んでいなかった。後世、他から移ってきたと伝えられている。芽室には石狩から。音更、利別には北見から来たらしい。

・音更の中村要吉談。私の父は、ソパウシから来た。六代前の祖先は、北見から山を越え、音更川の上流、ナイタイに移り住んだ。石狩川上流のペペツのアイヌの人たちが、十勝のサッナイに移住した。サツナイウンクルと結婚して十勝アイヌになった。

・芽室太の川村鉄太郎談。私の家は、石狩川上流のペペツ系統。芽室太の四、五戸を除いて、全部が石狩系統である。唯一軒、毛根のサングルの家は、もともと十勝の家柄である（『豊頃町史』から引用）。

幕別・先祖・母系統

幕別のアイヌ民族の先祖をたどると、いずれも、他の地方からやって来た男が、幕別に住む女性と結婚して、一家族を構成した。母系統である。

白人（チロット）に住んでいた女性、「ハルヌカ」と、妹の「イナウシカウク」が、釧路の男「ハウパッパレ」と、屈足の男「ハウスアンル」と結婚した。

ウシシベツ方面から移住して白人地域に住んでいた女性「コイリマッ」は、音更の奥から移住してきた男、「ホクペアマ」と結婚した。
マクンベツの女性、「サケアシテ」は、網走から来た「シアリセルシ」と結婚した。

・ハウパツパレ系　妻ハルヌカ（白人在住）
　　　　　　　　　夫ハウパツパレ（釧路出身）
・ハウスアンル系　妻イナウシカウク（ハウパッパレの妻、ハルヌカの妹）
　　　　　　　　　夫ハウスアンル（屈足出身）
・ホクペアマ系　妻コイリマツ（ウシシベツ出身、ホクペアマと結婚したときに前夫との間に二人の子供がいた）
　　　　　　　　　夫ホクペアマ（音更の奥出身）
・シアリセシル系　妻サケアシテ（マクンベツ在住）
　　　　　　　　　夫シアリセルシ（網走から幕別へ来た男）
・コイリマツ系　女コイリマツ（ウシシベツから五里以上の所に住んでいた・ウシシベッ出身、ホクペアマと結婚したときに、前夫との間に二人の子供がいた）

この他にも多数の系統があった。右記の五系統で、幕別全体の八、九割を占めたと云われている（『幕別町百年史』から引用）。

幕別・北見のアイヌ民族

寛延二（一七四九）年、アイヌ民族のシアリセルシが、幕別村猿別から白人村に来て、札内川畔に住むサケアシテと結婚し、居を構えた。これより先、クワモッナイ（現在の止若の小川のあたり）に数戸、サルベツに数戸のアイヌ民族が住んでいたという。古老の言い伝えによれば、北見地方からやって来たそうだ（大正八年五月発行『幕別村誌』・『幕別町百年史』から引用）。

チロット・コタンの広瀬浅吉の長老祖父の代に、北見の湧別方面から、当時のトバットミ（略奪者）の仲間になることを嫌い、二人がひそかに脱出した。

広瀬浅吉の祖父は、チロットに住み、もう一人は、日高に逃れた。二人とも利別の上流、ニカルシピラからやって来たという（『石川徳三談』・『幕別町百年史』から引用）。

広瀬浅吉のアイヌ名はピセアイノ。父はアリイタッキで、幕別村の乙名。祖父はサケアシテと結婚したシアリセルシである。石川徳三が語った「トバットミ」とは、略奪者を意味している。その昔、アイヌ民族の不良集団が、他のコタンを襲い、略奪を欲しいままにしたという（『幕別町百年史』から引用）。

十勝と北見・日高・石狩の交通

十勝〜北見

・音更の中村要吉は、下音更から北見のニオトコロまで、昼夜兼行で九日間を要したという。

下音更～オトフケベツ北上～ナユタィペ～ヲリベ（居辺）～メトー（芽登）～ビリベツ（美里別川）北上～ホロカピリベツ川北上～ポンペリペ北上～北見常呂川本源ニオトコロベツ（仁居常呂川）～トコロ川下る～北見トコロ。

・網走アイヌ民族と十勝アイヌ民族の川争いがあり、網走川・足寄川や利別川の交通もあったと推測される。

・歴舟川上流～カムイヌプリ～サクスピチャリ（サッシビチャリ川）～本流を下る～静内へ。

十勝～日高（沙流アイヌ民族との交流）

・歴舟川～カムイヌプリ～西北に下る～元浦河を下る。

十勝～石狩

・十勝川～ペンケシントク～落合沢ルエオマソラチ～ソラチ川超える～川北ニシタップ川の北側を下る～富良野へ。

・石狩川本流～ビエ川～ぺペツ川～十勝岳～トムラウシ岳～十勝川水源へ。

・石狩岳の西方南下～十勝川水源へ～サオロ～ニトマップ～クツタリ～ポニオプ～クマウシ～ピバウシ～毛根～メムロ（『豊頃町史』から引用）。

商場知行制・場所請負制・場所請負人

蝦夷地（北海道）の松前藩（道南の松前町に城がある）では、冷涼な気象条件から、稲作がおこなえず、他の藩と同じように米による年貢を納めさせることができなかった。

そこで、松前藩は、家臣に与える俸禄（給与）の代わりに、蝦夷地の各地でアイヌ民族との交易を行わさせ、その利益を家臣の俸禄として与えた。その交易場所を「商場」といった。

このような制度を「商場知行制」という。交易場所を与えられた家臣を知行主という。知行主は、はじめ、自らの船を仕立てて、蝦夷地各地のアイヌ民族と交易を行い利益を得ていた。

その後、自ら交易を行うことは、海難事故やその他の原因で損失をまねき、財政難を伴う危険性があるため、専門の商人に交易を委託して、一定の運上金を納めさせる方法をとった。

このため、委託された大商人（場所請負人）による大規模な交易が行われるようになった。家臣には一定の運上金が入るようになった。このような制度を「場所請負制」という（『新広尾町史・第一巻』から引用）。

知行制・交易場所

藩主が家臣に給与を与える代わりに、蝦夷地の各地で、アイヌ民族と交易を行わせた方法のこと。蝦夷地では、多くの場所を区画して家臣に与え、そこで生産される鮭、鱒、昆布、古くは砂金、鷹の羽などを給与とした（『北海道歴史事典』から引用）。

知行主・蠣崎蔵人広林

トカチ場所の開設年代は、寛文年間（一六六一〜七二）に、松前藩の家老、蠣崎蔵人広林の知行地として発足した。

トカチ場所が設置された場所は、十勝川河口の大津の可能性もあるが、現在は、広尾ということになっている。これといった確証がないようである（『新広尾町史・第一巻』から引用）。

請負場所・運上屋・会所・番屋

請負場所は、運上屋といわれ、後に会所（石狩会所・広尾会所など）というようになった。番屋は、会所の支所のようなのが番屋（大津番屋）である。幕末の蝦夷地には会所が、六〇ヵ所ぐらいあったという。

会所は、蝦夷地、樺太、択捉島、国後島など、各地域に数多く置かれていた。後に、幕府の役人が常駐し、建物が整備され、和人の住居、交通に便宜が計られた。支配人、帳場、通訳、番人、和人の漁夫、アイヌ民族が働いた。

広尾会所には、旅宿所二ヵ所、アイボシマ（大樹町の浜大樹周辺か）には、昼休所、当縁には番屋、通行所があった。

蝦夷地の内陸から多くのアイヌ民族が集められ、漁場で働くようになった。男は、春には鱈《たら》、鱒《ます》漁を行い、布海苔を採り、夏は昆布を採った。秋は鮭《さけ》漁を行った。冬は仕事がなくなるので、十勝内陸の家に戻り、狩猟などを行った。女は、アッシを織り、会所で使用するスダレなどを編んだ。

アイヌ民族は、初期の頃、賃金労働者でなく、現物支給で過酷な扱いを受けていた労働者だった。その後、生活を保障することが定められ、改善が図られた（『新広尾町史・第一巻』から引用）。松浦武四郎が、広尾場所に立ち寄った当時（安政五年・一八五八）、十勝のアイヌ民族の人口は、一、二五一人。その内、労働に耐えられる四〇〇人ぐらいが、請負人に雇われていた。残りの八〇〇人ぐらいが、十勝の内陸に住む女性、老人、子供たちであった（『トカプチ・二十一号』から引用）。

支配人

場所請負の現地施設である運上屋の責任者のことをいう。配下に通詞（通訳）、調役、番人などが詰め合い、現地の管理にあたった（『松浦武四郎の釧路・根室・知床探査記』から引用）。

交易品

初期の頃は、砂金、鷹の羽、塩鶴、干し鮭、鹿皮、熊皮など、高値で取引されていた物が多い。鷹の羽は、弓の矢に使用され、塩鶴は、貴人の食膳で重宝されたという。

天明六（一七八六）年、十勝（広尾）場所では、布海苔、昆布、塩鮭、鹿皮、アッシ、シナ縄の記録がある。

安政五（一八五八）年、十勝（広尾）会所では、熊の胆汁、狐皮、貂《てん》皮、鹿角、鹿爪、鹿皮、鮭、昆布、布海苔、鱈《たら》、鰯《いわし》などの記録がある（『新広尾町史・第一巻』から引用）。

運上金

場所請負人が、知行主・藩主から一定の期限を知行地（商場）、または、藩主直轄場所の経営を請け負った場合、上納する請負金のことをいう（『北海道大百科事典』から引用）。

天保二（一八三一）年、十勝場所で知行主に支払った運上金、二一〇両。

元治元（一八六四）年、十勝場所で知行主に支払った運上金、一、五〇〇両。

慶応三（一八六七）年、十勝場所で知行主に支払った運上金、二、一〇〇両。

右は、福島屋清兵衛（支配人・杉浦嘉七）が、十勝場所を請け負ってから、知行主に支払った運上金の変遷である。天保二年から慶応三年の三十六年間で一〇倍に値上がった。これは、場所の規模、生産性が向上して利益が上がったためであろう（『新広尾町史・第一巻』から引用）。

生活を保障する義務・介抱

はじめの頃、請負場所で働くアイヌ民族の取り扱いは、劣悪な状態であった。そこで、知行主は、請負人に対してアイヌ民族の生活を保障する義務を負わせるようにした。

安政三（一八五六）年の十勝場所では、「蝦夷人介抱並びに撫育の義務」が定められた。数例を紹介すると、次のようになる。

・老人の蝦夷人には、一日、ご飯一杯、玄米二合五勺（三七五グラム）。
・出生蝦夷人男女には、濁酒三升（五・四リットル）、玄米一升（一・五キロ）、煙草二把。
・死亡蝦夷人の家族には、濁酒三升（五・四リットル）、玄米一升（一・五キロ）、煙草二把、白木綿一丈（約三メートル）。
・漁業の操業中、三月中旬頃から五月末頃まで、一人一日当たり米七合五勺（一・一二五キロ）。期間中、一人当たり五斗六升（八四キロ）。
・昆布漁中、六月上旬頃から八月末まで、一人一日当たり米七合五勺（一・一二五キロ）。期間中、一人当たり五斗二升（七八キロ）。
・鮭漁操業中、八月中旬から九月末頃まで、一人一日当たり米七合五勺（一・一二五キロ）などである（『新広尾町史・第一巻』から引用）。

（注）米の重さ、一斗は一五キロ。一升は一・五キロ。一合は一五〇グラム。一勺は一五グラム。
濁酒の量、一升は一・八リットル。

オムシャ

本来のオムシャは、アイヌ民族同士の旧交を温め合う礼儀的な意味を持っていた。その後、交易に伴う挨拶儀礼となった。後に交易や漁労の終了時の慰労のための行事として行われた。

安政四（一八五七）年、西蝦夷地モンベツ（現在の紋別市付近）の例では、役付きアイヌ民族に、「清酒五升、葉煙草二把」、女を含む平アイヌ民族に、「濁酒七斗五升」、一五歳以上の男に「マキリ（ナイフ）一丁」、一五歳以上の女に、「縫針五本」が、それぞれ、与えられている（『松浦武四郎の釧路・根室・知床探査記』から引用）。

役土人制

アイヌ民族のコタン（集落・部落）には、元々、酋長が長として世襲的にアイヌ民族を統率していた。酋長は祖先神を祭る祭司であり、闘争にあたっては指揮者として重要な役割を果たした。

松前藩では、場所請負制の発達により、役土人制を設けて、コタン（集落・部落）支配の形態を整えた。アイヌ民族に対して行政上の諸制度、諸制令の周知徹底、人別調査、場所労働力動員、生活扶助などの施策の浸透を図った。

文化年間（一八〇四～一八）以降、十勝のコタン支配の形態は、酋長を乙名と称し、この下に小使を置き補佐役とした。一つの地域で数カ所のコタンがあるところには、惣乙名、脇乙名、惣小使を置いた。

安政四（一八五七）年頃、十勝では、三一ヵ所のアイヌ民族のコタンがあり、形態を「山方」

と「浜方」に分けた（『豊頃町史』から引用）。

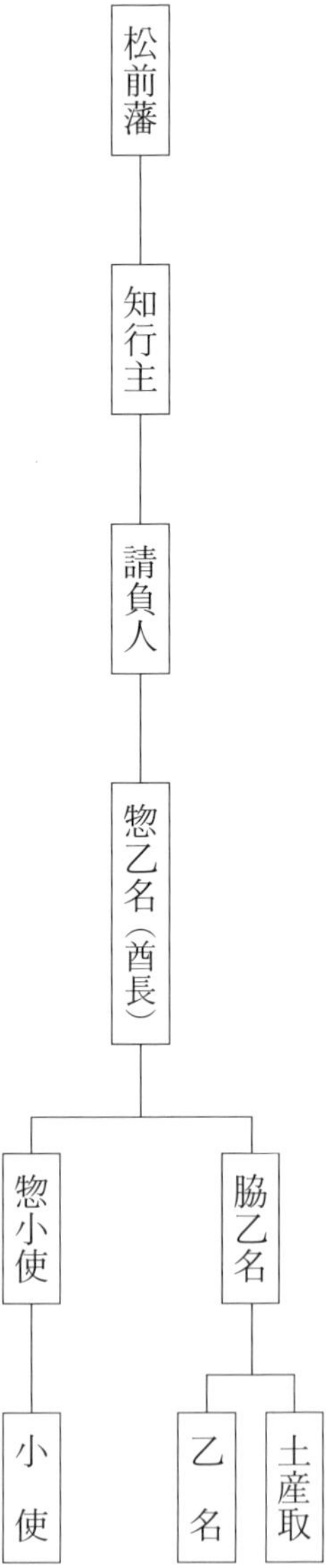

（『池田町史・上巻』から引用）

人別帳

アイヌ民族の戸数、人口、年齢、続柄など調査、記録した帳簿のことをいう（『新広尾町史・第一巻』から引用）。

帰俗土人

もともと、アイヌ民族には名字がなく、名前だけのようである。

私（編者）が知った、松浦武四郎が著した「戊午東西蝦夷山川地理取調日誌」の十勝・釧路・根室・知床では、アイヌ民族の名前は、不思議なことに、同じ名前が付けられているのを見ていない。和人の場合、同じ名前があるし、名前どころか、名字も同じ、同性同名の人たちもいる。

和人と同じ和名に改めたアイヌ民族を「帰俗土人」という。

帰俗土人は、白米食、和服、会所において床上着座など、他のアイヌ民族と区別して、優遇した。女子の入れ墨など禁止して、風俗の改変を図るなどの同化政策を推進した（『新広尾町史・第一巻』から引用）。

人口の増減

十勝アイヌ民族の人口増減の原因として、自然災害による食糧難、飢餓、伝染病の疱瘡（天然痘・皮膚にあばたが残る）などがある。

・飢餓。文明三（一四七一）年。
・疱瘡。寛永元（一六二四）年、万治元（一六五八）年、元禄十一（一六九八）年。
・暴風雨。元禄十五（一七〇二）年。

道南では、早くから和人が移住した。そのため、結核が大流行して、多くのアイヌ民族が死亡した（『幕別町百年史』から引用）。

明治三・四年のアイヌ民族の戸数と人口（『新広尾町史・第一巻』から引用）

郡　名	村　名	軒数（戸）	人数（人）	男（人）	女（人）
広尾郡	広尾村	四八	一八七	九三	九四
十勝郡	大津村	三	一七	一〇	七
	十勝村	一二	四三	二一	二二
	アエシネウシ村	三	一七	八	九
	ラサウシ村	一六	五五	二六	二九
	カンカン村	二	五	三	二
	ベッチャロ村	二	九	三	六
中川郡	タリマライ村	六	二一	一二	九
	タンネヲタ村	四	一九	一二	七
	チャシコチャ村	五	二二	一一	一一
	トヒヨコロ村	一	五	二	三
	トフチ村	二	六	三	三
	セヲリサム村	三	一八	九	九
	トシヘツ村	一	一二	九	三
	シャモマイ村	五	二六	六	二〇

	ベッホ村	一	九	三	六
	ヲロベ村	一五	九二	三九	五三
	ホンベツ村	一二	七三	三四	三九
	チョタ村	一一	六四	二九	三五
	ヤムワッカヒラ村	八	四三	一九	二四
	イカンベツ村	六	三四	一七	一七
	マカンベツ村	三	三三	二〇	一三
	チトロ村	六	四〇	一八	二二
	ベチャロ村	一	三	一	二
河西郡	ヒハイル村	四	二四	一三	一一
	メモロフト村	五	二〇	一三	七
	ホネヲフ村	七	二七	一一	一六
河東郡	ヲトフケブト村	八	四三	二一	二二
	ヲトフケ村	一九	八〇	四二	三八
	シカリベツ村	一八	七九	四六	三三
	ビバウシ村	二	一二	六	六
上川郡	ニトマツ村	七	四八	二五	二三

クッタラシ村	九	五九	二九	三〇
合　計　三三ヵ村	二五五	一、二四五	六一四	六三一

十勝・アイヌ民族の戸数と人口

文化五（一八〇八）年	二五四戸	一、〇三四人	（『上士幌町史』）
文政五（一八二二）年	一七一戸	一、〇九九人	（『新広尾町史・第一巻』）
嘉永二（一八四九）年	一六〇戸	一、一四一人	（『新広尾町史・第一巻』）
安政二（一八五五）年	二六六戸	一、三二一人	（『新広尾町史・第一巻』）
明治四（一八七一）年	二五五戸	一、二四五人	（『新広尾町史・第一巻』）
明治二十二（一八八九）年	三四八戸	一、五二八人	（『幕別町百年史』）
大正五（一九一六）年	四八一戸	一、六五五人	（『幕別町百年史』）
平成十八（二〇〇六）年	三六四戸	九一七人	（『北海道アイヌ生活実態調査報告書』）
平成二十五（二〇一三）年	一八四戸	三九九人	（『北海道アイヌ生活実態調査報告書』）

全道・アイヌ民族の戸数と人口

嘉永　二（一八四九）年　三、七〇六戸　一七、五五二人（『新広尾町史・第一巻』）
明治　十九（一八八六）年　三、七三二戸　一七、四六〇人（『北海道旧土人保護沿革史』）
明治三十一（一八九八）年　四、六〇二戸　一七、五七三人（『北海道旧土人保護沿革史』）
平成　十八（二〇〇六）年　八、二七四戸　二三、七八二人
（『北海道アイヌ生活実態調査報告書』）
平成二十五（二〇一三）年　六、八八〇戸　一六、七八六人
（『北海道アイヌ生活実態調査報告書』）

明治十二年・十勝国の五一ヵ村（『開拓使事業報告』・『新広尾町史・第一巻』から引用）

広尾郡　茂寄村（モヨロ）　一ヵ村
当縁郡　歴舟村（ペルフネ）　当縁村（タウブチ）　大樹村（タイキ）　三ヵ村
十勝郡　大津村（オホツ）　長臼村（ヲサウス）　鼈奴村（ベツチャロ）　十勝村（トカチ）　六ヵ村
生剛村（オヘコハシ）　愛牛村（アイウシ）
中川郡　旅来村（タビコライ）　安骨村（ヤスコツ）　豊頃村（トヨコロ）　十弗村（トーフツ）
凋寒村（シボサム）　様舞村（サママイ）　蓋派村（ケナシバ）　信取村（ノブトリ）
誓牛村（チカウシ）　居辺村（オリベ）　押帯村（オシオブ）　嫌侶村（キロロ）

勇足村（イサミタラ）　幌蓋村（ホロケダシ）　負箙村（オフエヒラ）　本別村（ホンベツ）
白人村（シロト）　蝶多村（チヨウタ）　止若村（ヤムワッカ）
咾足村（イカンタラ）　幕別村（マクンベツ）　別奴村（ベツチャロ）　二一ヵ村

河西郡　荊苞村（パライ）　伏古村（フシコ）　上帯広村（カミオビルビルプ）
迫別村（セマリベツ）　美生村（ビバヘル）　下帯広村（シモオビルビルプ）
芽室村（メモロ）　羽帯村（ボネオブ）　幸震村（サツナイ）
戸蔦村（トツタ）　鵺援村（ヌエヌンケ）　売買村（ウレカフ）　一二ヵ村

河東郡　音更村（オトフケ）　然別村（シカリベツ）　東士狩村（ヒガシシカリ）
美蔓村（ビバフシ）　西士狩村（ニシシカリ）　五ヵ村

上川郡　人舞村（ヒトマフ）　屈足村（クツタラシ）　二ヵ村

合計五一ヵ村

第一章　人類の誕生・アイヌ民族の起源

九〇〇〇万〜八〇〇〇万年前・北海道の中央部は海

中生代末期の白亜紀。北海道中央部の南北、日高から稚内まで海だった。アンモナイトが生息し、陸地では、大型のは虫類が活動、シダ植物、被子植物が繁茂していた（『新広尾町史・第一巻』から引用）。

一五〇〇万年前・デスモスチルスの化石発見

足寄の茂螺湾で、一五〇〇万年前に生息していたといわれる、「デスモスチルス」の全骨格にちかい化石が発見された。

「デスモスチルス」とは、「柱のような歯を持つ動物」という意味。

一五〇〇万年前・アフリカ東部で猿人が二足歩行

アフリカ大陸の東部で地下からマントルの上昇があり、地面が割れ、南北に連なる山脈が形成され始めた。地面が割れると大地溝帯（グレート・リフト・バレー）が形成された。大地溝帯は紅海〜エチオピア〜ケニア〜タンザニア〜ザンビアへと続く。

大地溝帯の中央部は巨大な谷となり、発達した川や湖に火山灰などが堆積された。このため、堆積された地層が隆起した地域では、人類の起源となる化石などが多数発掘されている。

山脈にさえぎられた東側は乾燥化して森林が衰退し、草原地帯（サバンナ）となった。人類の祖先は樹上から地上に降り、直立二足歩行を始めたと想像されている。森林地帯でも古い猿人の化石が他の動物の化石とともに見つかり、森林地帯に住む猿人も二足歩行を開始したとも考えられている（平成二十二年九月四日付け『北海道新聞』から引用）。

一四〇〇万年前・日高山脈隆起

北海道の中央部が海であった頃、海に点々と島（日高列島）があった。中央部が隆起し、北海道の骨格が形成される。日高山脈には深成岩や変成岩が姿を現す。白亜紀の地層が地上に姿を現す（『新広尾町史・第一巻』から引用）。

一〇〇〇万～七〇〇〇万年前・ヒトの祖先誕生

人類は、テナガザル～オランウータン～ゴリラ～チンパンジなどの共通の祖先から進化、枝分かれして誕生したといわれている。

人類は進化により、猿人～原人～旧人～新人というように四つの段階に分けられている。脳の容量や頭骨、歯の形態による分類である（平成二十二年九月四日付け『北海道新聞』から引用）。

四四〇万年前・人類最古の化石

エチオピアで人類最古（初期の猿人）の全身骨格化石が見つかる（平成二十二年九月四日付け『北

海道新聞』から引用）。

三六〇万年前・足跡の化石

ダザニアのラエトリで、火山灰の上を二人以上で歩いた跡の化石が発見された。この足跡の化石は、親指と他の指が平行で、土踏まずの形成も分かる（平成二十二年九月四日付け『北海道新聞』から引用）。

三四〇万年前・石器使用

アフリカ東部、エチオピアのアワシュ川流域で、三四〇万年前の地層から、石器で傷を付けた痕が残る大型動物の骨の化石が発見された。牛よりも大きな動物の肋骨と山羊ぐらいの動物の大腿骨に傷が残っていた。石器は発見されなかった。約二〇〇メートル離れたところから、三三〇年前のアファール猿人の女児の化石が見つかっている（平成二十二年八月十二日付け『十勝毎日新聞』から引用）。

二六〇万年前・石器発見

エチオピアで人類最古の石器が地層の中から発見された。初期の石器は石と石を打ち割り、先の尖った部分を作る単純な石器であった。この石器で動物の皮を切り、肉を切ったようだ（平成二十二年九月四日付け『北海道新聞』から引用)。

二四〇万〜二〇〇万年前・猿人の脳が発達

猿人の中に、わずかに、脳の増大と歯の縮小化を示す、最初のホモ属の人類(原人)が現れた。この原人は、一八〇万年ほど前に、初めてアフリカを出て、ユーラシア大陸へ広がり、アジアまで進出。ジャワ原人や北京原人など地域集団に分化した(平成二十二年九月四日付け『北海道新聞』から引用)。

旧石器時代(二〇〇万〜一万五〇〇〇年前)・シベリアから本州まで陸橋

日高山脈の造山運動により北部が隆起し、支笏湖周辺の噴火により火山灰が十勝平野に堆積して現在に近い平野部が生成された。

寒冷と温暖な時期が相互に現れた。寒冷な時期を氷河時代、氷期と呼んでいる。ドナウ、ビーバー、ギュンツ、ミンデル、リス、ヴュルムなど六回以上の寒冷な時代があり、最後のヴュルム氷期は七万年〜一万年前といわれ、北海道周辺の海面は現在よりも一四〇メートル低かった。

このため、間宮海峡、宗谷海峡、津軽海峡などは陸橋となり、シベリア大陸から本州までつながっていた。シベリアと北海道が陸橋でつながっていたため、マンモス象などを追って人々がやって来たと考えられている。

昭和四十四（一九六九）年、忠類の晩成で、ナウマン象の化石が発見された。二〇万年前に死亡したとされる説と、一〇万年前に死亡したとする説の二つがある。

旧石器時代・前期（二〇〇万〜一五万年前）

世界の歴史では、打製石器を使用した「旧石器時代」と磨製石器を使用した「新石器時代」に分かれている。日本では、打製石器を使用した「旧石器時代」と磨製石器を使用した「縄文時代（新石器時代）」に区分をしている。

この時代は、北海道と樺太は陸続きで、マンモス象、ナウマン象やシカなどを追って、人々がやって来たといわれている。

四〇万年前〜三万年前・ネアンデルタール人（旧人）の出現

約四〇万年前に出現し、約三万年前に絶滅したとされている。石器を使用し、火を使用したという。約三万年前に絶滅したネアンデルタール人の骨の化石からゲノム（全遺伝情報）を解読したところ、現生人類とわずかに混血していたと推定された。旧人と現生人類は、数十万年前にアフリカで共通の祖先から枝分かれした近縁種で、ある時期、共存していたとされる（平成二十二年五月七日付け『北海道新聞』から引用）。

ホモ・サピエンス（新人）の誕生

アフリカで現代の人類の祖先、ホモ・サピエンス（新人）が誕生した。その後、進化を遂げ、世界中に広がり、日本列島にもたどり着いたと考えられている。

ホモ・サピエンスが到来した地域に住んでいた原人や旧人は、最終的には絶滅し、わずかに混血もあったかもしれないと推定されるが、直接的には現代人の祖先には結びつかなかったという（平成二十二年九月四日付け『北海道新聞』から引用）。

三〇万年前の石器・頭蓋骨

モロッコで、三〇万年前のものとされる複数の石器と頭蓋骨が発見された。

旧石器時代・中期（一五万〜四万五〇〇〇年前）
一二万年前・忠類でナウマン象発見

当時の忠類村（その後、幕別町と合併）晩成で、ナウマン象の全身化石が発見された。死因は、広葉樹の繁茂する湿地帯、沼地に、たまたま、水を飲むためにやって来たナウマン象が、足をとられ、腰をおとしたまま埋没したと推定されている（『回想・忠類ナウマン象の発掘』から引用）。

一〇万年前・死者を埋葬

西アジアでは、一〇万年前の死者を敬う埋葬をした証拠が見つかった（平成二十二年九月四日付け『北海道新聞』から引用）。

七万五〇〇〇年前・五幾何学模様や腕輪を発見

アフリカ大陸の南端のブロンボス洞窟で、七万五〇〇〇年前の地層から幾何学模様が付けられたレンガ色の塊が見つかった。穴の開いた小さな巻き貝も見つかり、ビーズとして腕輪に利用していたと推定されている。幾何学模様やアクセサリーは、抽象的な概念を表す能力を示唆するという（平成二十二年九月四日付け『北海道新聞』から引用）。

ホモ・サピエンス、ユーラシア大陸に拡散

七万〜五万年前、ホモ・サピエンス（新人）は、北アフリカからユーラシア大陸、東に向かい東南アジアを通り、五万年前までにはオーストラリアに到達した。舟で渡ったと推定されている（平成二十二年九月四日付け『北海道新聞』から引用）。

旧石器時代・後期（四万五〇〇〇〜一万五〇〇〇年前）

十勝の遺跡

・上士幌。嶋木遺跡。
・清水。羽帯の共栄遺跡。
・芽室。大成遺跡。
・更別。勢雄遺跡。
・陸別。ウエンベツ遺跡。石井沢1遺跡。分線遺跡。分線2遺跡。斗満遺跡。西斗満遺跡。恩根内遺跡。奥村ノ沢遺跡。
・帯広。大空遺跡。川西B遺跡。牧場川遺跡。空港南B・C遺跡。泉町A遺跡。稲田1遺跡。南町1・2遺跡。別府1遺跡。若葉の森遺跡。

（『十勝管内各市町村史』から引用）

五万年〜四万年前・日本人のたどった道

五万〜四万年前、アフリカからアジア大陸の東端まで、現代の祖先がたどった経路は、ヒマラヤ山脈の北側。北東アジアや日本列島にかけて「細石刃（さいせきじん）」と呼ばれる石器が発見されていることから、日本列島に最初にやって来たホモ・サピエンスは、ヒマラヤ山脈の北側ルートが有力視されていた。

最近の遺伝子解析の研究では、中国、日本などの東アジアやインドネシアなどの東南アジアの人々も近縁であり、ヒマラヤ山脈の南側ルートも推定されている。

日本列島に最初にやって来た日本人の祖先は、シベリアから樺太《からふと》（サハリン）を通って南下した「北海道ルート」、朝鮮半島から対馬を経由した「対馬ルート」、台湾などから与那国、沖縄などに渡った「沖縄ルート」の三つが、主に、考えられている。

令和元（二〇一九）年七月九日、国立科学博物館のチームが、台湾から沖縄の与那国島まで一〇〇キロ以上を丸木舟で渡ることに成功した。目的は、古代人がどのようにして海を渡ったのか探る実験航海で、四五時間かかった（令和元年七月十日付け『北海道新聞』から引用）。

四万二〇〇〇年前・クロマニヨン人

四万二〇〇〇年前、ヨーロッパに現生人類のクロマニヨン人が現れる。南フランスで鉄道工事中、クロマニヨン洞窟で五体の人骨化石が見つかった。「クロマニヨン人」と名付けられた。現在人と同じホモ・サピエンスに属し、ヨーロッパ人の祖先に関連する。

四万年〜三万年前には、シベリアまで進出した痕跡があり、一万四〇〇〇年前頃には、アラスカを経由してアメリカ大陸へ渡った。現在のベーリング海峡は、最終氷期の最寒冷期にあたり、海水面が下がり陸続きだった（平成二十二年九月四日付け『北海道新聞』から引用）。

マンモス象を追ってやって来た人々

旧石器時代の遺跡は、北海道で七〇ヵ所ほど発見されている。十勝では、上士幌、士幌、清水、芽室、更別、陸別、帯広などで発見された。

この時代、シベリアと北海道が陸橋でつながり、マンモス象を追って、人々がやって来たと考えられている（『太古の北海道』から引用）。

三万年前から一万五〇〇〇年前のロシアの一つの遺跡から、マンモスの牙や骨が、九五頭分発見された例がある。その他、トナカイ、野牛などの骨が大量に発見されている。これらは、食料、建築資材、装身具などに使用された（平成九年九月三日付け『北海道新聞』から引用）。

マンモス象の歯は襟裳岬、夕張、羅臼、野付半島など一〇ヵ所ほどで発見されている。

帯広・三万年前の遺跡・北海道最古の遺跡

三万年前の遺跡。帯広市西一七条南六丁目（帯広若葉小学校の南）の高台で、北海道最古となる三万年前の旧石器時代の石器が見つかった。石器は黒曜石（十勝石）で作られ、破片など約九、七〇〇点が見つかった（令和二年八月十九日付け『十勝毎日新聞』から引用）。

（注）黒曜石

一般的に「十勝石」と呼ばれている。火山活動でできたガラス質の石。黒曜石を割るとガラス質のため鋭い破片となり、弓矢の鏃《やじり》、槍の穂先、ナイフなどの石器として利用された。山中で黒曜石の層を見ることができる。白滝の山中の黒曜石の層は有名。河川などで転石として見つけることができる。

上士幌・二万六〇〇〇年前の遺跡・嶋木遺跡

二万六〇〇〇前の遺跡。上士幌町市街地の東北に約八〇〇メートル離れた国道四一号沿いで、遺跡が発見された。たき火跡に残された炭を年代測定した結果、約二万六〇〇〇年前の遺跡と判明した。土地の所有者の名字の「嶋木遺跡」と名付けられた。赤い塗料が付着した石皿、細石刃など、シベリヤ地方と類似の石器類約七〇〇〇点が出土した。

（注）細石刃（さいせきじん）

シベリア、モンゴル、カムチャツカ半島、日本列島など東アジアの広い範囲で出土している。黒曜石の破片の石器。幅数ミリ〜一センチほど、長さ数センチ。カッターナイフの刃のような形をしている。細石刃は角や骨に作られた溝に埋め込まれ、槍の先やナイフとして使用された。

帯広・二万五〇〇〇年前の遺跡

帯広。西一五条南三九丁目（帯広市稲田小学校）の周辺の川西C遺跡で、二万五〇〇〇年前の遺物、一万九〇〇〇点が発掘された。この中に鉄、マンガンなどの赤や黒色の鉱物、着色用の顔料となる鉱物が出土した（令和二年八月二十日付け『十勝毎日新聞』から引用）。

更別・二万年前の勢雄遺跡

更別川右岸の段丘上の遺跡。石刃技法のない不定形の剥片、細石刃などが出土（『新大樹町史』から引用）。

清水・一万九〇〇〇年前の遺跡

清水羽帯の共栄3遺跡、小林川流域に分布する遺跡。旧石器時代から縄文時代中期までの遺物が出土。黒曜石の石器の産地は、十勝三股、白滝、置戸産であった。

芽室・一万八〇〇〇～一万四〇〇〇年前の遺跡

東芽室南一線三二～三四番地。大成遺跡の第二・三地点。遺跡は、一万八〇〇〇年前の恵庭岳の噴火による火山灰層を挟んだ上層と下層から出土した。

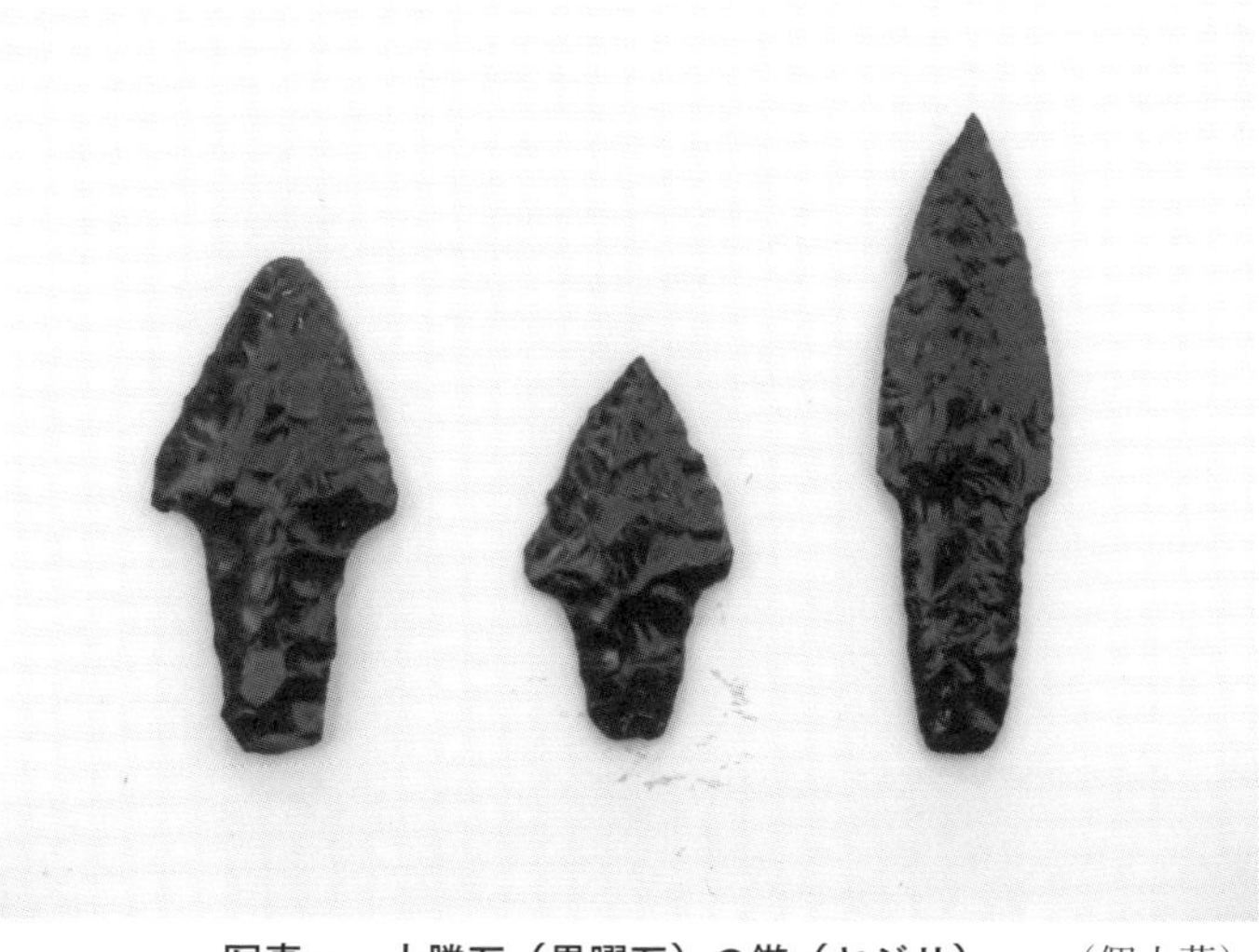

写真一．十勝石（黒曜石）の鏃（ヤジリ）　（個人蔵）
長さ：左6.5㎝。中5.2㎝。右8.6㎝。

帯広・一万六〇〇〇年前の遺跡

帯広西八条南一二丁目（帯広聖公会幼稚園付近）で一万六〇〇〇年前の石器、細石刃が八〇〇〇点以上、大量に出土した（令和二年八月二十一日付け『十勝毎日新聞』から引用）。

縄文時代（一万五〇〇〇〜二三〇〇年前）

縄文時代は、草創期（一万五〇〇〇〜一万一〇〇〇年前）
早　期（一万一〇〇〇〜七〇〇〇年前）
前　期（七〇〇〇〜五〇〇〇年前）
中　期（五〇〇〇〜四〇〇〇年前）
後　期（四〇〇〇〜三〇〇〇年前）
晩　期（三〇〇〇〜二三〇〇年前）の六つに区分されている。

一万五〇〇〇年〜二三〇〇年前。縦穴住居に生活し、土器を使用。弓矢、槍を使用して狩猟を行い、野草や木の実を採取、漁労を行っていた。一部では作物の栽培も行われていた。

（『十勝管内各市町村史』から引用）

縄文人の多様な起源・遺伝子（DNA）分析で解明

山梨大の安達登教授、国立博物館の篠田謙一・人類史研究グループ長の研究によると、日本列島全体で、ほぼ均一な集団とみられてきた縄文人（一万五〇〇〇〜二三〇〇年前）が、遺跡から出土した人骨の遺伝子分析で、北海道、東北、関東の集団で異なることが分かった。道内五四体、東北地方二〇体のミトンドリアＤＮＡから分析。関東縄文人と比較した。

北海道の縄文人は、ロシア極東に暮らす現代先住民族との共通性が認められた。従来の縄文人南方起源説だけでは、説明できない複雑な成り立ちと推定された。

日本列島の人々の成り立ちは、北海道を含め、東南アジア系の縄文人に、北東アジア系の人が割り込む形で、西日本に渡来し、弥生人となって拡大したとする仮説がされていた。

今回の結果は、縄文時代から、すでに、日本列島の外の人々との交流があったことを示している。北海道の縄文人の成立には、アムール川下流流域を中心としたシベリアからの旧石器時代の流入が大きな役割を果たしている可能性が高いとしている（平成二十二年二月一三日付け『北海道新聞』から引用）。

縄文時代・草創期（一万五〇〇〇〜一万一〇〇〇年前）

この頃、寒暖の差が大きく温暖化が進み、氷河が溶け海水面が上昇し、日本列島は大陸から離れはじめたと推定されている。

北海道の縄文人は、アムール川下流域を中心としたシベリアから、旧石器時代の人々が流入し、大きな役割をした可能性が高いといわれている。

十勝の遺跡

・音更。居辺遺跡。

一万二〜三〇〇〇年前の完全な住居跡が発掘された。完全な住居跡として日本最古といわれている。

・芽室。北伏古2遺跡。

北伏古東一四線一九番地。売買川と帯広川に挟まれた段丘の西側。一万二〇〇〇年〜八、〇〇〇年前の遺跡。遺物点数は九七四点。ほとんどが剥片と砕片。石材は黒曜石で遠軽町白滝の赤石山産と推定されている。

・帯広。大正3遺跡。

途別川沿いの一万四〇〇〇年前の大正3遺跡から土器が見つかり、残っていた「焦げ」の分析で、海産物を煮炊きした土器とわかった（令和二年八月二十四日付け『十勝

写真二．石斧　（個人蔵）
長さ：左13.0cm。中12.3cm。右14.5cm。

毎日新聞』から引用)。

・帯広。大正3遺跡。

帯広〜広尾自動車道建設にあたり、八ヵ所の遺跡調査が行われた。草創期〜前期の土器、石器類、五〇万点以上が出土し、住居跡、墓跡などが出土した。底の部分が丸く尖っている土器も出土している(令和二年八月二十四日付け『十勝毎日新聞』から引用)。

縄文時代・早期(一万一〇〇〇〜七〇〇〇年前)

この頃、日本列島は大陸から離れて島国になったと推定されている。

十勝の遺跡

・音更。十勝川温泉1遺跡(早期〜続縄文時代)。友進遺跡(早期〜中期)。

・鹿追。鹿追西一八線遺跡(早期〜晩期)。鹿追北三・五線遺跡(早期〜中期)。美蔓西一三線遺跡(早期〜晩期)。

・新得。屈足9遺跡(前期〜晩期)。屈足17遺跡(早期〜後期)。屈足B遺跡(前期〜晩期)。

・清水。上清水2遺跡。熊牛の東松沢2遺跡(早期〜晩期)。美蔓の東松沢遺跡。旭山の東郷愛遺跡。共栄3遺跡(早期〜続縄文)。

・芽室。北伏古遺跡。中伏古遺跡。オマベツ遺跡(早期〜後期)。

・大樹。下大樹遺跡。上萠和I遺跡。
・広尾。花春A遺跡。中広尾台地遺物包含地。
・池田。池田C地区遺跡（早期～擦文）。青山A地区遺跡（早期～続縄文）。
・豊頃。十弗遺跡。礼文内遺跡。
・陸別。クンネベツ1遺跡（早期～中期）。
・浦幌。吉野台遺跡。十勝太遺跡群。
・帯広。川西C遺跡（早期～前期）。棚瀬遺跡。八千代B・F遺跡。広野遺跡。
三の沢1遺跡（早期～続縄文）。大正2遺跡（早期～続縄文）。岩内1遺跡（早期～晩期）。

八千代遺跡（早期～晩期）

帯広の八千代地区で、縄文時代・早期、約九〇〇〇年前の大規模な集落跡が見つかった。土器や石器、装飾品など五八〇点が、国の重要文化財に指定された。

遺跡は一二町歩におよび、四年にわたる調査では、一〇五棟の竪穴式住居跡、食べ物を貯蔵する穴、石器や土器、クマの頭の土偶、琥珀やカンラン石で作られたネックレス、ペンダント、オニグルミの殻、ヤマブドウの種子など、八万九〇〇〇点が発見された。集落は、五〇〇〇年ぐらい継続していたと推定されている（令和二年八月二十五日付け『十勝毎日新聞』から引用）。

暁式土器

帯広市西八条南一二丁目（帯広聖公会幼稚園付近）で、縄文時代・早期、九〇〇〇年前の土器が見つかる。この土器は底が平らでホタテの跡が付けられている。全道で見つかる同じ特徴の土器は、「暁式土器」と呼ばれている。

この名称は、昔、この周辺を「暁大地」と呼ばれていたことに由来する。黒曜石を幅数ミリから一センチに剥がした細石刃が、八、〇〇〇点以上出土した（『十勝管内各市町村史』から引用）。

縄文時代・前期（七〇〇〇～五〇〇〇年前まで）

気候の温暖化で海水面が上昇する。海から離れた場所に貝塚が見られ、河川の高台に遺跡が発見されるのはこのためである。

十勝の遺跡

・音更。葭原2遺跡（前期～晩期）。アネップ2遺跡（前期～中期）。
・鹿追。美蔓西一三線遺跡（前期～中期）。ウリマク西三一線遺跡。
・新得。屈足B・F遺跡（前期～晩期）。
・清水。御影の羽田桐遺跡（前期～後期）。
・芽室。弥生地区の小林遺跡。大成遺跡の第一地点（前期～中期）。西士狩4遺跡。

元町地区の笹島遺跡。元町遺跡。西芽室遺跡。

・忠類。元忠類遺跡。

・池田。池田A地区遺跡（前期～擦文）。高島牧場A・B・C地区遺跡（前期～後期）。常磐共同牧場A地区遺跡（前期～後期）。

・豊頃。牛首別遺跡。礼文内遺跡。

・陸別。ウエンシリ4遺跡。

・帯広。宮本遺跡。西帯広2遺跡。三の沢2遺跡（前期～中期）。戸蔦遺跡。八千代牧場遺跡。大正1遺跡（前期～晩期）。

（『十勝管内の各市町村史』から引用）

縄文時代・中期（五〇〇〇～四〇〇〇年前）十勝の遺跡

・音更。西昭和2遺跡。駒場遺跡（中期～後期）。

・鹿追。上然別西一二線遺跡（中期～晩期）。笹川北七線・北八線遺跡。鹿追北三・五線遺跡（中期～続縄文）。上幌内遺跡（中期～晩期）。美蔓西一七線遺跡。

・新得。佐幌4遺跡。屈足A遺跡。蓬田遺跡（中期～後期）。屈足12遺跡（中期～続縄文）。屈足15遺跡（中期～晩期）。

・清水。羽帯の共栄2遺跡。北熊牛2遺跡（中期～後期）。人舞遺跡（中期～後期）。

共栄（羽帯）遺跡（中期〜後期）。
・芽室。久山川、分線川沿高台地の報徳遺跡。高岩遺跡。渋山遺跡。上渋山遺跡。上美生遺跡。坂の上遺跡。嵐山遺跡。嵐山崖遺跡。丸山山麓遺跡。
・広尾。紋別浄水場付近遺物包含地。
・忠類。共栄遺跡。元忠類3遺跡（中期〜晩期）。公親6遺跡。
・池田。池田B遺跡。池田林務署遺跡。十弗川河口右岸遺跡。ペンケ川中流右岸遺跡。バンケ川下流左岸・中流右岸遺跡（中期〜擦文）。美加登神社遺跡（中期〜続縄文）。富岡遺跡。昭栄A遺跡（中期〜擦文）。片桐遺跡（中期〜続縄文）。
・豊頃。十弗遺跡。礼文内遺跡。背負遺跡。
・足寄。静原遺跡。西三線遺跡（中期〜後期）。茂足寄遺跡。螺湾遺跡（中期〜晩期）。大誉地遺跡（中期〜続縄文）。上利別遺跡（中期〜アイヌ期）。下愛冠遺跡。鷲付遺跡（中期〜アイヌ期）。常磐遺跡。白糸遺跡（中期〜晩期）。
・陸別。トマム遺跡（中期〜アイヌ期）。関1・2遺跡（中期〜擦文）。
・帯広。西帯広1遺跡（中期〜後期）。西遺跡（中期〜続縄文）。桜木2遺跡。八千代D遺跡。八千代G遺跡（中期〜晩期）。落合遺跡。柏台遺跡。

（『十勝管内の各市町村史』から引用）

四五〇〇年前の永久凍土

昭和四十七（一九七二）年。十勝団体研究会（帯広畜産大学・近藤教授ら）により、上士幌町の三股、一三の沢、一四の沢上流で、永久凍土が発見された。約四、五〇〇〇年前以降の寒冷期に斜面浸透水が土中で凍結したまま、現在まで保存されたと推定された。

縄文時代・後期（四〇〇〇〜三〇〇〇年前）

十勝の遺跡

- 清水。北熊牛1遺跡（後期〜晩期）。中熊牛1遺跡。下佐幌北栄遺跡。
- 池田。常磐共同牧場C・D遺跡。
- 豊頃。背負遺跡。
- 陸別。ウエンシリ2遺跡（後期〜晩期）。弥生遺跡。トマム3遺跡（後期〜晩期）。
- 帯広。競馬場西遺跡（後期〜続縄文）。

（『十勝管内の各市町村史』から引用）

縄文時代・晩期（三〇〇〇〜二三〇〇年前）

十勝の遺跡

- 音更。相生1遺跡（晩期〜擦文時代）。
- 鹿追。上然別西一〇線遺跡。幌内西二三線遺跡。

・新得。屈足D・E遺跡。下佐幌遺跡。屈足11・14遺跡。
・清水。上清水3遺跡。
・芽室。美蔓遺跡。
・広尾。紋別浄水場付近遺物包含地。
・忠類。中当3遺跡。
・豊頃。茂岩遺跡。礼文内遺跡。長臼遺跡。
・足寄。上利別遺跡（晩期〜擦文）。
・帯広。南町3遺跡。八千代E遺跡。

（『十勝管内の各市町村史』から引用）

・ヒスイ。北海道内の遺跡から出土しているヒスイは、新潟県糸魚川周辺から運ばれている。
・アスファルト。南茅部町の豊崎N遺跡や磨光B遺跡から出土した天然アスファルト（縄文時代の接着剤）は、秋田県昭和町周辺から運ばれた天然のアスファルトである。天然アスファルトの用途は接着用、ヒスイはペンダントや儀式用（平成九年七月二十三日付け『北海道新聞』から引用）。

続縄文時代（二三〇〇〜一三二〇年前・弥生時代〜飛鳥時代）

弥生時代〜七世紀（西暦七〇〇年）頃まで。弥生時代〜古墳時代〜飛鳥時代に相当する。

竪穴式住居に住み、狩猟、採取、漁労中心の生活であり、アワ、キビ、ヒエ、ソバなどの穀類を栽培していた。石斧、ナイフ、ヤジリなど多くの石器類が出土する。木の製品や漆が使用された。

続縄文時代の後半には、オホーツク海沿岸でオホーツク文化が見られるようになった。これは続縄文時代とは異なる民族、文化である。

十勝の遺跡

- 大樹。下大樹遺跡。美成2遺跡。
- 広尾。音調津遺跡。ルベシベツ遺物包含地。
- 池田。豊田B地区遺跡。青山B地区遺跡（続縄文～擦文）。昭栄C地区遺跡（続縄文～擦文～アイヌ期縦穴）。
- 豊頃。茂岩遺跡。礼文内遺跡。旅来遺跡。
- 足寄。中足寄遺跡。
- 陸別。クンネベツ2遺跡（続縄文～擦文）。
- 浦幌。十勝太若月遺跡（二〇〇〇年前）。
- 帯広。西七条遺跡。川西A遺跡。

（『十勝管内の各市町村史』から引用）

擦文時代（一三二〇〜七二〇年前・飛鳥時代〜鎌倉時代）

七世紀〜一三世紀（西暦六〇一〜一三〇〇年）頃まで。飛鳥時代〜奈良時代〜平安時代〜鎌倉時代に相当する。

六世紀の終わり頃から七世紀のはじめ頃にかけて、東北地方からの土師器《はじき》の影響を受け、縄文式土器のように縄目模様を入れなくなった。この時代の土器は、表面を整えるためにヘラで擦り刷毛目が付けられた。この擦った模様が「擦文」の由来となった。ナベや小刀など鉄製品が使用されるようになった。

擦文時代の住宅は、方形の竪穴式住居に住み、煙道が付いたカマドが使用された。主に狩猟、採取や漁労の生活が中心で、ナベや小刀など鉄製品が使用され、銛《もり》やヤス

写真三．恵山式土器　（個人蔵）
縦20.1cm。横14.0cm。

などの骨角器が海や川での漁労に使用された。オオムギ、コムギ、アワ、ヒエ、キビ、ソバ、アズキなどを耕作し食料を得た。

恵庭市の柏木遺跡から、副葬された鉄製の平鎌と鍬《くわ》が出土した。

(注) 土師器《はじき》

古墳時代以降、煮炊き用の入れ物、食器などに用いられた素焼きの土器。弥生式土器の系統を受け継いでいる。

十勝の遺跡

- 清水。下佐幌の神居1・2遺跡。上清水遺跡。
- 大樹。相保島遺跡。浜大樹遺跡。晩成遺跡。ホロカヤントー高台の竪穴群集落遺跡。当縁遺跡。
- 広尾。フンベ遺物包含地。

豊似川左岸のアイヌ民族の墓地。

豊似川左岸の旧氾濫原に位置するアイヌ民族の墓地は、カラマツの植林地に約二〇ヵ所、川原石を積んだ細長い凹みがある。札幌医大の三橋公平氏の調査中、人骨が発見された。この人骨は壮年アイヌ民族、三〇歳以上の女性で、生存年代は江戸時代に属するという。(『新広尾町史・第一巻』から引用)

写真四．土器・小さな壺　（個人蔵）
縦8.5㎝。横8.0㎝。

写真五．土器の盃　（個人蔵）
縦6.0㎝。横9.2㎝。

・忠類。公親遺跡。
・池田・昭栄D遺跡。豊田A地区遺跡。
・豊頃。礼文内3号遺跡。豊頃遺跡。十弗遺跡。礼文内神社遺跡。
・浦幌。十勝太遺跡群から、炭化した大麦、粟《あわ》、紫蘇《しそ》が出土。
・帯広。西六条遺跡。
(『十勝管内の各市町村史』から引用)

オホーツク文化(一六二〇~七二〇年前)

五世紀~一三世紀(西暦四〇一~一三〇〇年)頃まで。古墳時代~飛鳥時代~奈良時代~平安時代~鎌倉時代に相当する。

オホーツク海の南岸沿岸一帯、樺太南部、北海道の北部~東部、千島列島に分布した海洋民族が生活し、栄えた文化をいう。

オホーツク人は樺太・千島アイヌ説、ニヴフ(ギリヤーク)説、ウリチ民族などアムール河下流域民族説、すでに消滅した民族説などがある。続縄文人や擦文人、アイヌ民族とは異なる民族。

網走川河口の北岸にオホーツク文化で有名なモヨロ貝塚がある。竪穴式住居、人骨、海獣、ヒグマなどの骨が多く見つかった。骨角器、石器、土器などが多く出土した。

昭和十二(一九三七)年、樺太の貝塚からブタの骨が見つかった。このブタは、中国東北部、朝鮮などで放し飼いにされている半野生ブタが、沿海州、アムール河流域を経由して持ち込まれ、食料にされていたと推測されている。

昭和十三（一九三八）年、北千島の占守島と樺太の東多来加貝塚から、イヌの骨が出土した。これらのイヌは、北方大陸から南下したと推測されている。イヌは狩猟犬、番犬として飼われていたと思われるが、出土する骨の状況から食料にもなったと推測されている。

オホーツク文化が変容、消滅した原因は、石器や土器の代わりに鉄製のナベや刃物が使用されるようになった擦文文化の影響があり、オホーツク人より優勢だったニヴフ民族やアイヌ民族の祖先に吸収されたという説が有力なのだそうだ。

アイヌ民族の神事は、カムイノミと呼ばれ、様々な神に対して行われる。カムイノミにはヤナギの木を加工したイナウという白い木弊が使用される。熊送りの儀式、イオマンテは、擦文文化期以降の宗教儀礼で、オホーツク文化から取り入れられたと推測されている。

平成二十一（二〇〇九）年六月十八日付け、北海道新聞には、「オホーツク人DNA解読」という見出しで、北大研究グループの研究成果が報じられた。

それによると、五世紀から一三世紀にかけて、道北、道東、樺太南部を中心に、海岸近くで多くの遺跡を残したオホーツク人といわれる人々の遺伝子を解明したとのことであった。

オホーツク人は、樺太に暮らすニブヒ（ギリヤーク）やアムール川下流のウリチと遺伝子的に近いことが分かり、アイヌ民族との共通性もあり、アイヌ民族の成り立ちについて続縄文人、擦文人、オホーツク人の関わりを推定している。

カムチャツカ半島に暮らすイテリメン、コリヤークなどの民族も千島列島を南下したようであり、長い年月の間には、千島列島や道東方面に複数の民族が住んでいたのであろう。

現在、コロポックル族は、伝説上の民族として語り継がれている。

アイヌ文化（九二〇年前〜四二〇年前）

チャシコツ（チャシ跡）

北海道内には、アイヌ民族の砦跡と称される多くのチャシコツが、五四五ヵ所保存されている。十勝では七〇ヵ所見つかっている（『新得町百二十年史』）。

チャシの意味はアイヌ語で「柵」、「囲」、「砦」を意味する。チャシコツは「砦跡」の意味である。

チャシの構築年代は、古い時代ではオホーツク文化時代や擦文時代とする説、古墳時代〜飛鳥時代〜奈良時代〜平安桃山時代〜鎌倉時代。アイヌ文化時代の一二〜一六世紀（西暦一一〇一〜一六〇〇年）、鎌倉時代〜室町時代〜安土桃山時代という説などがある。

チャシは北海道以外に東北地方、海外では樺太、沿海州、千島列島などに分布する。チャシは住居としてや祭事、チャランケ（談判）、見張り台、戦闘時の砦などとして使用されたといわれている。石斧、黒曜石のヤジリなどが出土することが多い。

「チャシ」とは、アイヌ語で、「吾がつくれるもの」の意味。すべてのチャシがアイヌの砦であったとはいえないが、何か事件があったとき、人々を集めるために、声が届く範囲に小チャシ、見張り台が設けられていた。チャシは酋長の家、平穏なときは集会場的な役割をした。

十勝を代表するチャシは、大津の十勝川河口に近い「タプコライ（旅来）」と、芽室の「シプサラ」の二ヵ所。口碑によると、タブコライのチャシとシプサラのチャシ、幕別のサルベツのチャシは同一族で占拠していたという（『幕別町百年史』から引用）。

余談であるが、名古屋で生まれ育った私（編者）の祖父が、馬を入れる「木の柵」で囲ってある場所を「チャツ」と言っていた。今、思い起こすと、発音が何となくアイヌ語の「チャシ」に似ていた。アイヌ語も和人の言葉も、共通の言葉があったのではなかろうか、と思っている。

十勝管内のチャシコツ

- 音更。下士幌チャシ、相生A・Bチャシ。
- 士幌。オルベチャシ（居辺川の朝陽）、音更川の中音更のチャシ。
- 新得。屈足の十勝川沿岸チャシ、新内チャシ。
- 芽室。国見山チャシ、丸山チャシ、毛根高台チャシ、芽室川西側高台チャシ（松浦武四郎）。
- 大樹。歴舟川上流のチャシ。
- 広尾。メノコチャシ。
- 幕別。サルベツチャシ。

・豊頃。旅来チャシ、チフラレフシトウチャシ、安骨チャシ。礼文内チャシ。

・本別。八幡チャシ、シンコチャシ、チエトイチャシ、キロロチャシ、オフイピラチャシ、勇足A・B・Cチャシ、ビリベツチャシ。

・足寄。大誉地のトメルベシベチャシ。大誉地のトブシチャシ。平和のチャシ。共栄のチャシ。中足寄チャシ。

・陸別。トラリⅠ・Ⅱ・Ⅲ・Ⅳ・Ⅴチャシ。クンネベツチャシ。ウヌイナスイチャシ。ニタトロマップチャシ。ウエンベツチャシ。ウエンシリ2チャシ。ユクエピラチャシ（四五〇年前）。

・浦幌。乙部（オトンベ）チャシ。十勝太チャシ。アツナイチャシ。チプネオコッペチャシ。稲穂チャシ。霧止山チャシ。帯富チャシ。十勝川河口チャシ。オタフンベチャシ。

芽室・国見山チャシ（シュプサラの砦跡）

西士狩の西九〜一〇号の間、北五線から北方の国見山の雑木林の山腹に位置している。大正五（一九一六）年六月に、実測調査が行われた。

溝を含めた砦跡は、縦幅約七二メートル、横幅約二七メートル、面積約三八〇（一、二五四平方メートル）坪。

シブサラのチャシは、十勝の中でも最も堅牢で、いかなるチャランケ（談判、論議、戦闘）

を持ってしても、到底破ることができない。砦の上から叫ぶと、その声は、タビコライ（豊頃町旅来・シブサラから約六〇キロの距離）のチャシに達すると伝えられている。

十勝の遺跡

・忠類。公親遺跡。
・足寄。上利別遺跡。愛冠1遺跡。鷲府4遺跡。
・陸別。トマム6遺跡。宮の森遺跡。ニイトロマップ3遺跡。

アイヌ文化は日本史の時代区分では、一二～一六世紀（一一〇一～一六〇〇年）、鎌倉時代～室町時代～安土桃山時代。

アイヌ文化は、擦文時代からの文化、生活様式が移行し継続した文化といわれている。ということは続縄文時代、縄文時代、旧石器時代へと連綿と継続し、千島、樺太、日本列島の北から南までアイヌ民族の祖先が住み、現在の日本人の基礎となったとも想像される。

最近の調査で、北海道と沖縄の古代人の遺伝情報（DNA）から、近いということがわかったという。

アイヌ民族は、かつて漁労採取生活を主として営み、チセという草葺き、まれに樹皮葺き、シコロ（害虫予防）の皮の屋根、床に住む生活を送った。ヒエやアワなどの作物を栽培し農耕

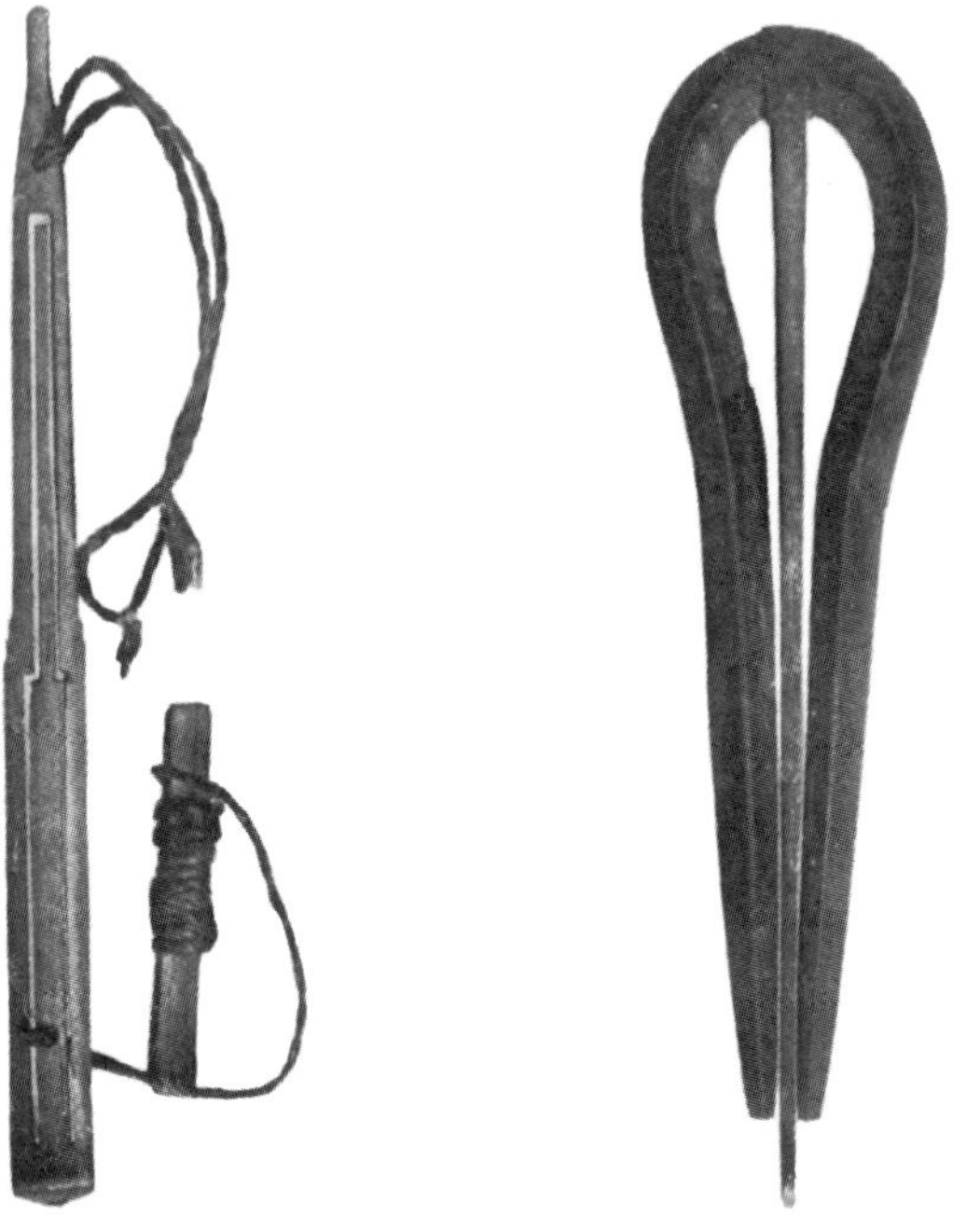

写真六．ムックリ・カネムック<左　竹製、右　金属製（樺太）>
（金田一京助・杉山寿栄男『アイヌ芸術』木工篇）

も行った。現在の日常生活は一般的な日本人と同じである。
アイヌ民族の文化として、アイヌ文様やユーカラ（口承）、木や竹で作られた楽器のムックリ（口琴）などがある。

余談になるが、以前、私（編者）が中央アジアのキルギスタンに旅行したとき、乗っていた車のラジオからアイヌ民族のムックリにそっくりな音色が流れたので、驚いたことがあった。案内の通訳さんに訪ねると、博物館に、その楽器が展示されていると教えてくれた。博物館で見た口琴は金属製で形が異なるが、音色はまったく同じだった。

しばらくして札幌市野幌にある北海道博物館に行く機会があった。そこで偶然、キルギスタンで見たのと同じような金属製の口琴を二個見た。係員の説明では、樺太にあった口琴とロシアのサハ共和国からの口琴とのことであった。

形、材質が異なるが口琴は中央アジア、シベリア、樺太、北海道と広範囲に広がって使用されている。私は、アイヌ民族の口琴、ムックリの起源は、それらの地域にあるのではないだろうかと想像した。

第二章　松前藩と十勝アイヌ民族

斉明四（六五八年・飛鳥時代）年

蝦夷ヶ島、文献上に現れる

蝦夷ヶ島（北海道）が文献上、姿を現すのが、飛鳥時代、日本書紀の斉明天皇（女性天皇）、斉明四（六五八）年であるという。

四月（新暦・五月下旬）。この時、阿倍比羅夫が、軍船一八〇隻を率いて蝦夷へ遠征した年である。この頃の「蝦夷」とは、朝廷に服さない民を意味して、必ずしも民族をさして表現した言葉ではない。古代の蝦夷は、アイヌ民族であるという根拠はない。

鎌倉時代以降、蝦夷とアイヌ民族を同一

蝦夷がアイヌ民族と同一視されるようになったのは、鎌倉時代以降とのことである（『新広尾町史・第一巻』から引用）。

建保四（一二一六年・鎌倉時代）年

和人の罪人が蝦夷地に住む

京都の凶賊や強盗海賊を五〇余人を蝦夷ヶ島へ流した。北海道に初めてやって来た和人は、犯罪人の島流しだった（『新広尾町史・第一巻』から引用）。

康正三・長禄元年（一四五七年・室町時代）年

コシャマインの戦い

コシャマインの戦いは、春、箱館近郊の志濃里《しのり》の鍛治村で、鍛治屋がアイヌの青年を刺殺したことが発端となり、酋長コシャマインが指導者となり、アイヌ民族が大蜂起した。

当時、道南の海岸部に館《やかた》を築いていた和人の小豪族が相次いで陥落した。武田信広（松前氏の祖）が和人軍を指揮して、アイヌ軍を反撃、コシャマイン父子を討ち、鎮圧した戦い（『北海道大百科事典・上巻』から引用）。

松前藩の祖、武田信広

松前藩の祖、武田信広は、コシャマインの蜂起を鎮定した機会に、道南の豪族の支配を固めた（『清水町百年史』から引用）。

長禄元（一四五七年・室町時代）年

十勝アイヌ民族の出身地

音更。中村要吉（アイヌ名・イベチカレ）。明治十三（一八八〇）年、ナイタイの近くのセタ（勢多）で生まれた。昭和十（一九三五）年、五十六歳で亡くなる。

父ソバウシから十六代前の祖シャガニは、長禄元（一四五七）年の頃、北見から山を越え、十勝に入り、当時のオビヒロペロプ（帯広）の酋長チパイコロと交渉して音更川上流を譲り受け、ナイタイ（勢多付近）に住み、オトフケウンクル（オトフケ衆）の祖となった。音更アイヌ民族は、全員、このシャガニの子孫である。シャガニが十勝北部に住むようになってから、北見、石狩方面のアイヌ民族が侵略することはなかった。

同じ頃、石狩のベベツから十勝に移住したモザルクは、サツナイに入って、サツナイウンクル（サツナイ衆）の祖となった（中村要吉談・『上士幌町史・補追版』から引用）。

これらのことにより、十勝内陸には、帯広のチパイコロ、音更のシャガニ、札内のモザルクの三人の酋長がおり、それぞれ血族を中心に集落を形成していた。

十勝アイヌ民族、モチャロク

十勝のアイヌ民族を大分けすると、オトフケウンクル（音更の人・音更衆）とサツナイウンクル（札内の人・札内衆）の二系統に分かれるとされる。

北見から山越えして十勝に入ったシャガニは、帯広の指導者と会い、交渉して音更川上流を譲り受けた。やがて、オトフケウンクルの祖となり、十勝北部地域は北見、石狩のアイヌ民族から侵略されることがなかった。

同じ頃、石狩から札内に入ったモザルクは、サツナイウンクルの祖となった。その末裔、モチャロク（明治初年頃）は音更の指導者となった。音更の四代目の指導者、チウエの妻はサツナイの出身であった（『音更百年史』から引用）。

文禄二（一五九三年・桃山時代）年

五代目の蠣崎慶広、蝦夷地の主

武田信広から五代目の蠣崎慶広のとき、豊臣秀吉から蝦夷地の主として、交易独占権を認められた。

こうして、その後、安東氏（江戸時代の秋田氏）から独立して、姓を松前と改め、一つの藩を形成していった（『新広尾町史・第一巻』、『清水町百年史』から引用）。

慶長九（一六〇四年・江戸時代）年

松前藩、外様大名

松前藩。徳川家康から黒印状（蝦夷制令）を受け、徳川幕府の外様大名として、一つの藩を形成した（『清水町百年史』から引用）。

慶長十九年・元和元（一六一四年・江戸時代）年

アイヌ民族、松前と交易

六月（新暦・七月中旬〜）、東蝦夷地のアイヌ民族の酋長、ラシラケアイノが、ラッコの毛皮数十枚を持参。数十隻の舟で松前に行き、交易をした（『清水町百年史』から引用）。

元和三（一六一七年・江戸時代）年

蝦夷地の産金（ゴールド・ラッシュ）

道南の知内川などで砂金が発見され、元和年間には三万人から五万人もの砂金掘りが、全国から殺到したといわれている（『清水町百年史』から引用）。

砂金掘りの中には、キリスト教の禁止（慶長十八年・一六一三）、弾圧により、逃れてきた多くの隠れキリシタンが砂金掘りとして働いていた。百人以上が処刑され、千軒岳には、慰霊碑が祀られている。

寛永十二（一六三五・江戸時代）年

戸賀知《とかち》が初めて登場

「松前旧事記」に、「この年、戸賀知《とかち》、運別、産金の業を起こす」と、書かれている。「とかち」が、歴史上、初めて登場する（『清水町百年史』から引用）。

戸賀知の産金地とは、大樹のアイボシマのことであり、運別の産金地とは、日高の西様似の海辺川のことである。

トカチの語源

現在の「十勝」の名称は、かなり以前には「戸賀知」、「刀勝」、「戸勝」と記録されていた。「トカチ」の意味は、アイヌ語の研究者、アイヌ語の伝承者によって、様々に分かれ、現在のところ定説がない。主な説を、次に紹介する。

・十勝川の河口が二つに分かれていることから、「乳汁を出す乳房」説。

・もともとこの地方に住んでいたコロポックルが、アイヌ民族に追われて去るとき、十勝川に向かって、「トカップチ、この川の乳が枯れよ、腐敗せよ」と、叫んだというアイヌ民族の伝説。

・大正時代の大津のアイヌ民族の話として、「トカチはトカリベツに由来し、トカリとは、海豹（アザラシ）のことで、かつて、河口にアザラシが大量に集まってきたことから名付けられた」という説（『清水町百年史』から引用）。

「アザラシ」を漢字で「海豹」と書く。アザラシのことをアイヌ語では、「トッカリ」という。「ベツ」は「大きい川」の意味である。文中の「トカリベツ」とは、直訳で、「アザラシの川」の意味になる。アザラシは魚を追って、川を上ることがある。ちなみに、「トド」は「海馬」。「セイウチ」は「海象」。「ラッコ」は「海獺・猟虎」と書く。

写真七．アザラシ　（編者）
アザラシ（海豹）はアイヌ語でトッカリという

寛永二十（一六四三年・江戸時代）年

十勝沖にオランダ船

東洋の金銀島発見の命を受けたオランダ東インド会社の商船カストリカム号・船長ド・フリースが航海中、八丈島付近で難破し、十勝沖に漂着した。アイヌ民族と会い、この地は、「カプチー（十勝）と教えられた」（フリース航海日誌・『鹿追町七十年史』から引用）。

オランダ船・十勝川河口でアイヌ民族に会う

四（新暦・六月上旬）月。黄金や銀が豊富に産出する「金銀島」を求めて、オランダ東インド会社の探検船が、インドネシアのジャワ島ジャカルタを出港した。北構保男『フリース船隊航海記録』から、そのときの状況を、要約して、紹介する。

六月七日（新暦・七月二十二日）。襟裳岬を発見し、翌日、十勝川河口近くで錨を下ろした。

六月八日（新暦・七月二十三日）。少年を連れた二人の男（アイヌ民族）が舟で訪れた。二枚の鹿皮と干した鮭を持っていた。それぞれが弓矢と刀を持っていた。

『タンバコ』といって煙草を求めたが、他の言葉は分からなかった。彼らは（アイヌ民族）塩を使っていない鮭の燻製と鹿の皮を一枚、船長に贈った。彼らは、アラック酒と煙草でもてなされて、たいへん喜んだ。

身長は、背が低く、ずんぐりして、皮膚は褐色、ゴワゴワとした黒い髭がはえ、身体全体が黒い毛で覆われていた。頭の毛は、頭の前の方を剃り上げている。頭の後ろは、長く伸ばし頭の中程から垂らしていた。

酒を飲むときは、口髭を指であげた。荒い麻布を着て、その上の衣服は毛皮製だった。両耳たぶに穴が開けられ、そこから糸が垂れて、銅と金の合金（真鍮）である耳輪を付けていた。

腰には、小刀を下げていた。刀の柄は、銀で飾られていた。刀の薄い金は日本風であり、銀も使用されていた。これは、彼ら（アイヌ民族）が、金と銀を知っている証拠である。弓の矢は、たいへん精巧に作られ、ある弓の矢には、毒が塗ってあった。

彼らは、北西を指さし、そこに住んでいると言った。「タカプチ（トカチ・十勝）」という。蝦夷地の高い急峻な峠を「グロエン（襟裳岬）。川の流入する入江を「グチアール」という。さらに、北東にシラヌカ（白糠）、および、グチオテ（釧路）という場所があると語った。

彼らは、煙草とアラック酒でもてなされた後、機嫌良く陸地へ戻って行った。その舟は、舟首と舟尾が平坦で、幅の狭い櫂で漕ぐのである。

この後、カストリカム号は、東に向かい、オホーツク海に出て樺太（サハリン）北海岸を北上、樺太アイヌ民族とも出会う。帰途、厚岸湾に立ち寄ったとき、松前から来たアイヌ民族との交易船と出会っている。

松前から来た交易船は、昼頃、到着していた。若い船頭の一人が、部下の乗組員と共にカストリカム号にやって来て、『オランダ人が日本に交易にやって来るのと同じように、私たちも、交易のためにここにやって来た』と言った。グロエン岬（エリモ岬）の西のマチマイ（松前）から来たのである。（略）この船頭たちは、毛皮、鯨油、油脂の取引のため、厚岸に来たのである。（略）船頭たちの積み荷は米、衣服、酒、煙草などであり、アイヌ民族の耳に付ける鉛の輪を積んでいたと、和人の交易船について伝えている（『清水町百年史』から引用）。

寛文六（一六六六年・江戸時代）年

十勝場所・アイヌ民族と交易

松前藩は家老の蠣崎蔵人廣林（かきざきくろうどひろしげ）に知行地（交易する場所）として、「十勝場所」を与えた。松前藩の財政は他の藩のように農業に依存することが少なく、稲作がなかったので「石高」を与えることができなかった。そこで石高の代わりに「商場」をもうけ、アイヌ民族との交易権を与え、その利益を給与とした。

蠣崎蔵人廣林は十勝場所のほかアブラコマ（日高・幌泉）など五ヵ所の場所を支配し、莫大な利益をあげ経済力を持っていた（『音更百年史』から引用）。

十勝場所は広尾場所ともいわれ、運上屋、後の会所は、現在の広尾に置かれていた（『十勝大百科事典』から引用）。

寛文九（一六六九年・江戸時代）年

シャクシャインの戦い

シャクシャインの戦いは、もともと、アイヌ民族の身内同士の漁猟圏をめぐる利権争いだった。その頃、和人が蝦夷地内で砂金採取場や鷹場を設け、アイヌ民族の漁猟場を荒らしたことなどがあり、日高のシブチャリ（現、静内）を拠点に、松前藩の収奪に抵抗したアイヌ民族の酋長シャクシャインらが蜂起した（『北海道大辞典・上巻』から引用）。

「シャクシャインの戦い」の発端は、シベチャリの（静内）の大将、シャクシャインが猟場をめぐって、長年にわたって対立していたサル（沙流）の大将、オニビシを殺害したことによるアイヌ民族同士の争いが発端だった。

殺害されたオニビシ側のアイヌ民族は、松前藩に訴え出て助勢を願い出たが、松前藩はアイヌ民族同士の争いには介入しなかった。

その使いに行ったアイヌ民族が、帰途の途中、疱瘡（ほうそう・天然痘のこと。ウイルスによる伝染病。発熱・発疹）に罹って死んだ。このことで、「松前藩に毒殺された」という噂が流れた。

シャクシャインは、これを口実に、「松前藩は、交易の食品に毒を入れ、アイヌ民族を皆殺しにする」という檄を飛ばし、各地のアイヌ民族に松前藩の交易船を襲撃するように呼びかけた。

この結果、この年の夏、松前から東西蝦夷地に向かった交易船一九隻が襲われた。松前藩の交易役人、通訳、鷹師、砂金掘り人夫ら二七三人が犠牲になった。東蝦夷地の犠牲者は二一二人である。

松前藩は、事件の後、他国者が蝦夷地に立ち入ることを禁止。事件の真相を隠そうとした。津軽藩では、漂流商船を装って東西蝦夷地に隠密（スパイ）を派遣して、アイヌ民族から実情を調査して幕府に報告した。津軽藩の調査記録「津軽一統志」には、次のように記している。

六月二十二日（新暦・七月十九日）に、松前へ報告したところによると、夏、松前から東蝦夷地の支笏へ向かった鷹船が一隻、鷹師吉兵衛ら二人。喜兵衛ら二人。船頭、水夫八人。計一二人が撲殺される。

白老で九人。三石で一〇人。幌別で二〇人、その他、鷹師三人。幌泉で一一人。十勝で一七人、そのほか鷹師三人。音別で一五人。白糠で一三人。鷹師、砂金掘りの者。合計一一三人が殺されている。

蜂起したシャクシャインの率いるアイヌ民族は、国縫（長万部町）まで攻め上った。松前藩の軍勢にはかなわず、日高まで押し戻された。

和議のため、おびき出されたシャクシャインら首領一四人が、松前藩によって、首をはねられた。これによって、戦いは収束した（『清水町百年史』から引用）。

シャクシャインは十勝出身

日高・静内のアイヌ民族は、東方系のメナシウンクル（東方人）と西方系のシュムウンクル（西方人）の接触地域であり、シュムウンクル系の中に、ハイウンクル（波恵人）という系統があり、この三つのアイヌ民族が、時には反発しあい、時には協力し合い、他の地方で見られない複雑な文化、様相を示していたという。

東方系というアイヌ民族は、釧路、十勝方面の沖で漁に出たところ、嵐に吹き流され、やって来たといわている。

「シャクシャインの戦い」で、有名なシャクシャインは、十勝の暴れ者で、十勝に居ることができなくなって、日高山脈を越え、静内川を下り、農屋地域や豊畑地域に住んでいたという（『静内町史』から引用）。

享保六（一七二一年・江戸時代）年

名古屋の船頭、十勝アイヌに助けられる

十勝沖に漂着した名古屋の船頭、吉十郎は、次のように報告している。

「助けて欲しいと頼んでも言葉が通じなかった。手を合わせ礼をすると、私たちの手を引き、山の奥に連れて行ってくれた。一四、五町（約一・六キロ）ほど行くと、穴を掘り、上を木の皮などで囲った家があった。オットセイ、生鮭、生鯨、鹿、熊など、煮たり焼かず、生のままくれた。十二、三日ほど命を繋いでいた。ここは、奥蝦夷トカチというところである」（『新北海道史』・『鹿追町七十年史』から引用）。

享保十一（一七二六年・江戸時代）年

アイヌ民族の労働力

請負人制が確立すると、商人たちは利潤を求め、十勝内陸からの安価なアイヌ民族の労働力に期待した。請負人は場所に建物を整備し、支配人は通辞（アイヌ語の通訳）を奥地に派遣し、

労働力調査を兼ねて、戸口（人口）調査を実施した。

労働可能な十勝内陸のアイヌ民族は、十勝場所や番屋で働くようになった。三月（新暦・四月）から鱈漁が始まり、九月中旬（新暦・十月上旬）に鮭漁が終了する。その間、コンブ漁を行った。その後は、雑事に従事。十一月（新暦・十二月上旬）頃から翌年正月半ば（新暦・二月上旬）まで帰村、鹿猟などするのが十勝アイヌ民族の年中行事であった（『上士幌町史』から引用）。

場所請負人が漁場を開くと、アイヌ民族の労働力が重要となった。アイヌ民族に対する強制的雇用による労働力確保、従属や拘束を強めた。再び、コタンに帰れない強制移住という場合もあった。アイヌ民族自身も、古来の生活から漁場で働き、お金や米を受けることによって、生計を立てるようになった（『豊頃町史』から引用）。

天明五（一七八五年・江戸時代）年〜天明六（一七八六年・江戸時代）年

最上徳内、択捉島、得撫島を調査

最上徳内は、幕府の蝦夷地調査に参加し、和人として初めて、択捉島、得撫島に渡った。蝦夷地を研究した探検家である。後に「渡島筆記」を著した。その記録に、コロポックル族を「コロブクングル」、「コロボツコルウンクル」と記載している。

寛政元（一七八九年・江戸時代）年

国後目梨騒動

南千島の国後島と目梨のアイヌ民族が、周辺の和人を襲撃して殺害した事件。「蝦夷の蜂起」、「メナシの戦い」、「国後の戦い」ともいう。目梨・メナシとは、標津・羅臼方面のことである。

飛騨屋久兵衛は、安永三（一七七四）年に国後場所を請け負い、厚岸、霧多布、釧路場所など東蝦夷地一帯を請け負っていた。アイヌ民族の労働力を使い、漁業などで利益を上げ、アイヌ民族を酷使し搾取した。酷使や不当な扱いに抵抗するアイヌ民族に対して『毒殺する』、『大釜で煮殺す』と脅し、慣例のオムシャを中止させた。このようなときに、国後島の運上屋で酒や食事を与えられたアイヌ民族二人が急死する事件があった。

これを契機に、寛政元年五月五日（新暦・五月二十九日）、国後島のアイヌ民族が蜂起し、運上屋の支配人ら和人を二二人殺害、物品を略奪した。標津、目梨両郡の海岸の番人ら三六人を殺害し、忠類（現、標津）に寄港していた飛騨屋の船「大通丸」を襲って一三人を殺害した。殺害された和人は七一人。逃げのびた和人は、三人であった。

六月一日（新暦・六月二十三日）、霧多布場所の支配人は福山（松前藩）に知らせた。蜂起したアイヌ民族は二〇〇余人。七月八日（新暦・八月二十八日）、根室半島のノッカマップに松前藩の討伐隊二六〇人が到着した。

厚岸の乙名イコトイと国後島の族長ツキノエの説得により、蜂起したアイヌ民族はノッカマップに集まり降伏した。この時、松前藩は首謀者八人と和人を殺害した二九人を処刑した。

松前藩は事件の主因は、飛騨屋にあるとして場所請負を取りやめ、場所の経営を松前藩の直轄とした。松前一の富商村山伝兵衛にアイヌ民族の介抱を命じて、事実上の場所の経営をゆだねた（『北海道大辞典・上巻』から引用）。

寛政三（一七九一年・江戸時代）年

十勝場所

十勝内陸に住む一二ヵ所のアイヌの人たちは、塩味を知らない者がいる（『近世蝦夷地農作物地名別集成』から引用）。塩分の補給は、人体の健康に必要な成分であり、生肉、血などから補給したと思われる。

粟《あわ》・稗《ひえ》を耕作

十勝のアイヌ民族の農耕に関して、「東蝦夷地道中記」に記載されているのが最初である。「皆、少々、耕作必要性を知り、粟、稗を作る」と、書かれている（『本別町史』から引用）。

寛政十（一七九八・江戸時代）年

広尾会所

六月十四日（新暦・七月二十七日）。昨夜の雨で川が増水のため留宿。種物、小豆、菜、九月大根、春大根を渡す。通詞、支配人へ蕎麦、夏大根、水菜、三種類を渡す。

十月二十九日（新暦・十二月六日）。ニンニク、だいず、秋大根、芥子菜《からしな》、四包みを通詞、豊吉に渡す。秋大根、蕎麦、大豆一升をアイヌたちに渡す（『近世蝦夷地農作物地名別集成』から引用）。

近藤重蔵、択捉島に「大日本恵登呂府」標柱

近藤重蔵守重は、国後島、択捉島に渡り、択捉島に「大日本恵登呂府」の標柱を建てる。帰路、広尾に立ち寄り、自費でアイヌ民族数十名を雇い、ルベシベツ～ピタタヌンケ（鐚田貫）に至る約三里（一二キロ）の山道を切り開いた。ルベシベツ山道は昭和九（一九三四）年まで人々の往来に使用された（『音更百年史』から引用）。

近藤重蔵は、アイヌ民族が粟や稗の栽培を見聞きしている（『近世蝦夷地農作物地名別集成』

から引用)。

寛政十一（一七九九年・江戸時代）年

粟、稗、蕎麦の種

先年、十勝のハッコ(人の名前)から粟、稗、蕎麦《そば》の種をもらい、厚岸で種を蒔く。良くできた(『近世蝦夷地農作物地名別集成』から引用)。

官営・十勝会所

幕府は、東蝦夷地を直轄地にして、十勝場所の場所請負制を廃止、官営の「十勝会所」と改組した。新築した会所には幕府の役人が詰めた。会所には旅宿所、倉庫、作業小屋、番屋などの施設が設置された。十勝会所は広尾の浜周辺に設置されていたが、後に高台に移った(『音更百年史』から引用)。

東蝦夷地に備馬六〇頭を配置

幕府。東蝦夷地に備馬、南部から六〇頭配置する。そのうち、十勝には八頭配置。役人の乗用馬、荷物の運搬に使用した（『新大樹町史』から引用）。

寛政十二（一八〇〇年・江戸時代）年

皆川周太夫、十勝内陸を調査

八王子千人同心の子弟に生まれた皆川周太夫が、八月十九日（新暦・十月七日）、勇払を出発して十勝内陸を調査した。勇払～大津～オトフケプト～シカリベツプトを通り、日高山脈（現在の日勝峠）を山越えした。

この時、松平信濃守忠明に提出した内陸探検報告書には、現在の日勝トンネルとほぼ同じ地点を山越えする道路計画を立てていたといわれている。

この頃、アイヌ民族は、十勝川筋の内陸に一、〇九〇人ほどが住んでいた。海岸で漁労することとなく、食べ物も少なく川魚で何とか食いつないでいる様子を見て、海岸で和人と漁労を行い、知識のあるアイヌ民族六〇人を派遣して、漁労などのやり方を教えてはどうだろうか、というような提案も行っている。

十勝では、請負場所で働き、漁業に頼る「浜土人」といわれる海岸のアイヌ民族よりも、野山で狩猟に頼る「山土人」と呼ばれる内陸のアイヌ民族の方が多かった。

九月十三日（新暦・十月三十日）。大津からアイヌ民族の案内人と共に十勝川筋を内陸へと向かった。この時、十勝川筋の図を記録した。そのうち、メムロから二トマップまでを紹介する。

メモロ（メムロ・芽室）アイヌ民族の家二軒〜ヲトエバナイ〜ケ子（ケネ・毛根）〜サン子コロ（サンネンコロ・御影）〜リヒラ（リー・ヒラ・高い崖）〜ヲコンヒラ（マクンベツの誤記）〜ヲブクシベツ〜タンクンベツ（タンネベツの誤記）〜サオロブト（佐幌太・佐幌川河口）アイヌ民族の家、四軒〜ヒバウス（ピパウス・下佐幌平和付近）アイヌ民族の家二軒〜十月二日（新暦・十一月十八日）。ニトマツブ（ニトマップ・清水町の人舞）に着く。アイヌ民族の家二軒。チロロ川、沙流川本流を歩いて、十月十五日（新暦・十二月一日）。日高・沙流会所に着いた。

夏草の生い茂った時期を避け、葉が落ち、見通しが良く歩きやすい時期に、十勝川筋を遡った。日高山脈越えは、時期的に雪が積もっていた時期である。アイヌ民族の猟師が利用した道を案内人のアイヌ民族のおかげで難なく通り抜けたと想像される（『清水町百年史』から引用）。

（注）八王子千人同心

幕府天領の甲州（山梨）の守り口と日光・江戸の火の番を務めた、半農半士の武士団の総称。八王子の周辺に定住した。蝦夷地に農兵団として移住したのは、その次男、三男の子弟たちである。

天然痘の発生

二月（三月中旬）。長万部から来た一人のアイヌ民族が、有珠で天然痘を発病した。流行して四〇余人が死亡した。さらに、虻田、幌別に伝染した。アイヌ民族の男女は、顔に鍋の墨を塗り、山の中に避難した（『幕別町百年史』から引用）。

文化三（一八〇六年・江戸時代）年

十勝川周辺で飢餓

『東蝦夷地紀行』によると、昔、十勝川周辺に、アイヌ民族が五、〇〇〇余人が住んでいた。飢餓になり餓死者が多くでた。飢餓の前は、鹿が多く生息し、アイヌ民族の食料になっていた。和人と、鹿の皮と酒、煙草、杯などと交易して、鹿を粗末にして多く捕って、皮を生剥ぎする者があった。神が怒って、鹿を絶やしたため、食料とする鹿がいなくなった。そのため、餓死するようになったという（『幕別町百年史』から引用）。

文化五（一八〇八年・江戸時代）年

広尾会所・大根を栽培

裏山の畑で、大根を作り、沢庵《たくあん》漬けにした。その他の野菜も作り、通行人用とする（『近世蝦夷地農作物地名別集成』から引用）。

十勝川川筋・粟・稗を作る

昔から、十勝川川筋で、粟、稗を作り、冬期間の食料としている。姥百合《うばゆり》、キトビル（ギョウジャニンニク・アイヌネギ）など乾燥させて貯蔵、食料とする（『近世蝦夷地農作物地名別集成』から引用）。

当縁村（トウベリ・大樹町）・野菜畑あり

少し、野菜畑あり（『近世蝦夷地農作物地名別集成』から引用）。

十勝・備馬一五頭配置

幕府・松前藩。十勝に備馬を一五頭配置する。広尾に八頭。尾札内に七頭。河川で馬を渡す馬船六隻。内訳、広尾に二隻、当縁に一隻、尾札内に一隻、大津に二隻（『新大樹町史』から引用）。

最上徳内の『渡島筆記』

最上徳内は、択捉島、得撫島を探検、調査した後、『渡島筆記』を著す。その著書に、コロポックルについて、次ぎのように記載しているので紹介する。

「アイヌ民族の家の窓に、コロポックル族の女性が、手を差し出したので、引き入れたところ美しい婦人であった。手や唇の周囲に美しい入れ墨がしてあった。アイヌ民族はそれをまねるようになった」と、書かれている。この時代よりも以前から、コロポックル伝説や入れ墨の習慣があったことになる。

文化六（一八〇九年・江戸時代）年

大津村（ヲホツナイ・豊頃町）で畑あり

会所の裏山で、大根など夏作を行う。相応の収穫あり。

ヲホツナイ（大津）の船渡しの人家が、この川上四キロほどのところにある。粟、稗を作り、食料としている。ウハトロ（おおばゆり）、フクシヤ（ギョウジャニンニク）、も食料としている

（『近世蝦夷地農作物地名別集成』から引用）。

当縁（トウベリ・大樹町）村で野菜など作る

番屋、海岸の高台で粟、稗を作る。菜、大根、瓜、ささげなど夏作もできる。沢庵漬けもある（『近世蝦夷地農作物地名別集成』から引用）。

文政八（一八二五年・江戸時代）年

十勝場所は福島屋（杉浦嘉七）の請負場所

十勝場所は、明治八（一八七五）年まで函館の福島屋の請負場所であった。当初の運上金は二〇〇両であった。

福島屋の清兵衛は近江梁川の商人。蝦夷地の請負場所を任されていたのが杉浦嘉七である。初代、嘉七は天明七（一七八七）年、武蔵国（埼玉県）与野に生まれた（『新広尾町史・第一巻』から引用）。

弘化二（一八四五年・江戸時代）年

当縁村（トウベリ・大樹町）・広尾会所で野菜など作る

当縁村、土地肥沃、穀物、野菜の栽培に良い。広尾会所、平地、土地肥沃。五穀、野菜などよく生育する

運上屋の後ろに、平野があり、黒土で肥沃。五穀、野菜ができる（『近世蝦夷地農作物地名別集成』から引用）。

松浦武四郎、一回目の蝦夷地、知床踏査

二十八歳の時、一介の私人として踏査。三月二日（新暦・四月八日）～八月下旬（新暦・九月下旬）まで。

江戸出発～津軽・鰺ヶ沢《あじがさわ》～江差～箱館～登別～日高～十勝～釧路～厚岸～西別（別海）～標津～羅臼～知床～野付～根室～厚岸～（船）～森～箱館帰着。

弘化三（一八四六年・江戸時代）年

松浦武四郎、二回目の蝦夷地、南樺太踏査

二十九歳の時、一介の私人として踏査。一月二日（新暦・一月二十八日）～九月上旬（新暦・十月下旬）まで。

江戸出発～津軽・鯵ヶ沢《あじがさわ》～松前～岩内～余市～日本海沿岸～宗谷～南樺太～オホーツク海沿岸～網走～斜里～知床～斜里～（船）～オホーツク海沿岸～宗谷～日本海沿岸～石狩～江差帰着。この年、江差で越年。

嘉永二（一八四九年・江戸時代）年

松浦武四郎、三回目の蝦夷地、色丹島、国後島、択捉島を踏査

三十二歳の時、私人として。ほとんど船の旅であった。一月二十二日（新暦・二月十四日）～六月十五日（新暦・八月三日）まで。

江戸出発～水戸～仙台～津軽・三厩《みんまや》～松前～箱館～（船）～ユルリ島～色丹島～国後島～択

捉島～国後島～色丹島～厚岸沖～エリモ岬沖～箱館帰着。

嘉永三（一八五〇年・江戸時代）年

十勝・預かり馬一三五頭

幕府・松前藩の預かり馬、一三五頭（内、雄馬八〇頭、雌馬五五頭）。和人の馬方二人、アイヌ民族一五人が飼育した。

広尾には、会所、旅宿所、御備米蔵、板蔵六軒、鍛冶屋、厩舎、細工小屋、雑小屋二軒、漁小屋二軒、雇人小屋二軒、稲荷社、観音堂があった。

番屋は、サルル、トウフイ、オホツナイにあった。オホツナイには、板蔵、厩舎、雇蝦夷小屋二軒が設けられていた（『新広尾町史・第一巻』から引用）。

嘉永七（一八五四年・江戸時代）年

大津（ヲホツナイ・豊頃町）・長節（チヨボシ・豊頃町）に野馬あり

この辺に、野馬がたくさんいる。長節に腰掛け番屋あり、小休止。この辺、大根、菜、青物いろいろある。鱒《ます》、鯡《にしん》、鰈《かれい》漁がある（『近世蝦夷地農作物地名別集成』から引用）。

安政二（一八五五年・江戸時代）年

幕府、各藩の警衛

- 幕府は、仙台藩、秋田藩、津軽藩、南部藩、松前藩に、新たに、蝦夷地の警衛を命じる。
- 仙台藩は、元陣屋を勇払に置き、白老から知床、国後島、択捉島まで守る。
- 秋田藩は、元陣屋を増毛に置き、西蝦夷地の神威岬以北、北蝦夷地まで守る。
- 津軽藩は、元陣屋を箱館千代ヶ台に置き、箱館から江差村、乙部村から神威岬まで守る。
- 南部藩は、元陣屋を箱館に置く。箱館出岬から恵山岬、幌別まで守る。
- 松前藩は、元陣屋を有川村に置き、七重浜から木古内まで守る（『新北海道史年表』から引用）。

十勝場所のアイヌ民族との交易（安政二年四月〜安政三年四月まで）

・玄米一升　五六文　・地廻莨（煙草）一把　九〇文　・染紋入り一反　一貫文
・濁酒一升　六〇文　・鍋一升炊き　一五〇文　・草鞋一足　一四文
・清酒一升　二〇〇文　・網針一本　三文　・鍬一挺　五〇〇文
・糀一升　九〇文　・網糸一操　五文　・革針一本　一六文

（『池田町史・上巻』から引用）

（注）一両＝四貫　一貫文＝一、〇〇〇文　一文＝一〇〜一五円（時代により異なる）

安政三（一八五六年・江戸時代）年

大津（ヲホツナイ・豊頃町）で野菜の栽培

この辺の土地、砂地である。大根、菜、牛蒡《ごぼう》、五升薯《ごしょいも》（馬鈴薯）などは良くできる（『近世蝦夷地農作物地名別集成』から引用）。

松浦武四郎、四回目の蝦夷地、南樺太踏査

三十九歳の時、幕府の御雇という身分。二月六日（新暦・三月十二日）〜十月十三日（新暦十一月十日）まで。

江戸出発～下北の大澗奥戸～箱館～日本海側を北上～宗谷～南樺太～オホーツク海沿岸～斜里～標津～根室～釧路～十勝～日高～長万部～箱館帰着。この年、箱館で越年。

アイヌ民族の雇用、約四〇〇人

十勝場所（十勝内陸部を含む）に居住するアイヌ民族は一、〇七八人。このうち会所や番屋に雇用されたアイヌ民族は約四〇〇人。

アイヌ民族の賃金は安く、現金の支払いは、会所や番屋での日用品雑貨の購入分を、すべて帳簿に付け買いとして記録し、年一回、終漁日に精算して支払う方法だった。終漁後の漁業手当は現物支給だった。

幕末にはアイヌのコタン（集落）が約四〇ヵ所あった。越年には十勝各地のコタンに戻って生活し、春の漁期になると会所や番屋に戻り漁業などに従事した。女はアッシを織り生産物として出荷した（『音更百年史』から引用）。

十勝場所の漁業

十勝場所のアイヌ民族の年間の仕事は、次のようであった。

・春漁は、三月中旬（新暦・四月下旬）頃から五月下旬（新暦・六月下旬）頃まで。鱈《たら》漁、鰯《いわし》漁。

・夏漁は、六月上旬（新暦・七月上旬）頃から八月下旬（新暦・九月下旬）頃まで。昆布漁。
・秋漁は、八月中旬（新暦・九月中旬）頃から九月下旬（新暦・十月下旬）頃まで。鮭《さけ》漁。
・冬は、十月上旬（新暦・十一月上旬）頃から三月上旬（新暦・三月下旬）頃まで。山稼ぎ、主に狩猟。

アイヌ民族の労働は、年間を通じて、会所に雇われて和人の漁業経営に携わる者、漁期だけ雇用される者、漁期にも自由に行動している者などがいた。

十勝会所では年間を通じて、アイヌ民族を四〇〇人雇用していた。トカチ管内のアイヌ民族の総人口は一、一七八人であるから、その三分の一を雇用していたことになる。

雇用四〇〇人の内訳は、ホロイズミ場所に差し回す者、約一〇〇人。春の鱈、鰯漁に約一〇〇人。役人通行の際の継立人足に約一五〇人。会所、番屋の炊婦に約五〇人である。

夏漁の昆布操業中は、人が重複するが、男、女、セカチ（子供）など約二五〇人。鮭漁中は男女、約二〇〇人。他に、冬期間中、会所、番屋の杣人《そまびと》・木樵《きこり》、材木切出しに約七〇人、材木薪出しに約一〇〇人が使役される。

使役の介抱米は、一人当たり一日、玄米七合五勺（一、一二五グラム）、セカチ（子供）は一日、六合（九〇〇グラム）が給与された。

給与の規定は、次のようであった。

・アイヌ民族・男　春・鱈・鰯漁中　四貫五〇〇文
　　　　　　　　　夏・昆布漁中　五貫文

・アイヌ民族・女　　秋・鮭漁中　　二貫五〇〇文
　　　　　　　　　夏・昆布漁中　三貫五〇〇文
　　　　　　　　　秋・鮭漁中　　一貫五〇〇文
・アイヌ民族・セカチ　春・鱈・鰯漁中　三貫文

（『新広尾町史・第一巻』から引用）

安政四（一八五七年・江戸時代）年

広尾会所・夕食の献立

大根、ネギなど、地味が良いので良くできる。

夕食の献立。吸い物、クルミ、長芋、卵、鉢肴、やまべ、煮付け、丼《どんぶり》、九年母《くねんぼ》（柑橘類の一種）、白砂糖、刺身、鮒《ふな》の活き作り、大根、卵あんかけ、わさび、ネギ、味噌汁、フキ、香物（味噌漬け・おしんこう・漬物）、沢庵、飯など。

大津村（ヲホツナイ・豊頃町）の畑作物、不作

番屋の横の川（大津川・十勝川）を奥に行くと、アイヌの人家が多い。春、三月になると、漁業が始まるので、舟で下ってくる。山中にいるアイヌたちは、粟や稗を作り、食料にしてい

るという。

夕飯に、鴨の羹《かん》（あつもの・肉と野菜を煮た汁物）もの、鮒《ふな》の刺身（現在、寄生虫がいるので一般的ではない）、木瓜《きゅうり》、三度豆《えんどうまめ》（三回収穫できたからか）などがでる。支配人が話すところによると、今年は気温が上がらず、畑の作物は不出来だったという。

晩の膳、スイカあり

当縁村・通行無屋止宿、今晩の膳に酒を出す。肴に西瓜《スイカ》と鮒《ふな》の生作り（活き作り・刺身）あり。西瓜の産地を尋ねる越後（新潟県）から船で運んだという。味は変わらず。

隠元豆など作る

札内・アイヌたちの人家が三軒あり。川には鮭、鱒などが多い。鹿も多く棲む。土地は肥沃。粟、稗、隠元豆などを作っている（『近世蝦夷地農作物地名別集成』から引用）。

松浦武四郎、五回目の蝦夷地調査

松浦武四郎、四十歳の時、幕府の御雇という身分。四月二十九日（新暦・五月二十二日）〜八月二十七日（新暦・十月十四日）まで。

箱館出発〜岩内〜余市〜石狩〜忠別〜新十津川〜銭函〜増毛〜天塩〜名寄〜留萌〜石狩〜由

仁～千歳～室蘭～寿都～国縫～八雲～箱館帰着。この年、箱館で越年。

アイヌ民族の交易品

この頃のアイヌ民族と和人との交易品の種類は、次のようになる。

アイヌ民族が、和人（請負人）に売り渡す品物は、昆布、布海苔、干し鱈《たら》、鰤《ぶり》、鮫油、厚子《アッシ》、鹿皮、川獺《かわうそ》皮、狐皮、貂《てん》皮、熊胆《くまのい》など。

和人（請負人）が、アイヌ民族に売り渡す品物は、玄米、濁酒、清酒、糀《こうじ》、草履《ぞうり》、地廻《じまわり》莨《タバコ》、田代呂《たしろ》（ナタ）、間伐《まきり》、網糸、網針、染木綿、絞り、皮針、古手、股引、支切鉞（しきりマサカリ）、鍋、塗物行器、大田原鉢、タライ、壱ツ椀、蝦夷椀、台杯など（『音更百年史』から引用）。

安政五（一八五八年・江戸時代）年

少し畑あり

札内・札内川の北岸に人家がある。土地は肥沃、少し畑がある。後ろの方に山があり、人家が五軒ある（『近世蝦夷地農作物地名別集成』から引用）。

松浦武四郎、六回目の蝦夷地調査

松浦武四郎、四十一歳の時、幕府の御雇という身分で、一月二十四日（新暦・三月九日）～八月二十一日（新暦・九月二十七日）まで二〇五日間、蝦夷地を調査。『戊午蝦夷東西山川地理取調日誌（安政五年）』を著す。

箱館出発～虻田～石狩浜～忠別太（旭川）～佐幌～人舞～ビバウシ～芽室川河口～帯広川河口～マクンベツチャロ～大津～白糠～釧路～阿寒～斜里～摩周湖～釧路～昆布森～厚岸～根室～野付～標津～ヲウロヲマフ（直別川の北）～春日～木浜～松法～羅臼～チトライ～化石浜～知床～啓吉湾～ウトロ～斜里～紋別～宗谷～天塩～銭函～千歳～富川～広尾会所～大樹～上札内～戸蔦～美生川中流～芽室川河口～音更川河口～幕別・止若～大津～広尾会所～サルル番屋～幌泉～様似～浦河～新冠～箱館帰着。

粟餅を食べる

止若平（幕別）・松浦武四郎、乙名イキリカンの家に着く。粟餅を作り、ご馳走する。案内のアイヌたちは、酒をご馳走になり歌い喜ぶ。

アイヌ民族の耕作地

十勝場所（広尾）では、場所内に畑地が三、四〇〇坪（約一・一三町歩）あった。このうち、約六〇戸のアイヌ民族が約二、〇〇〇坪（〇・六七町歩）の畑を耕作していた（『アイヌ政策史』・『本別町史』から引用）。

昔、作物の栽培禁止

鵺援村（ヌエヌンケ・帯広）に人家が一軒あり、昔は七、八軒あった。ここで粟、稗を栽培していたが、請負人から、作物の栽培を固く禁止されたことがあったという。浜での労働が疎かになると思ったのであろうか。

ビバウシ（清水町美蔓）で少し畑があり、粟を栽培していた（『近世蝦夷地農作物地名別集成』から引用）。

安政六（一八五九年・江戸時代）年

広尾の陣屋に約三〇人

十勝は、仙台藩の警衛（警戒し護衛すること）となり、広尾の丸山の麓に、面積一・二町歩、円形、高さ四尺（約一・二メートル）の土塁に囲まれた陣屋（現・広尾小学校）を築いた。

陣屋には、目付代官以下約三〇人、医師、大工、杣人《そまびと》（きこり）、鍛冶屋などが居住した。

（編者撮影）

写真八．仙台藩陣屋跡の碑（現在、広尾小学校）

安政六（一八五九）年から明治元（一八六八）年まで、一〇年間、仙台藩が十勝を領有した。勤番の藩士は、半年交替だった。

明治元年、東北諸藩が政府軍に降伏したため、陣屋は撤収された（『碑文』から引用）。

慶応四（一八六八年・江戸時代）年

慶応を明治に改元

慶応四年九月八日（新暦・十月二十三日）に明治と改元した。明治元年は、旧暦・一月一日（新暦・一月二十五日）に遡って適用された。

第三章　松浦武四郎が見た十勝アイヌ民族

安政五（一八五八）年

十勝内陸調査・佐幌川上流から大津まで

松浦武四郎は、四十一歳の時、幕府の御雇という身分で、一月二十四日（新暦・三月九日）から八月二十一日（新暦・九月二十七日）まで二〇五日間、北海道の海岸沿い、内陸を探査した。その中で、十勝内陸の調査は、春と夏の二回実施している。

春は、三月十三日（新暦・四月二十六日）～三月二十日（新暦・五月三日）までの八日間。

夏は、七月十四日（新暦・八月二十二日）～七月二十二日（新暦・八月三十日）までの九日間。

合計十七日間実施している。

その時の十勝アイヌ民族の事柄について、松浦武四郎著、高倉新一郎校訂、秋葉実解読『戊午東西蝦夷山川地理取調日誌』の中の「戊午登加智宇知之日誌」、「戊午辺留府祢日誌」、「戊午報登加智日誌」（加藤公夫編『松浦武四郎の十勝内陸探査記』）から、要約して紹介する。

一月二十四日（新暦・三月九日）

箱館出発

函館を出発。大野泊。八雲、長万部、虻田、有珠、中山峠、定山渓、豊平、銭函を通って、

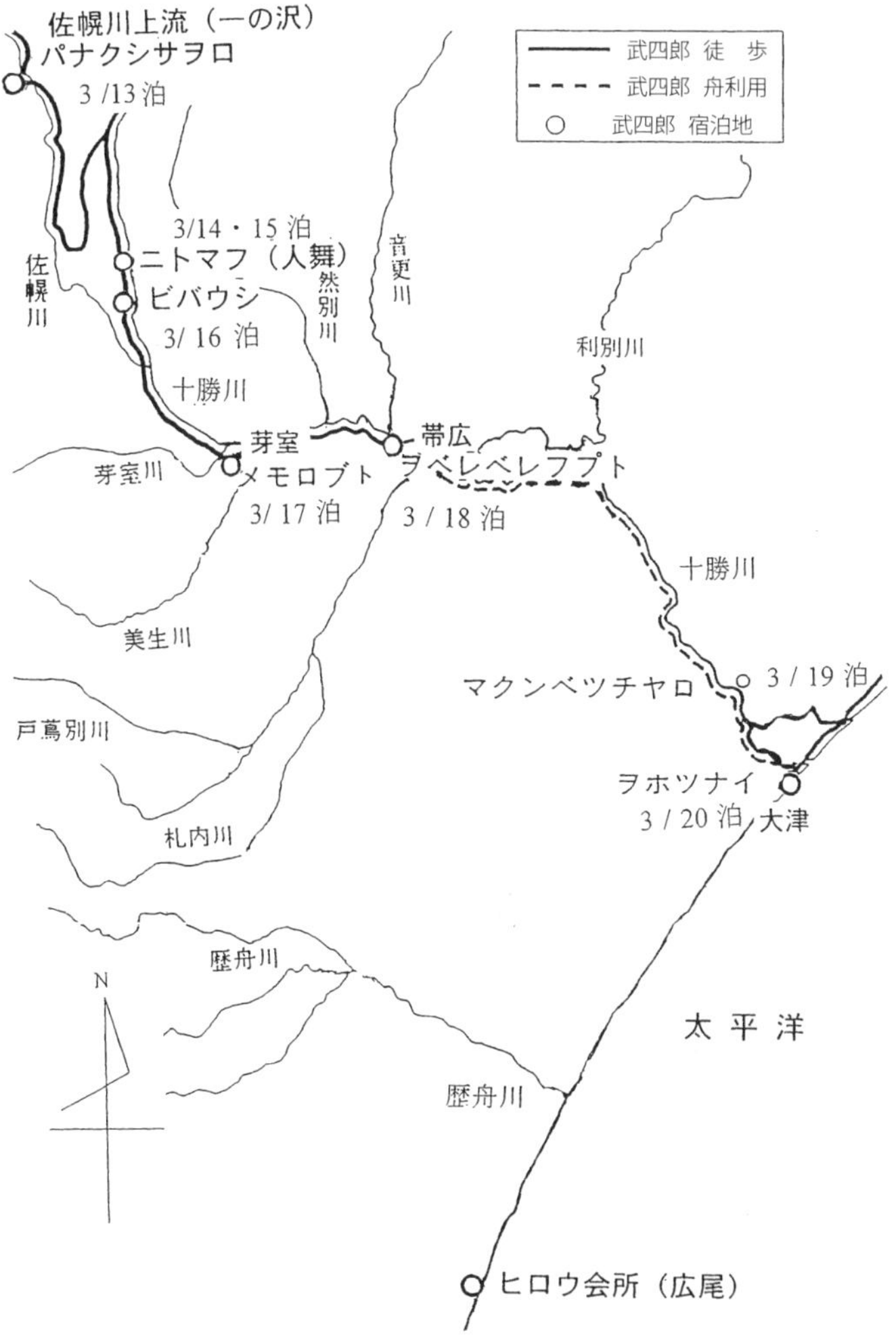

図版一．松浦武四郎の足跡図

（安政５年３月13日～３月20日）

石狩川河口にある石狩会所まで行く。

二月二十日（新暦・四月三日）～二月二十三日（新暦・四月六日）石狩会所に着く、滞留。十勝へ行く準備

石狩川河口にある石狩会所に着いた。二十四日まで滞留。

石狩川を遡り、旭川まで行くため、アイヌの人たちに道案内をお願いした。旭川方面の詳しいアイヌ民族を選んだ。

乙名のイソラン三六歳、上川メムに住むノンク四一歳、上川のサタアイノ（山中定九郎）二九歳、上川のサケコヤンケ（栗山サケコヤンケ）二四歳、上川のヤーラクル（布施イヤラクル）二四歳、上川のタカラコレ（石川タカラコレ）二九歳、チクヘツのイナヲエサン（今井イナヲエサン）二三歳、ツイシカリの乙名ルピヤンケの息子、イコリキナ一九歳、上川のアエコヤン（川村・荒井系）一九歳。

出発の準備をしていると、飯田豊之助も行くことになり、一日延期して、二十四日に出発することにした。

二月二十四日（新暦・四月七日）

石狩川・丸木舟で出発

丸木舟で出発。雪が解け、川の水がゴウゴウと流れていた。石狩会所から石狩川を遡った。

忠別（旭川）大番屋まで行く。

三月二日（新暦・四月十五日）**～三月八日**（新暦・四月二十一日）

忠別（旭川）大番屋に着く、滞留・十勝までの案内人を人選

忠別（旭川）大番屋に着く。八日まで滞留。

石狩詰下役、飯田豊之助の外、アイヌ民族の案内人一二人を選ぶ。乙名クーチンコロ四二歳、イソテク四三歳、アイランケ二九歳、セツカウシ三〇歳、ニボンテ三二歳、イワンパカル二九歳、アエコヤン三〇歳（帰路・日高まわり）、炊事係のサダクロ二七歳（帰路・日高まわり）、サケコヤンケ二三歳（帰路・日高まわり）、ヤーラクル二四歳（帰路・日高まわり）、。タヨトイ二七歳（途中で帰る）、シリコツネ三八歳（途中で帰る。以前、佐幌住み、妻子がいた）。合計一三人で十勝に行くことに決めた。米は一人当たり、三升から四升を持参した。

米を分けてもらわなくても良いから、十勝に行きたいと、希望するアイヌたちが多かった。

三月九日（新暦・四月二十二日）〜三月十二日（新暦・四月二十五日）
新得の佐幌川上流を目指す

旭川、美瑛、空知川を歩く。堅雪の上を歩き、ササ原、雪に埋もれたハエマツの峰を超え、十勝の佐幌川上流を目指した。途中、鹿の群れや十勝アイヌ民族の狩猟跡を見る。野宿。

三月十三日（新暦・四月二十六日）
佐幌川上流に着く

佐幌川上流の三の沢に着く。ヤーラクルが弓で狐を一匹捕ってきたので、皆で食べた。夜になると、野宿している周辺で、食べてしまった狐の仲間か、家族の狐が鳴き、気持ちの悪い夜を過ごした。

三月十四日（新暦・四月二十七日）
数千頭の鹿の大群・人家一軒

曇り空のため、急いで出発した。ササ原を下ると佐幌川上流の川端に出た。

新得からビバウシ（十勝川支流・清水町美蔓）に出た。カヤ原を行くと鹿の群れを見た。秋風で落ち葉が舞い落ちるような数で、実に一瞬のうちに、数千頭ともいうべき鹿の大群だった。

エンコロマナイがあり、芽室川筋の奥になる。この川の河口北側に、元、石狩のチクヘツの

（編者撮影）

写真九．鹿《しか》

現在、鹿の生息数が多く、道路横、畑、牧草地などでよく見かける。

突然、道路に飛び出し、交通事故になることがある。

乙名シンリキが、石狩場所の通辞（通訳）利左衛門と口論してここに逃げてきた。

家主の乙名シンリキは、すでに、亡くなっていたが、その息子、ヤエケシユク六〇歳、妻カマツ、その子供イカリン一六歳、コエカル一三歳、ヤエヌカル一一歳の五人家族が住んでいた。

このヤエケシユク六〇歳は、私たちをビバウシの乙名シリコンナの家に案内して、無事到着したことを祝ってくれた。ニトマフ（清水町人舞）に行き、ここで一泊した。

三月十五日（新暦・四月二十八日）

ニトマフ（清水町・人舞）に滞在

終日小雨。ニトマフ（清水町人舞）に滞在する。

ペンケニヨロフ川がある。この辺は、鹿が多い。アマッポ（仕掛け弓）が多く仕掛けられ危険だ。ビバウシ（清水町美蔓）、ニトマフ（人舞）の女の子供たちは、ここに、ムッケ（婆蕎麦・バアソバ）という食べ物の根を採りに来るので、小屋があった。

鹿の皮が一〇〇枚・人家四軒

屈足（新得町）・カムイキロ（新得町屈足）に着いた。人家が四軒あった。

一軒目の家主は、ラムカウシ二三歳、妻シュトルシ二一歳、次男ヤエラムシ一四歳が暮らしていた。鹿の皮が一〇〇枚も重ねて置かれていた。私は、お土産に針と糸を渡したところ、お礼にムッケを煮て、ご馳走してくれた。

二軒目、道の右の方に、一軒あった。家主トノトク五八歳、妻テケシキ四二歳、長男バナテク一五歳、次男チャレトム一四歳、三男アタフ、娘ウエナマツ九歳、妹ラマツ七歳の七人家族で暮らしていた。

家には、家主のトノトク五八歳だけが残り、子供たちは、ニトマフの乙名アユラクの家で酒宴があるので、行ってしまって留守だった。

三軒目、道の左の家は、腰が曲がった老婆トンモン七〇歳がいた。息子トコロロ二七歳、嫁テキリキン二五歳。子供ケソリユ二歳たちも、乙名アユラクの家に行ったという。老婆に針と糸を渡して、この家を後にした。

四軒目の家、中を覗くと一人の老人がいた。ヲキシロマ六四歳である。息子シヤマイカ一五歳は、ニトマフに行ったという。食料の米を一椀だけを与えた。

浜で働く・人家二軒

二〇〇メートル離れたところに一軒あった。

一軒目の家主は、エイニ五八歳、娘ハルカテキ一九歳、次男サケチャル一七歳、三男サムサ一四歳、四女シユウヌカン一二歳、五女ホルカモン九歳、六女ノヲラム七歳の七人家族。娘と次男は、浜で雇われて働きに行ったまま、冬も返って来ないという。

二軒目、マクンベツ川の近くに家があった。家主アリケウトム四二歳、妻イシュレ四四歳、子供四人、息子コレベカ一一歳、弟イクチヤロ六歳、娘チホランケ八歳、妹一人四歳の六人家族。家主アリケウトム四二歳は、浜で雇われているが、冬には帰ってくるという。

和語を話すシルンケアイノ

しばらく歩いて下ると、道が二股になっていた。一二、三歳の子供が迎えに来ていた。左の方の川端を下って行くと、魚を捕る仕掛け、簗場《やなば》があった。そこから五〇〇メートル行くと、ニトマフという小川があった。ここを超えて少し高いところに、野原があった。

私たちを見て、乙名アラユク七四歳、息子ショマ、次男シルンケアイノが出迎えてくれた。次男シルンケアイノは、『ニシパ様、久しぶりでございます』と、和語（和人の言葉）で挨拶した。驚いてよく見ると、一昨年、大津から日高の幌泉まで一緒に行ったのを思い出した。

キハダの皮（防虫）を敷く

私は安心した。飯田も喜び、一緒に来た石狩アイヌたちもたいへん安心して、乙名アラユク七四歳の家に入った。急に家の中を掃除して、キハダの皮（ノミ、シラミなどの忌避予防になる）を敷いた。

乙名アラユク七四歳、妻ウエシュ（亡くなっていた、死亡当時四九歳）、息子ショマ三二歳、次男シルンケアイノ三一歳、嫁シュテア二三歳と孫一人、三歳、五人家族で暮らしていた。

縁者だけの村・人家四軒

一軒目、西隣の家は、シルンケアイノの別宅で、妻トタヌマツと二歳の子供がいた。

二軒目、その隣には、女タマヲフヌ五六歳が住んでいた。乙名アラユク七四歳の妾だという。長男イタキネン一五歳、次男チャテシュ一三歳と暮らしていた。

三軒目、その隣、乙名アラユク七四歳の弟シカシユンアイノ四一歳、妻マウトロシ三五歳、息子コンニセ一〇歳、幼い弟と妹の二人。五人家族で暮らしていた。

四軒目、その隣に大きな家があった。ここには、乙名アラユク七四歳の子供、三男チヤラシ二三歳、四男エヲロサン一八歳、六男カフコトク一二歳、七男ヲサリアイノ一〇歳、八女八歳が住んでいた。

家族は、この者たちだけではなく、シカリベツやビバウシ方面の子供たちを住まわせ、世話をしているようだった。この村は、乙名アラユク七四歳の縁者でかたまり、一つの村になっていた。

乙名アラユク七四歳の家では、シルンケアイノが私の横に座り、通訳をした。私は、山や川の地理を調査するために来たことを伝えた。

左には、一緒に来た案内人、クーチンコロ四二歳、セッカウシ三〇歳、イソテク四三歳、ニポンテ三二歳、アイランケ二九歳、イワンバカル二九歳、アエコヤン一九歳、ヤーラクル二四歳、サケコヤンケ二三歳、サダクロ二七歳が並んで座った。クーチンコロ、セッカウシは一五、六年前に、ここへ来たことがあるという。イソクテ四三歳は、若い頃、ここで育ったので、老婆は手を取って喜んだ。

五〇人の大宴会

家の中は人で混み合っていた。今日、集まった人たちは五〇人ぐらい。その賑わいは、山の中とは思えない賑わいだった。それで三軒の家に分けた。

乙名アラユクの家には、クーチンコロ、セッカウシ、イソクテ、ニポンテ、イナウタカ、イエニ、シヨマ、シルンケ、サマカ。女三、四人を置いて酒を飲み始めた。

下痢・イヌの糞食

何故か腹がくだって下痢になった。夜になると一〇回ぐらい外に行って、二本の丸太を渡してある厠《かわや》（トイレ）で、下痢をすると、その辺のイヌが集まってきた。尻を出すと、イヌが私の糞を食べようとするのには困った。夜になると、雨が降った。イヌの毛が濡れ、私の尻に触るので気持ちが悪かった。

ニトマフ（人舞）の乙名アラユク七四歳の家に一泊する。

（編者撮影）

写真十．松浦武四郎宿泊之地の碑（清水町人舞）

昭和十二（一九三七）年六月三十日、アラユクの嫡孫の証言により、現在地に史跡標が建てられた。

その後、昭和四十九（一九七四）年四月、清水町教育委員会により御影石の石碑が建立された（『碑文』から引用）。

所在地：清水町人舞基線七八・岸田農場内

三月十六日（四月二十九日）

案内人が増え一四人・人家五軒

出発するため、皆に手拭い、針、糸などを贈った。シルンケとエヲロサンを案内人として出発した。始めの一二人に二人が増え、一四人となった。

カシワ、ナラの林、ハギ、カヤ原を過ぎると、一軒の家があった。

一軒目の家主は、ノタカシ五四歳、妻サクサン五七歳、長男チブレカウ二四歳、嫁セヌルヲ一九歳、次男クツチヤマアイノ二三歳、三男イソンコレキ一三歳、娘ウサレキン二一歳の七人家族が住んでいた。私たちが立ち寄ると思って、掃除をしていたので、針と煙草を贈った。

十勝川は幾つもの網の目のように分かれていた。川の向こうに、家が二軒あった。

二軒目の家主は、エチヤナンクル四一歳、妻シユアンテクル三七歳、長男クツテシユ五歳、二男イタキチヤロ四歳、三男三歳の五人家族。

三軒目、その隣、家主は女テムコロル二五歳、娘シコロマツ四歳と二人で住んでいた。

四軒目の家主は、小川、ポンビバウシの側に、乙名シリコンナ五一歳（石狩アイヌ）の家があった。シリコンナは、幼い頃、石狩のチユクベツから、連れて来られた。今では、ここで乙名の役目を勤めている。妻モエリニセ三七歳、長男イカンハウケ九歳、娘ラブセマツ一四歳、その他、男（召使い）一〇人ほどを養っている。

五軒目の家主は、アバシリアイノ九四歳、息子アチヤウシアイノが同居していたが、最近、この老人は亡くなったという。息子が一人でいた。この老人は、網走から来たのでアバシリアイノという。

石狩から逃げてきた盗人

乙名シリコンナは、石狩から逃げてきた盗人、イナヲクシを保護していた。盗人、イナヲクシの元の生まれは、十勝である。以前、石狩に行き、人別帳には石狩になっていた。石狩の番屋から太刀、短刀、鐔、矢筒、銀の装飾品など一四種類を盗み、女フツマツと十勝に逃げてきた。

理由は、イナヲクシには、息子イサリカイ二五、六歳と娘一九か二〇歳の二人がいる。七、八年前から浜で働かされ、一度も家に帰さないことが原因だった。

石狩会所からやって来た飯田豊之助は、この盗人イナヲクシを捕らえることが目的のため、十勝までやって来たのだった。

飯田はこの息子と娘を知っていた。息子のイサリカイは勤番の飯炊きをさせられていた。去年の冬、タマチシカラという女が、番人、鉄五郎の妾《めかけ》（妻も知っている愛人）にされていた。改革により、妾を持つことが禁止になったので、その妾は、イナヲクシの息子イサリカイの妻になった。イナヲクシの娘には、今、夫がいた。

ビバウシで一泊する。

（個人蔵）

写真十一．アイヌ民族の宝物・アイヌ鐔（真鍮製）

左：縦七・九センチメートル・横七・八センチメートル。右：縦八・〇センチメートル・横七・五センチメートル。

三月十七日（新暦・四月三十日）

粟栽培・人家三軒

それぞれに持ち合わせのお土産を送って出発しようとしたとき、隣の家に住むアシリケウトンが佐幌太のヤエサラマと一緒に来た。

チョバトバは、シカリベツの方から札内の乙名マウカの弟、イソラムを連れてきた。佐幌太のヤエサラマは和語に良く通じた。イソラムは私を見て大喜びをした。一昨年、私を広尾から様似の境まで案内してくれたのだ。

ここから大津までの案内人が整ったので、石狩アイヌのセッカウシ、クーチンコロ、イワンバカル、ニボンテ、アイランケ、イソテクの六人に、『ここから帰ってもよい』と話したところ、クーチンコロとセッカウシは、大津の浜で和人に逢うまで一緒に行きたいと云った。乙名シリコンナも札内太の乙名の家まで送ってくれるというので、大勢で出発した。

近くで、粟が栽培されているのを見た。

川の東側にビバウシブトという河口があった。その奥の林の中に一軒の家があった。

一軒目、ヤエサラマアイノの家である。ヤエサラマアイノ三五歳、妻アヘサムイヘ二五歳、母キシユノ六八歳、娘八歳と四歳の二人の五人家族で暮らしていた。針と糸を贈った。

川幅三〇メートルぐらいの佐幌太に出た。魚のイトウが多く棲むという。その岸は大ササが多く、ヤナギ、ハンノキ、タモノキが多い。

二軒目。案内人のイソラム四一歳の家である。妻シトンレ三七歳。石狩のシリコツネ三八歳が、以前、ここに住んで妻を持っていた。シリコツネは石狩に帰った後、その家をイソラムに持たせた。息子のウカリアイノは、石狩に帰ったシリコツネの子供で、一三、四歳になる。次男アイラクトイと娘一人は、イソラムが結婚後に生まれた子供であるという。

一筋の小川があり、ここに一軒の家があった。三軒目、家主ヲヒツタコロ三八歳、妻トキサンマツ三四歳、娘タレヲクテ八歳、妹サンケレキ六歳の四人家族で暮らしていた。

そこから草道を行くと、平地が続いていた。少し下ると川原の多いフシコサヲロに出た。また少し行くと、シイベンベシ（熊牛村）があった。

芽室川河口・カムイコバシの家に宿泊・人家二軒

御影村のヌプリルエラン（十勝橋付近）に着いた。ここの崖の上から眺めると、北の方に十勝岳、少し東に然別岳、西に佐幌岳、芽室岳、ピパイロ岳、札内岳がよく見えた。

カヤ原を三、四キロ行き、ここで磁石の方位を見た。南南東に向かった。川幅三六メートルの芽室川の河口に着いた。瀬が二つになり、急流だった。ここを渡ると、カムイコバシの家があった。ここで一泊した。

一軒目、家主のカムイコバシ八三歳、昔のことをよく覚えていた。昔、間宮林蔵を芽室川上

（編者撮影）

写真十二．芽室川河口（メムロブト）

アイヌ民族の人家が二軒あった。松浦武四郎は、メムロブトに住むカムイコバシの家に、春と夏に、二回宿泊した。

流に案内したという。後妻アシカラン五六歳、次男エミソレ一七歳、孫ボンビコロ二歳の三人で暮らしていた。

二軒目、その側に一軒あった。ここには、亡くなった息子、長男の妻アバトシ三〇歳、息子エコチヤケ一一歳、弟コシユンケ九歳、三男クンカヲリ六歳の四人が暮らしていた。

三月十八日（新暦・五月一日）芽室川河口～ピウカ川～美生川～帯広川河口で一泊

メムロブト（芽室川河口）のカムイコバシの家を出発した。アイヌたちの家は、すべてカヤ葺きだった。

ピウカ川・人家二軒

ピウカ川の側に、二軒あった。

一軒目の家主は、ヲツタクス六三歳、妻シユチコロ五一歳、息子エアクヌ二三歳、嫁ヲフリカラ一八歳、次男バウユシクブ一四歳、三男イクリシ一一歳、四男チヤラマ六歳の七人家族。そのうち息子、嫁、次男の三人は、浜（大津か広尾）で雇われ、働きに行っていた。

二軒目の家主は、バウコボエ二〇歳、次男シエビヤ一八歳、三男ニタタ一五歳の三人で住んでいたが、三人とも浜に働きに行き、帰ってこないので、家は朽ち果てていた。

ピウカ川から、さらに、東に歩くとピパイロ（美生）川がある。両側はヤナギ、ハンノキが多かった。ピパイロ（美生）川上流に、冷水の湧き水が出るポロヤムワッカ（この川の側に、松久ニジマス園がある）という小川がある。

美生川のポロヤムワッカ川河口・人家三軒

ピパイロ川とポロヤムワッカ川の河口に、三軒の家があった。

一軒目の家主は、チウラクル六三歳、妻イテレケレ五七歳、長男アタシヤウヌ一三歳、次男ヤエアフイ九歳、娘ウナルベマツ七歳の五人家族で住んでいた。

二軒目の家主は、チウラクルの息子エエクル二一歳、妻ベトンナ一八歳が住んでいた。ここのエエクルも浜（広尾）で雇われて、働きに行っている。去年から一度、帰ってきただけである。その妻は、若いのに、三〇歳ぐらいに見えた。背丈が高く一八〇センチぐらいあった。

三軒目の家主は、イシチヤリ四一歳、妻シユンクアン二四歳の二人で暮らしていた。

ピパイロ川の上流、ポロヤムワッカ川とヤウシタプコプ（雨山・現在の新嵐山・三四〇メートル）がある。その中間にピウカチャラがあり、七月十七日（新暦・八月二十五日）、豪雨の中、松浦武四郎が野宿している。

ピパイロ川（美生川）から帯広川まで歩く・人家三軒

ピパイロ川を越えると、アイヌの家が三軒あった。

一軒目の家主は、チソンコタブ二七歳、妻アウリヌ二八歳、母チコテケ五七歳の三人で暮らしていた。

二軒目の家主は、ノネトエ三六歳、妻トナシモン二八歳、母モンコアン五一歳、息子チャルウク九歳、次男チャベカレ七歳、三男セカチ（男の子）五歳の六人家族。家主ノネトエは浜で働き不在である。

三軒目の家主は、アンチャロ二一歳、妻フッテキマツ二二歳、弟イカシアムケシ一四歳、三男トレプシユク一一歳の四人で暮らしている。この家族は、春から秋まで、日高の幌泉で働き、冬になると帰って来るという。

野道を東に向かって歩くと、ライベツ（十勝川・干し上がった川）という古川がある。さらに、カヤ原を行くと、チエカリトンナイ（十勝川・食料を取る沼川）がある。この上は、カヤ原で、谷地になっているところで、鹿の群れを見た。

十勝川の北には、ビバウシ、シカリベツブトがある。さらに進むと、チョマトーという谷地の中に沼がある。さらに進むと、ヲペレペレフ（帯広川）の川端に出た。

帯広川河口に宿泊

帯広川は、川幅が広く、水量も多いが、鮭が少なく、鱒、イトウ、ウグイなどの魚は多いという。帯広川中流に、ユウチリという小川、ポロニタ（大湿地帯）がある。この辺に、札内から美生に行く道があった。七月十七日（新暦・八月二十五日）、松浦武四郎はこの道を通っている。

帯広川河口に三軒の家があったので宿泊することにした。この川の向かいには、惣乙名シラリサ七一歳の家があった。

惣乙名シラリサ・人家三軒

惣乙名シラリサ六七歳は、アルラムコエキ七六歳の家で、宿泊するようにと、大勢の子供たちを連れて出迎えてくれた。

一軒目の家主は、アルラムコエキ七六歳、妻イムシマツ六三歳、息子パウチヤ二八歳、嫁エケロツ二二歳の四人家族で、家の中は、相当な広さで綺麗だった。

息子のパウチャは、私たちが来ると聞いて、先ほど、鹿を捕りに出かけた。嫁エケロフは、銛（もり）を持ってイトウを捕りに行った。私たちが宿泊するのを大変喜んでいるようだった。

二軒目の家主は、カイシテ五〇歳、妻ホンヌミ四六歳、息子ハノヲ一四歳、次男エトク八歳の四人家族である。

三軒目の家主は、ウクテアイノ二八歳、妻クレンケアシ三三歳、母ウセモレ六二歳、叔母チヤモレ四〇歳、姪サエレ一五歳、妹ホネアイノ一三歳、同じく子供一人三歳が住んでいた。

この親は、乙名トリフツパという。今年の春、八九歳で亡くなった。老いても少しも衰えることなく、常に野山に入り狩猟をしていた。詳しくは、「近世人物志」に紹介されている。

『明日、舟で川を下る』と、惣乙名シラリサ六七歳に話すと、『ヤムワッカ(幕別の止若)まで送る』と云ってくれた。石狩から案内してきたアイヌたちに、私(武四郎)が、『ここから、石狩に戻ってもよい』というと、『ぜひとも、大津まで行き、和人を見てから帰りたい』というので、一緒に行くことになった。

三月十九日(新暦・五月二日) 帯広川河口から舟で出発

出発の準備をした。惣乙名シラリサ六七歳にお土産として、皮針一〇本、木綿針五〇本を贈った。アルラムコエキ七六歳に手拭いと針、糸を贈り、他の者には、後から大津から運んで贈ると話した。シリコンナ、イソラム、ヤエサラマらにも、そのことを話して舟を出した。

十勝川に出ると、向こう岸から老人がやって来た。私たちの今回の苦労を心配して、惣乙名シラリサ六七歳、乙名シリコンナ五一歳、アルラムコエキ七六歳も、小舟で送るために出てきた。

十勝川の中心に出ると、急流で矢を射るよりも早く、札内川河口に着いた。ここまで約八キロ。この辺の川筋は、洪水のたびに川の流れが変わる。流れが縦横、網の目のようになり、中州ができ様々な水路になる。そのため、幕別の白人村に舟を着け、水先老人を頼み案内人とした。ここには、アイヌ民族の家が五軒あった

止若（幕別町）に着く・人家一軒

十時前に、ヤムワツカピラ（幕別の止若）に着いた。人家が四軒あった。

家主は、止若の乙名、イキリカン五九歳、妻ヤンケマツ四三歳、先妻の息子シテキトム三一歳、妻アウツネ二三歳、次男アフネカアイノ二四歳、嫁モレトンコロ一九歳、三男ハウラリ一九歳、四男イタクベトン一二歳、娘テケロク一一歳、妹モニコヲク九歳など一〇人で暮らしていた。その他、使用人も多くいた。

止若で昼食、舟で出発

乙名イキリカン五九歳は、一緒に来た案内人たちに、玄米に少し粟《あわ》を入れたお粥を振る舞ってくれた。お礼に針、糸などを贈った。昼ご飯をご馳走になってから出発した。ここで、札内川河口から案内してくれたアイヌたちに帰ってもらった。

水先案内は別に頼んだ。この辺の流れは速い。利別川河口を通った。この川筋に、アイヌ民族の人家が、二七軒あった。

チシネライ（池田）～トフチ（十弗川）などを過ぎた。岸に二軒の人家があった。この家か

ら一人のアイヌが出てきて、『これから下は、南風がますます強くなるので、ここに泊まったらいい』と云ってくれた。私は、『明日の朝、早く大津まで行きたい』と話した。

打内太～礼文内～豊頃～農野牛～牛首別川～背負～安骨～ヌッパを通った。

マクンベツチャロで宿泊・人家二軒

夜になったので、岸に上がる。

一軒目の家主、乙名サネハカアイノ六一歳に宿をお願いした。妻フッヘク五三歳、息子ユウカレ三八歳、嫁コノア二八歳、次男ヨタクシ、嫁エチヤヌマツ二七歳、三男エベヲカエ八歳、孫二歳と八人で暮らしていた。

乙名サネハカアイノ六一歳は、病気だったので宿泊できなかった。そのため、次男ヨタクシに案内させ、ヌッパ～マクンベツブト～マクンベツチャロまで行き、ここで舟から降り、宿泊した。

二軒目の家主は、カモエヌンカ五二歳、妻フリカンナ四六歳、息子コエビラサ二三歳、次男チヤリアラ一二歳、娘カリンネ九歳、妹五歳と六人で住んでいた。

近くに小屋があり、カモエヌンカ五二歳が所有していた。去年の冬、イサリクマ八四歳、その妻ヤリケ八一歳の二人とも亡くなった。この辺まで来ると、コシヤク（はまぜり・浜芹）が多くあったので、それを摘んで汁にした。

夜、十時を過ぎると、どこからか音が聞こえてきた。不思議に思って、『何の音か』と聞くと、『波の音』という。大津の近くまで来たので、皆、安心して眠った。

ここのアイヌたちは、山のアイヌたちと環境が異なるので、和人に慣れていた。私たちも米を出し、お粥を作ってもらった。その後、彼らの方もお粥を煮て、これにトレフ（ウバユリ）を入れ、私たちの案内人に食べさせてくれた。

三月二十日（新暦・五月三日）
マクンベツチャロを出発

月も昇り始めて間もない頃、サダクロ二七歳が起きて、朝食の支度を始めた。『あまりにも早い』というと、彼らも、久しぶりなので、『早く行きたい』といった。四時頃、舟に乗り出発した。

両岸には、少し芽がふくらんできたヤナギが多かった。タンネオタ〜フシコベツ〜ホロノタ〜ハラウツカ〜タツコライ（旅来）を過ぎた。この間、四キロぐらいと思う。川幅が広く、流れが遅い。両側の山々も遠くになった。

ベッチャロから十勝川と大津川の二つに分かれる・人家二軒

少し明るくなった頃、ベッチャロに着いた。ここから十勝川は二つに分かれていた。左の方は、十勝太（十勝川）の方に流れ、右の方は、大津番屋（大津川）の方へ流れている。十勝太の方に流れているのは大川であるが、近頃、だんだんと左の十勝川の方が細くなり、右の大津川の方の川幅が広くなってきているという。

私たちは急いでいるため、右の大津川を下った。低い山があり、崩れて崖になっていた。そこにアイヌの家が二軒あった。

一軒目は、大津に引っ越していた。

二軒目の家主は、アメカラ五五歳、妻フツランパ四九歳、息子カリニ六歳、娘サナトル一〇歳、妹三歳、母シケチミの六人家族で暮らしていた。

湿地帯のカヤ原を下ると、ヲサウシ（豊頃・長臼村）があり、左はカヤの原、右の方の川端に丘があった。そこにアイヌ民族の集落、数軒の家があった。

長臼村に人家一四軒

一軒目の家主は、イノフル四七歳、妻セトルエ三一歳、息子ハウテカ一一歳、娘ウナサン八歳、妹二歳の五人家族で暮らす。

二軒目の家主は、アツカリ六〇歳、妻イサンヌカル五四歳、息子ハナハツ、嫁シネマツと四人で暮らす。

三軒目の家主は、サヘヌンカ三六歳、妻コエヌンカ二八歳、爺エミナカ六四歳、弟イタキシ

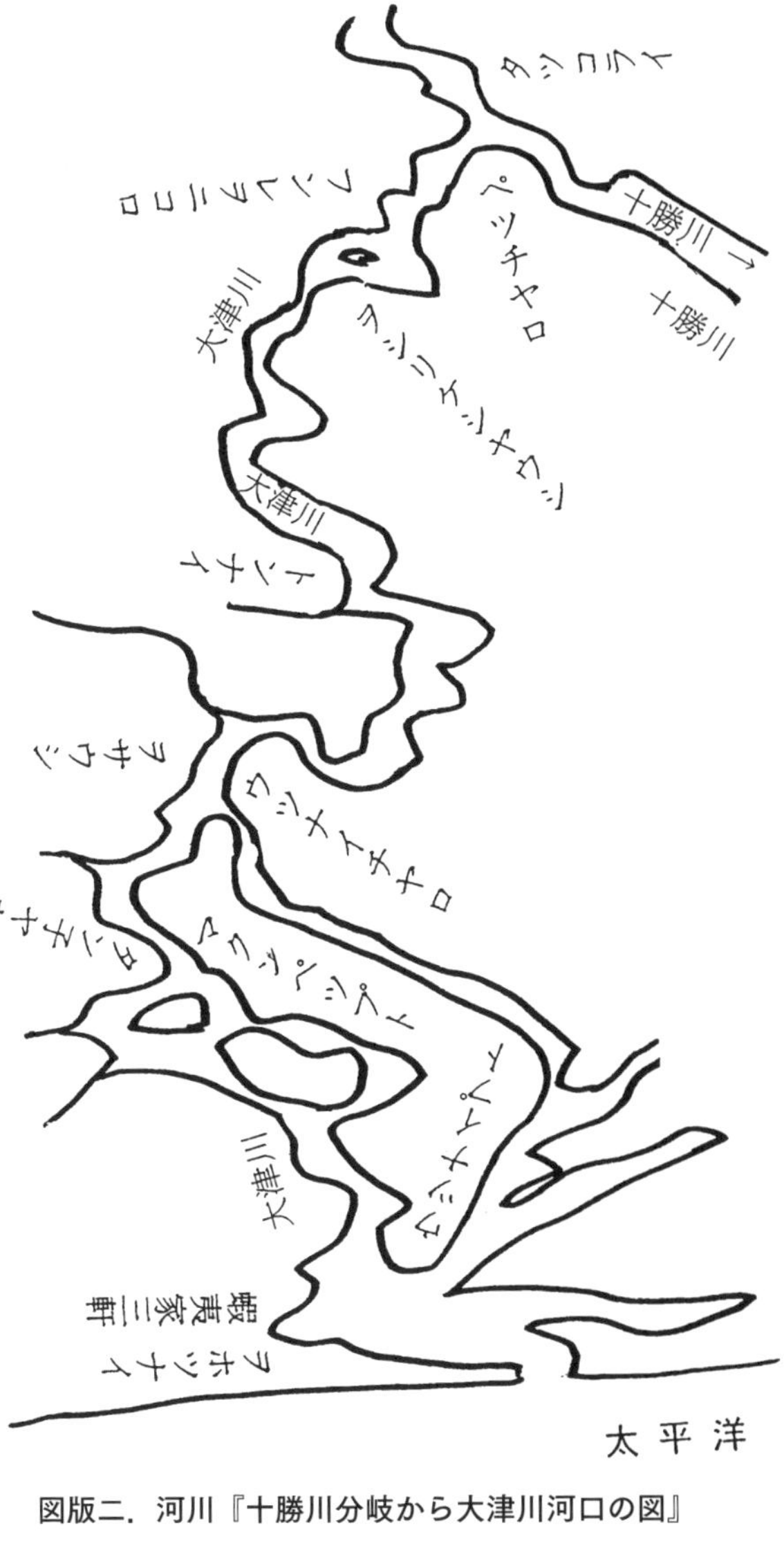

図版二．河川『十勝川分岐から大津川河口の図』

ユクフ一八歳、三男サンケシアイノ一四歳、娘カフウシマツ五歳、息子二歳の七人家族で暮らす。

四軒目の家主は、イラキル五三歳、妻モンリタ四九歳、甥タサアイノ二四歳、妻テクンカ二一歳の四人家族で暮らす。

五軒目の家主は、チキリアン五九歳、妻トフラ六九歳の二人で暮らす。

六軒目の家主は、シクフランケ七一歳、妻トレアン六一歳、孫女レシユマツ九歳の三人家族で暮らす。

七軒目の家主は、イバシテヲク五三歳、妻ハルコラン四三歳、爺エマカクル八一歳、息子ヤツトキ二五歳、嫁ヌマツコラン三二歳、甥三吉一七歳の六人家族で暮らす。

八軒目の家主は、イヌチレ五〇歳、妻フツレシユ三二歳、息子一人二歳の三人で暮らす。

九軒目の家主は、ルカヌアイノ四八歳、妻シキンカ三四歳、娘レサクマツ八歳、妹一人の四人家族で暮らす。

一〇軒目の家主は、バウエサン二三歳、妻フレタリヤ一九歳、母アバトルマツ七三歳、伯父シエク五〇歳、妻イレサク二八歳の五人家族で暮らす。

一一軒目の家主は、リベア四六歳、妻ベラモン三三歳、娘チャラレマツ七歳の三人家族で暮らす。

一二軒目の家主は、アノトシ四八歳、妻ハルコノ四三歳、娘ウトレモン四歳、次男ヘエキツ二六歳、妻チヤルシマツ二〇歳、三男チヤエンカ二四歳、嫁ウナヌシ二〇歳の七人家族で暮らす。

一三軒目の家主は、イサケサン五一歳、妻フチア四六歳、父イタヤサマ八七歳、母タネトル八四歳、息子トフカアイノ五歳、娘シケレ一一歳、弟イカシランクル三〇歳、妻ウホンマト二二歳の八人家族で暮らしている。

一四軒目の家主は、イチユフヌラン七二歳、弟イフリコロ六一歳、妻イカヌケム五三歳、弟シメト五三歳、嫁マウトルシ三六歳、甥一人三歳、姪トウウス五歳の七人家族で暮らしている。

この一四軒の家は、小川の左右にあった。

網引き場に和人の番屋

大津川の岸に網引き場があった。ここに和人の番屋があった。川幅が広く、蛇行して右側はヤナギ原で、左はカヤ原だった。川の流れは遅く、さらに、南に進むと、タンネヤウシというところがあり、有名な網引き場だという。昔、多くの家があったそうだ。

大津の番屋・人家三軒

大津川を下って行くと、大津番屋の屋根が見えた。右側の方にアイヌの家が一軒あった。

一軒目の家主は、ウサキウシ五九歳、妻ヲルベマツ五七歳、息子エボンヌカル二三歳、娘ウホンシユ一七歳の四人家族で暮らしていた。この家の近くはカヤ原で谷地だった。

さらに、下って大津番屋に、朝八時頃着いた。浜にいる者は、私たちを見て驚き、家に逃げ込む者があった。番人の紋造が出てきて迎えてくれた。

家に入ると、根室詰調役下役元締、橋本悌蔵が根室に行くため、番屋に宿泊し、まだ、出発していなかった。橋本悌蔵に様子を聞くと、『まだ、源氏の世かと思う』と冗談を云ったので、笑った。

番屋の建物は、縦幅約一〇メートル、横幅約三二メートルの番屋が一軒。板蔵は、縦幅約四メートル、横幅約六メートル。茅蔵は、縦幅約七メートル、横幅約一一メートル。その他、人足小屋一軒、稲荷神社などがあった。

その後ろの方に、アイヌ民族の家が五、六軒あった。山奥から働きに来たアイヌたちの家とのことだった。

二軒目の家主は、シアレ五二歳、妻イトベツカ四四歳の二人家族。

三軒目の家主は、カシユクフテ四四歳、妻ウサケ三八歳、息子シエトエ一四歳、次男コマキツ一一歳、三男シトンラウシ八歳、四男二歳、娘ナヌマツ五歳の七人家族である。

案内人のアイヌたちにお礼の品々を贈る

番屋では酒を置いていなかった。案内人のアイヌたちの慰労には、濁酒が一番必要である。乙名クーチンコロ、セッカウシ、アイランケ、ニポンテ、イワンパカルの五人に、米二俵四升、煙草一〇把を与え、ビバウシの乙名シリコンナの家へ持って行くように話した。

イソクテに米四升、煙草二把を与えた。各六人には手拭いを一本ずつ与えた。アエコヤン、ヤーラクル、サケコヤンケ、サダクロの四人には手拭い、煙草一把ずつを与えた。この四人は、大津から飯田豊之助と日高の海岸を通って、一緒に石狩会所まで帰る。

盗人イナヲクシには、帰りの山中で吸う煙草一把を与え、食料の玄米四升を夫婦の者に与えた。

ビバウシ（清水町の美蔓）から札内まで同行した乙名シリコンナに、玄米一俵、煙草二把、盗人イナヲクシを今まで面倒を見てきたので、その手当てとして贈った。

サツナイブト（札内太）乙名シラリサは、舟を手配してくれたので、玄米一俵、煙草一把を贈った。

ヤムワッカピラ（幕別・止若の崖）の乙名イキリカンには、玄米一俵、シネントイアイノに、玄米二升、煙草一把を贈る。

ニトマフ（人舞）の乙名アラユクに玄米三升、煙草一把、息子のシルンケアイノに煙草一把。ヤエサラマ、イソラム、ノネトエ、カムイコバシ、アルランコエキの五人へ煙草一把、玄米二升ずつを贈った。

今日、安着の喜びとして、濁酒一斗五升（一升が六〇文）を贈ってから宿泊した。山でお世話になったアイヌたちへの届け物は、二人の乙名にお願いした。

三月二十一日（新暦・五月四日）

大津から尺別、白糠、釧路へ向かう

飯田豊之助は、案内人四人と一緒に、当縁、広尾を通って、日高から石狩会所に帰るため、出発した。

私（武四郎）は、馬一頭を借りて、馬扱いのコヤマと一緒に、尺別、白糠、釧路に向かって出発した。

尺別で昼食、白糠で宿泊した。

白糠では、安政四年五月から、奉行手付（実務の責任者）栗原善八が石炭を掘っていた。去年と異なり、順調に石炭を掘ることができると喜んでいた。

安政五（一八五八）年

夏、二回目の十勝内陸調査

松浦武四郎は、二回目の十勝内陸調査を、七月十四日（新暦・八月二十二日）から七月二十二日（八月三十日）まで、九日間行った。

秋葉実解読、「戊午辺留府祢日誌」、「戊午報登加智日誌」（加藤公夫編『松浦武四郎の十勝内陸探査記』）から、要約して、十勝のアイヌ民族の様子について紹介する。

七月十四日（新暦・八月二十二日）

サルル会所から広尾（十勝）会所へ

松浦武四郎は、日高のサルル会所から十勝詰下役、秋山透と一緒に出発した。十二時頃、広尾会所に着いた。支配人の元吉に会う。明日から歴舟川を上り、歩いてメムロブト（芽室川河口）まで行き、そこから十勝川川筋を下ることを話した。広尾会所で宿泊。

十勝内陸調査の準備

案内人は先年より懇意にし、約束していた札内の乙名の弟イソラムを頼んだ。馬で行くこと

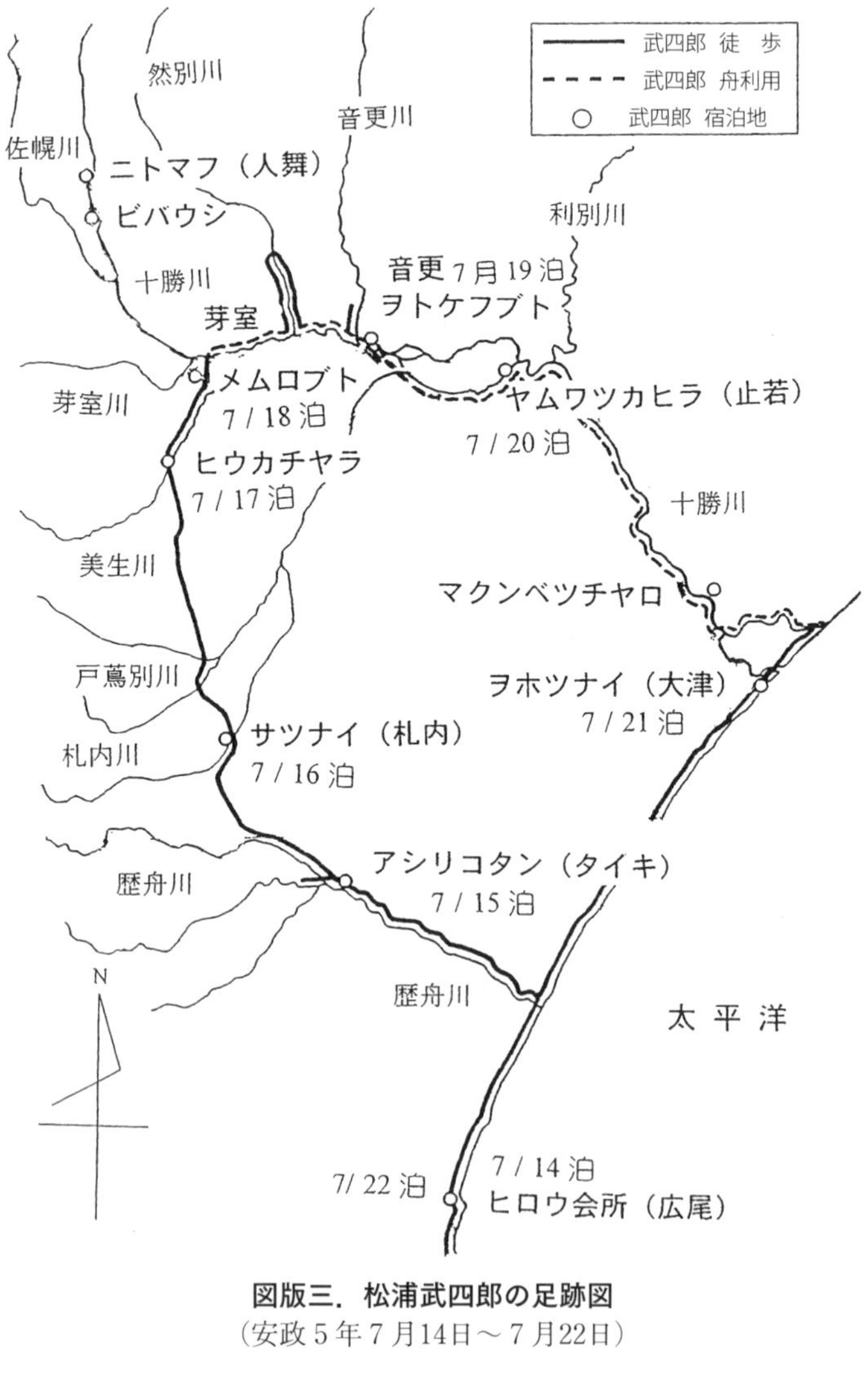

図版三．松浦武四郎の足跡図
（安政５年７月14日～７月22日）

にした。三、四日分の食料、米、味噌、酒、煙草などを用意した。大津の番屋からは、止若の乙名とサッナイブトの乙名の家まで、白米一斗（一五キロ）、玄米二升（三キロ）、酒二升、煙草一〇把を持って行って欲しいと頼んだ。

夕方、五時頃、イソラムは芽室のポロヤムワッカ河口から来たエエクル、会所のサルマツアイノ、大津の馬主イサケサンを漁場から呼び連れてきた。

今年の春、イソラムはビバウシ（清水町美蔓）からサッナイブト（札内太）まで案内してくれたので、刀の鐔一枚、布に模様を染め出す型紙二・四メートル、糀《こうじ》二升、玄米四升、煙草三把、糸、針を与えた。

十勝内陸の案内人、イソラム、エエクル、サルマツアイノ、イサケサンの四人は、安全を祈願して木幣を作り御神酒を供えた。四人には酒二升を贈り、広尾会所の惣乙名には、酒一升を贈った。明日、朝、三時に出発すると伝えた。

七月十五日（新暦・八月二十三日）

熊三頭見る。鹿一頭捕る・人家一軒

満月。二時頃、起き出して支度をした。支配人の元吉は朝飯の支度をしていた。外のアイヌたちも馬の準備など支度をしていた。外は寒かった。着物の上に半天をを着て、その上にアッシを着た。

楽古川、野塚川、豊似川を渡った。だんだんと、東の空が白んできたので、一休みした。紋別川を渡り、カシワ、ナラの樹林に入ったところで、親子の熊三頭を見た。子鹿がいたので捕った。

歴舟川の河口に出た。アイヌ小屋が一軒あった。

家主は、レウンケウイ五五歳、妻シクハタテ四八歳、子供は十年前に亡くなったという。二人で住んでいた。川番の丸木舟があり、旅人を渡し、馬で通行の者は馬で渡らせた。

子鹿を食べる・メムに人家二軒

歴舟川を二キロほど上に進んだところで、火を燃やし、先ほどの子鹿を鍋で煮て食べた。上流にメム（大樹町芽武・水たまりの意味）があり、人家が二軒あった。

一軒目の家主は、シコマカ四四歳、息子トシユアイノ一二歳、老婆トクテマツ八一歳が住んでいた。サルマツアイノに煙草一把と糸、針を持たせて届けた。

二軒目の家主は、レクタマ五二歳、妻イシユラキテ四二歳である。今は、トウフイ川の川番に行っているという。

ヘルフネ村・人家二軒

さらに二キロほど進むと、ニヨロマフという川があり、ヘルフネ村があった。そこに、人家

（編者撮影）

写真十三．熊《くま》

最近は人里に姿を現すようになった。偶然、道路横などで出会うことがある。人家に入り、食べ物を探すことがある。

が二軒あった。
一軒目の家主は、イサラアイノ四六歳、妻イモンサカ三八歳、娘二人の四人家族である。全員、コンブ採りに浜に行っているという
二軒目の家主は、イヌラヲコツ四九歳、母カウトルケ八三歳、伯母エンネベ七七歳、甥ヤエセエ二七歳、甥フララク二一歳、息子ウエンクシアイノ九歳、弟コエカフアイノ七歳の七人家族で暮らしていた。
老婆の母カウトルケ八三歳に九歳と七歳の子供を預け、家主と甥の二人は、浜に働きに行っているという。ここにも、煙草、糸、針を与えた。

タイキは蚤《ノミ》の意味・アシリコタン・人家二軒、一泊

タイキ村（現在の大樹町大全付近）があった。タイキとは、「蚤《ノミ》」の意味とのこと。アシリコタンに着いた。魚が多いので引っ越してきたというアイヌの人家が二軒あった。

一軒目の家主は、テルカアイノ四一歳、妻シユトカリ三三歳、母ウエンチヤロ七一歳、息子ロクテアイノ八歳、弟ヲヘヤンケ六歳、家主の弟、次男エカサウ二五歳、三男エヲツ一八歳、妹ユアンテ一六歳の八人家族。そのうち、家主、弟の次男、三男、妹は、浜で雇われて働きに行っている。家では、老母と妻と子供二人で暮らしている。

二軒目の家主は、カンヒニセ五八歳、妻エトレ五四歳、息子イカリヲツ二二歳、妻ウコレシ

ユ二一歳、次男ヲレナシ一九歳、娘シカヌモン一五歳、妹ヘテエトレ九歳の七人家族。そのうち、息子夫婦と次男は、浜で雇われて働きに行っている。家には、家主夫婦と娘二人の四人家族で暮らしていた。

カジカ、マス、アメマス、トレフ（姥百合）をご馳走になる

私たちは、宿泊することにした。そのため、娘はカジカを捕るため、鈎《かぎ》を持って川に出かけた。しばらくすると、カジカを五、六〇匹捕って戻ってきた。それを私たちに焼いて食べさせてくれた。妻は、トレフ（ウバユリ）を水にもどし、私たちに食べさせてくれた。下の家から老母ウエンチヤロ七一歳も手伝いに来た。家主は、マスとアメマスを七、八匹捕ってきてご馳走してくれた。その親切が嬉しかった。

老母ウエンチヤロ七一歳に米五合、糸、針を贈った。家主に酒一升を贈った。

この日は、家主カンヒニセ五八歳の家で宿泊した。

七月十六日（新暦・八月二十四日）
歴舟川・神居古潭上流の三股まで行く・人家一軒

朝、早く起きた。家主のカンヒニセに案内を頼んだ。馬はそのままにし、歩いて、イソラム、エエクルの三人で出発した。露が多く全身が濡れた。イソラムはシナノキで編んだ腰蓑（こし

みの）を貸してくれた。

尾田の神居古潭の上流付近に三股があり、川幅は広い。右側はヤオロマフ（ヤオロマップ・歴舟川）という。アイヌの人家が一軒あった。

家主は、シンカフニ五一歳、妻トルハト三三歳、息子タアレ二一歳、次男アハチヤルシ一一歳、三男ウサウク九歳、四男三歳の六人家族。そのうち、家主と息子は、雇われて浜で働き、妻と子供三人で暮らしていた。ここで休憩して、糸と針を贈って出発した。

真ん中の川は、中の川であり、左の川はヌビナイ川である。この三本の川筋とも、水源にはマツ、トドマツ、カバノキが多い。三股から下は、カシワ、ナラが多い。雑木は川端に多い、キハダの多い沢もある。

河原の石は、大きく白い石が多い。穴があき窪んでいる石が多く見られた。魚は、サケ、マス、ヤマベ、イトウ、ウグイ、カジカなどが多い。

三股の上流を四キロほど見物してから、タイキのアシリコタンまで下がった。十時過ぎに昼食にした。

元札内の乙名マウカアイノの家、キハダの皮を敷く、宿泊

タイキのアシリコタンから、元札内に向かって出発した。この日は、元札内の乙名マウカアイノの家で宿泊した。アシリコタンの家主カンヒニセ五八歳が一緒に送ってくれた。

（編者撮影）

写真十四．歴舟川中流のカムイコタン（神居古潭）

カムイコタンの上流にアイヌ民族の人家一軒、下流に二軒あった

札内から先には、馬が行かないので、荷物を背負う人手がいる。そのため、娘シカヌモン一五歳も一緒に行ってくれることになった。

途中、黄色の花オミナヘシ、リンドウ、ハギなどが咲き乱れ、スズムシ、キリギリスなどの虫の声が、私たちの行く先々で心置きなく鳴いていた。

谷地の多いサルブッ（更別川上流）を通り、平山を一つ超えて札内川の川端に出た。今朝、私たちが来ることを、あらかじめ、イサケサンが知らせてあった。

イソラムの兄、元札内の乙名マウカアイノ四六歳が陣羽織を着て、子供を連れて出迎えてくれた。私の乗っている馬の手綱を引いてくれた。家の中は、キハダの皮が敷き詰められ、清潔に暮らしていた。キハダの皮は、蚤《のみ》や虱《しらみ》避けになるという。

札内村・人家五軒

札内川の川筋を四キロ行くと、札内村がある。ここは札内の本村である。土地が肥えているため少し畑がある。後ろの方は五、六〇〇メートルで山になる。ここに人家が五軒あった。

一軒目の家主、元札内の乙名マウカアイノ四六歳、この家に十六日の夜、宿泊した。妻エタヌレ三六歳、息子モッチヤロフ一四歳、次男トレッイ八歳、娘ヲコヌノッ六歳の五人家族。

この家は広く、行器《ほかい》（シントコ・食料を入れる円形の容器）、太刀、短刀など多く置いてあった。

今年の春、イソラムがビバウシからサツナイブトまで案内してくれたとき、今年の秋、私（武四郎）が行くので、その時、宿泊すると頼んでおいた。家の中はキハダの皮を敷き、綺麗に掃除がしてあった。よく世話をしてくれた。

二軒目の家主は、女ウエントロク四二歳、息子チヤロロコトク八歳、娘ハチ五歳の三人家族である。この女は、ビバウシのシリコンナの妾である。

三軒目の家主は、ヲカケクル二六歳、妻ロロワマツ二八歳、息子エトメサン七歳、次男二歳、娘四歳の五人家族である。

四軒目の家主は、シカヌク二四歳、母ソマウス四八歳の二人家族である。家主のシカヌク二四歳は、浜で雇われて働いている。

五軒目の家主は、ハシユヲク三五歳、妻トレチヤリ三二歳、弟ヤヲコタツ二三歳、妻コエマツ二二歳の四人家族。家は空き家で、全員、浜で雇われて働いている。

今日、タイキのアシリコタンから元札内の乙名マウカアイノの家まで、二〇キロの道程だった。歴舟川河口からは、およそ四〇キロ、一日半の距離である。

早速、芽室、サツナイブトに知らせを送ったという。

元（上）札内の家主、乙名マウカアイノの家に宿泊した。この夜は、新鮮な鹿の肉とマスをたくさんご馳走してくれた。村の皆を集め、地酒を呑み、会所から酒二升をお土産としてもってきていた。大勢の宴会となり、夜も更けていった。

（編者撮影）

写真十五．松浦武四郎の歌碑

所在地：中札内村西札内防災公園内

「このあたり　一夜かりても　鹿の音を　今宵は近く

聞かましものを」（丸山道子訳：十勝日誌）

七月十七日（新暦・八月二十五日）

戸蔦別村へ、ハウサナクル八七才の家で、鹿肉のご馳走・人家四軒

早朝、霧が立ちこめていた。今日は、ピパイロ（芽室の美生川）の川筋まで行きたかった。ここからは、馬を使わないので、サルマツアイノとイサケサンの二人は、元の道を馬を引いて帰ることにした。

ここからはハシユウアイノ、シイカヌアイノ、アンクシレ一四歳、タイキ村の女の子シカヌモン一五歳、独り身のレイシヤン三〇歳、女ウエントロク四〇歳を雇って、少しずつ荷物を持たせた。女ウエントロクは、ぜひともピパイロに行ってみたいと希望した。案内人が整ったので出発した。

札内からここまで約八キロと思われる。札内川本流の支流、戸蔦別がある。大きな白い石が多い。ここは二股である。戸蔦別川の川幅は広い。河口は約六一メートルぐらい。岩内川が合流しているためである。

イワナイフトから川筋を約七、八メートル上がると、右に無名の小川がある。これより、上がると野原となり、札内からピパイロ（芽室の美生）に行く道がある。そこにアイヌの家があった。そこをトッタベツ（戸蔦別）村という。昼前、ハウサナクル八七歳の家に着いて休んだ。鹿肉を出して丁寧にご馳走してくれた。お土産を贈って出発した。

一軒目の家主は、ハウサナクル八七歳、この老人は当川筋の最高齢である。昔のことをよく

覚えていた。ハウサナクル八七歳は、堅雪の時、戸蔦別から五日間で、日高のサル、ヌカビラのシユクシヘツの河口まで下ったことがあるという。娘シモヌコレ三五歳、孫娘チエケキキ九歳、同じく孫娘ルエサン六歳、同じく孫娘三歳の五人家族で暮らしていた。

二軒目の家主は、センビシ三五歳、妻ユウクテ二五歳、弟チハアイノ三一歳、妻テレケアン二七歳、この家には二組の夫婦が住んでいた。その男たちは、浜で働いているという。

四キロのところに、人家が二軒あった。

三軒目の家主は、ヲトクヒツ二四歳、妻アヘテシ二六歳、息子五歳、娘四歳の四人家族である。

四軒目の家主は、ハウエカンナ三一歳、妻ウシケンテ二三歳、息子二歳、娘四歳の四人家族である。二軒とも、家主が浜で雇われて働きに行っているため、家には、妻と子供だけが残っていた。

山の湖水にトド、アザラシが生息

戸蔦別のハウサナクル八七歳と元札内の乙名マウカアイノ四六歳の二人から話しを聞く。

昔からの言い伝えでは、この上に、周囲は分からないが、一つの湖があり、その山をホロシリ（幌尻岳・二〇五二メートル）という。高い山で、その山は浦河、シヒチヤリなどの山に連なり、上に大きな湖水があるそうだ。その湖水はカモメが多くトド、アザラシが多く棲み、ワカメが多く生えているという。

これを近年、見たことのある人はいないそうだ。ただ、伝えられているだけの話であるが、アザラシが川筋を下ることがあり、ワカメも流れてくることがあるという。

美生川中流（ピウカチャラ）で野宿

山麓まで道がなく、カヤ原を歩いた。六キロほど行くとウレカリ（売買）川に着いた。山を一つ超えると、ヲベレベレフ（帯広川）の支流に出た。また、しばらく歩くと、ヲベレベレフ（上伏古の帯広川）があった。川幅約九メートル、両岸はハンノキ、ヤナギが多い。戸蔦別からここまで一六キロぐらい歩いたと思われる。

また、ヲベレベレフの支流を越え、ピパイロの支流を越え、山を下るとピパイロ川筋に着いた。川幅は約二三メートル。ヲベレベレフまで八キロぐらいと思われる。

野原に出た。ここから、東北に一五キロほど平野が続いていた。雑木林、カヤ、ススキ原である。そこを下ると、ピウカチャラ（ヒウチヤラセ・浅瀬・美生川中流）というところがある。

この辺の川は、幾瀬にも分かれていた。中州には、ハンノキ、ヤナギが多い。

夕方から雨になった。蕗《ふき》の葉を小屋におおった。ここで野宿した。

七月十八日（新暦・八月二十六日）
芽室太に着く

夜中には暴風雨になった。暗いうちから起き出して、蕗の葉をかぶって朝食。鹿の肉を小さく切って塩をつけて食べた。

雨の中、ピウカチャラを出発した。八キロほど歩いてフウレヤムワッカという小川に着いた。ピパイロ川の支流である。カヤ原を少し歩くとピパイロ村に着いた。私が春に、この辺を歩いたときには、このピパイロ村を通っていなかった。この村の五、六〇〇メートル下を通ったためである。

エエクルの家に立ち寄る

ポロヤムワツカ河口にあるエエクルの家に立ち寄った。家主はチウラクル六三歳、息子エエクル二一歳、広尾の浜で働き、今回、エエクルは、案内人として私（武四郎）と一緒にやって来た。妻ベトンナ一八歳、息子、次男、娘の五人家族で暮らしていた。

今回、広尾会所から一緒に来たエエクルの妻ベトンナ一八歳、その他、チソンコタフと老婆モンコアン五一歳も来て、鱒を煮てご馳走してくれた。この人たちに煙草を贈った。

今年の春、ここのアイヌの人家、三軒の家族を記録したので、今回は省略する。

雨の中を出発した。野原を歩き、カシワ、ナラの林があり、一キロほど下ると、春に歩いた道に出た。そこから西に進むとピウカ川に着いた。樹林を歩きカヤ原を行くと、メムロブト(芽室川河口)に出た。

カムイコバシと再会

メムロブトは、今年の春、宿泊した家主カムイコバシの家がある。昔の話しを聞くことができるので、宿泊することにした。

カムイコバシは、今年の春に逢ったときと、少しも変わりがなかった。『数百里隔てた国の人に、また、逢えたのは嬉しい』と、喜んでくれた。息子たちにマスを捕りに行かせ、丁寧にもてなしてくれた。

カムイコバシは、私(武四郎)たちが来たので、佐幌太にあるイソラム四一歳の家の妻シトンレ三七歳と子供のウカリアイノ一三歳に来るように、使いを出し呼び寄せた。

子供のウカリアイノ一三歳は、石狩場所のシリコツネの子供で、シリコツネが石狩に帰るとき、子供を置いて帰った。その後、イソラムの妻シトンレが育てた。

夜、八時頃、妻シトンレと息子ウカリアイノがやって来た。この二人に、私は、石狩場所にいるシリコツネの伝言を伝え、紅木綿八尺、糸一〇、針二〇本を与えた。

エエクルの妻ベトンナ一八歳も夫エエクルがいるのでやって来た。染形五尺、煙草二把を与えた。カムイコバシには、煙草三把、下帯一筋、残りの米二升を贈った。

また、ビバウシ（清水町の美蔓）の乙名シリコンナ、人舞（清水町）の乙名アラユクの二人に、今年の春、世話になったお礼に、米一升、煙草一把、糸一〇、針五本ずつを贈った。

ここまで案内してくれた、女ウエントロク四〇歳、レイシヤン三〇歳、ハシユウアイノ、アンクシレ一四歳の四人に、米七合五勺ずつ、木綿四尺、糸一〇、針五本、煙草三把ずつをお礼に渡し、帰した。夕食は、小豆粥などを炊いて食べた。

明日の朝、芽室川河口のメムロブトから舟で十勝川を下ることにした。

七月十九日（新暦・八月二十七日）
芽室川から十勝川へ

快晴。芽室川河口から十勝川に出て下る。十勝川は流木が多く、急流で川の瀬も様々なので、エエクルとイソラムでは危険なので、水先案内人として、エエクルの妻ベトンナとカムイコバシの孫ヲレイヒコロの二人を雇った。カムイコバシの家の近くから芽室川に乗り出した。

十勝日誌によると、出発するとき、カムイコバシは、十勝石のヤジリを十数個、選別として松浦武四郎に渡している。

然別太村・人家四軒

十勝川をしばらく下ると、アシ原の中にカラス貝が多い小川、シユブシヤリビバウシがあり、

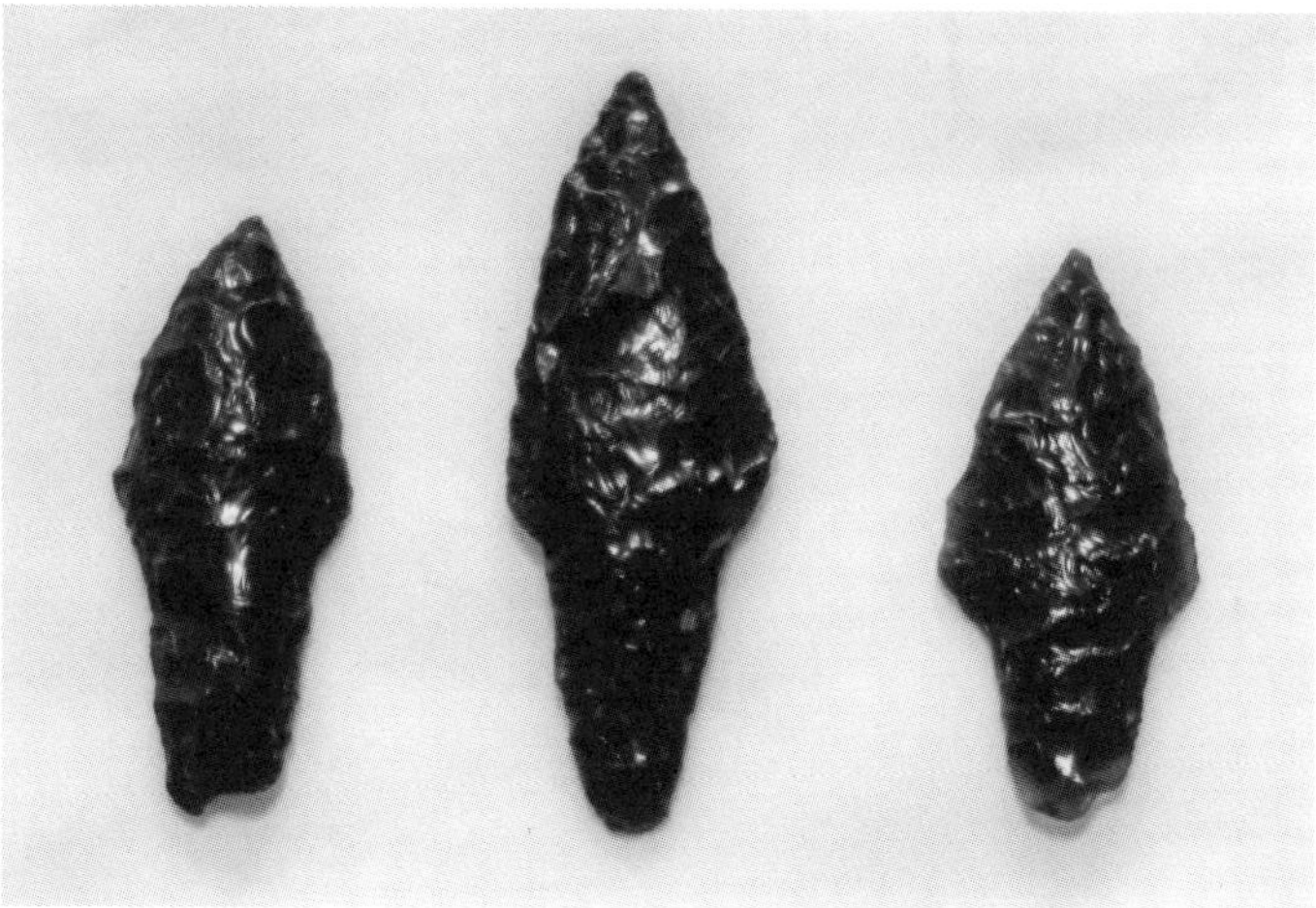

（個人蔵）

写真十六．ヤジリ（鏃）のお土産

左：縦六・四センチメートル《センチメートル》。中：縦八・一センチメートル《センチメートル》。

右：縦六・一センチメートル《センチメートル》。

松浦武四郎はカムイコバシから、ヤジリを十数個お土産にいただく（『十勝日誌』から引用）。

また、しばらく行くと、湿原にアシ、ハギのあるところという意味のシュブシャリ(芽室町西士狩)があり、左の方に、小山(オツルシ・国見山)がある。ナラ、カシワの大木がある。その下はカヤ原が広がっていた。

さらに下ると、左の方に然別川の河口が見えた。今日、舟に乗ってからの一番目の大川である。ここに舟をつけ、上陸した。然別川の川筋にシカリベツブト村があり、人家が四軒あった。

一軒目の家主は、エヲリタク二六歳、妻イコリマツ一六歳、母イキンテキ六五歳、弟コキラアイノ二三歳、妻ムントム一六歳、妹コウナマツ一四歳、末妹フットトル一三歳の七人家族で暮らしていたが、老婆と二人の娘を残して、兄弟夫婦は、共に雇われて浜で働いている。

二軒目の家主は、ヲツカエシ四〇歳、妻カラシ三九歳、母シュケリ八三歳の三人が住んでいた。煙草を一把贈った。この家も、妻と母を残して浜で雇われて働きに行っている。

三軒目の家主は、エレンカクシ三五歳、妻サンコラマツ二五歳、息子ウタレツハケ六歳、母ウラカシュ六二歳の四人家族である。ここも、息子を残して夫婦は浜で雇われて働きに行っている。

四軒目の家主は、イメケウセ六五歳、妻コエモシマ五一歳、娘サンケカル一七歳の三人でくらしていたが、娘が浜で雇われて働きに行っている。

然別川上流・人家六軒

然別川河口から上流、一・七キロほどのところに、人家が散居して五軒あった。

一軒目の家主は、イタキワシュ三四歳、妻サンケキテ二六歳、父フッコヲク六四歳、弟チョカトバ三〇歳、妻トノンカレ三六歳の五人家族。家には妻と父を残し、皆、浜で雇われて働きに行っている。

二軒目の家主は、イサリカタ四〇歳、妻モントナシ二七歳、老母シュッコハ九九歳、まだ、目も良く見え、耳も聞こえるという。煙草一把を贈った。息子シノッフ二六歳、姉ソカトン八歳、男二歳、妹四歳の七人家族である。

三軒目の家主は、アンツラム四四歳、妻レエマツ五四歳、息子カリヘタアイノ一四歳、次男エコモノウタ一〇歳、兄イニシチャンカ四九歳の家族五人で暮らしている。そのうち、家主と兄が、浜で雇われて働いている。

四軒目の家主は、イコエラム八三歳、息子チヒエサン二〇歳、次男リキクトン一六歳の三人、男だけで生活していた。息子は浜で雇われ働きに行っている。

五軒目の家主は、クチャントルシ三三歳、妻ヤエテツカ二三歳、母マタマ六三歳、弟コエウンケ一八歳、娘六歳の五人家族である。家主と弟は、浜で雇われて働きに行っている。

そこからしばらく上がると、小川、パンケチ（東士狩）川がある。然別川河口から四キロぐらいのところに人家が一軒あった。

六軒目の家主は、サブンカ六四歳、妻ハレコフ六一歳、息子ウセシュ二七歳、妻サントク二六歳、二男ノテアイノ一六歳、娘ヒランケマツ一三歳の六人家族。息子と二男の二人は、浜で雇われ働きに行っている。家には、家主、妻、嫁、娘が残っている。

然別村で聞き取り・人家七軒

ウリマケ（瓜幕川）という小川がある。ここに人家が一軒ある。

一軒目の家主は、イリツトム八三歳、妻ソシトマ六二歳、息子ウカツヒ二四歳、妻ヘラヌ二〇歳、次男ホントモアイノ二四歳、妻シユウレシユ二二歳、三男コハナンクロ一八歳の七人家族。そのうち、息子、二男、三男とも、雇われて浜で働いているという

ヨシ原を一キロほど上がると、パンケピパウシとペンケピパウシの小川がある。カラス貝が多いので、その名が付けられた。左の方にポロナイ（幌内）がある。そこからしばらく上がると、二つに分かれたポンポロナイという川がある。ここに一軒の人家がある。

二軒目の家主は、シヲク三八歳、妻シユケヌカル二二歳、母シンナエマツ六九歳、弟アシンヌカル二四歳の四人家族。その家主と弟は、浜で雇われて働きに行っている。

カシワ、ナラの林をしばらく行くと、平地の低いところに、鹿を捕るという意味のクテクウシ（鹿追）という小川がある。そこに、人家が一軒ある。

三軒目の家主は、イソントロン二〇歳。然別川河口のイタキワシユ三四歳の弟である。今年

から、初めて、この家に住んだという。

四軒目の家主は、イナウタカアイノ五六歳、妻イカシサンノ三一歳、息子ララヲク一二歳、次男リテンコロウク二歳、姉サケハル五九歳、娘五歳の六人家族で住んでいる。

今年の春、このアイヌとニトマフの乙名アラユクの家で会っていた。然別の山中のことなどの話しを聞いた。ここから、五、六〇〇メトル上がると、ニヤンケという小川がある。ここに人家が一軒あった。

五軒目の家主は、イラムカラアイノ四二歳、妻イセンレ三五歳、二人で暮らしていた。しばらく行くと、ブクシヤウシという小川がある。この川端にアイヌの食料となるフクシヤキナ（ギョウジャニンニク・アイヌネギ）が多くあるので、この名が付けられているという。ここにも人家が二軒あった。

六軒目の家主は、シケムヌ三二歳、妻カヌムラン三三歳、甥三歳の三人で暮らしている。家主は、イラムカラアイノ四二歳の弟である。

七軒目の家主は、ニウエンロ六八歳、妻タマヌベキ六三歳、息子クヌクル二四歳、次男イヘカカム一五歳の四人家族で暮らしている。

十勝川を舟で下る

パンケチ（東士狩）から下り、十勝川の渡船場から陸路、音更まで徒歩で行きたかった。川岸は谷地が多く、歩きづらいというので、舟に乗って下った。この辺は、急流で流木が多かった。

十勝川をさらに下ると、左の方に大川があった。ヲトケフプト（音更川の河口）である。ここは、十勝川の二番目に大きい支流である。水の勢いはそれほど強くなかったが、上流は流れが早い。音更川河口から二、三〇〇メートル下に、惣乙名シラリサの家がある。

今夜は、惣乙名シラリサの家に宿泊するため、そこまで舟で下った。

音更川河口、惣乙名シラリサ

音更川河口に着いた。樹林を過ぎるとマクンベツ（本流の後ろを流れる）川に出た。この辺は、洪水になると、家が水に浸かるので大変だという。

その先に、惣乙名シラリサ六七歳の家があった。家族は、妻トンル五〇歳、息子エレンカウエン二一歳、二男メトクル一九歳、三男エキサカンケ一六歳、四男ウエンテコロ一〇歳の六人家族で暮らしている。今年の春、惣乙名シラリサの家からヤムワツカ（止若）まで、一緒に下った。

惣乙名シラリサ六七歳は、トシベツの妾《めかけ》（経済をともなう妻公認の愛人）の家に行ったまま、まだ、帰っていなかった。この惣乙名シラリサ六七歳には、妻と二人の妾、子供一七、八人というが、現在、存命の子供は一〇人であるという。

惣乙名シラリサの家は、今年の春まで、帯広川河口にあった。私たちが、春に来たときは、帯広川河口を引き払って、音更川河口に移り住むところだった。

（編者撮影）

写真十七．松浦武四郎歌碑

所在地：音更町鈴蘭公園内

「このあたり　馬の車の　みつぎもの

御蔵をたてて　積ままほしけれ」

（『十勝日誌』から引用）

今回の家は、約一一メートル四方の家だった。茜の木綿五尺、煙草二把、糸、針をお土産に贈った。この前、広尾会所から、ここまで、酒、米を運ぶように話しておいたが、まだ、着いていなかった。そのため、食料が少なく心配だった。魚がたくさん捕れるので大丈夫だった。

音更川河口・人家八軒

この辺の人家、八軒を見物した。

一軒目の家主は、ユルシカクル二五歳、妻テツクルカ二〇歳、ここは、惣乙名シラリサの子供の別宅である。

二軒目は、惣乙名シラリサの妾の子供の家。家主は、シサカアイノ二六歳、妻レシユモン二〇歳、息子三歳、惣乙名シラリサの妾、母シユモンコハ五一歳、弟ラムカチウ一四歳、弟ウエントエ一〇歳、妹フトンケ一二歳の七人家族。家主は、浜で雇われ働いている。

三軒目の家主は、サマヌカル五一歳、妻トフツコロ三六歳、息子ヤエレシユ九歳、二男ウナケエ六歳、三男三歳、妹ヲエラン四〇歳の六人家族。そのうち、家主と妹の二人は、浜に雇われて働きに行っている。

四軒目の家主は、トクヌサン四六歳、妻コモネアニ一歳、母コチヤサン六〇歳、息子イカヌトム一八歳の四人家族。家主と息子は、雇われて浜で働いている。

五軒目の家主は、イカヤン五〇歳、妻シユフカラン四七歳、息子ウエンクルト七歳の三人家族。家主は、雇われて浜で働いている。

六軒目の家主は、女イカリモン四一歳、息子シタミアイノ一五歳、娘カツコレ一八歳、娘ヒカンケマツ八歳の四人家族。そのうち、家主は末娘と二人で残り、息子と娘は、浜で雇われ働いている。

七軒目の家主は、ウラクンテ五八歳、娘アワンテキ二七歳、娘ウエラクアン一五歳、孫娘四歳の四人家族。娘は、去年の冬、亡くなった乙名ヌフカの妾だったという。その娘は番人の妾になり、子供がいる。

八軒目の家主は、女シユアフレ、息子シヌムコロ七歳、娘キセトレ五歳の三人家族で暮らしていた。

これらの人家を見物した後、音更川河口の惣乙名シラリサの家に宿泊した。今夜も、惣乙名は帰ってこなかった。

音更川川筋・人家一三軒

私（武四郎）は、案内人を連れて、音更川の川筋を上流に向かって少し見聞した。音更川を行くと、両岸に人家が一三軒あった。

一軒目の家主は、シトンフ一四歳、母シネレ四六歳、弟六歳、姉フンケマツ一六歳、妹シルキ一一歳、妹シモネアン八歳の六人家族で暮らしていた。

二軒目の家主は、シヲヤン五七歳、娘エエケシ一九歳の二人家族。娘は雇われて浜で働いている。

三軒目の家主は、ウナケカル五六歳、妻モンヌカル年齢不詳、老母ヒリヘサン八五歳、この老母は、高齢にもかかわらず、アッシを縫い、模様を入れたりしている。そのため、煙草一把、糸五、針五本を特別に贈った。息子エホブアイノ二〇歳、次男セツコシユエ一六歳、三男ウムカウヌ一三歳、四男ユミカシユ一一歳、娘メノコテケ八歳、娘五歳の九人家族である。息子と次男の二人は、浜で雇われて働いている。

四軒目の家主は、ヲトンヌレ三七歳、妻トルサン二五歳、息子アヌヌレ七歳、娘三歳の四人家族である。家主は、浜で雇われて働きに行っている。

五軒目の家主は、セレンタク六四歳、妻トサヌサン四四歳、息子トヤシ三四歳、妻シタマ三四歳、次男ニウエサン一四歳、娘チヤシケレ一六歳の六人家族。そのうち、息子夫婦は、雇われ浜で働いている。

六軒目の家主は、サヌンカトフ六四歳、妻ハンキタ五五歳、息子アシケクロ三二歳、妻ハテキウエンテク二七歳の四人家族。そのうち、息子夫婦は、雇われて浜で働いている

七軒目の家主は、女シユウクタ三三歳、息子テツクヌアイノ七歳。この者は、帯広川河口の乙名トリフツバの妾である。子供と二人で暮らしている。

八軒目の家主は、ヤウラナ五六歳、妻チヤリケ三八歳、息子シンナエクシ一三歳、次男トモ

チ六歳、娘ラセセマツ一六歳、娘四歳の六人家族。そのうち、家主が雇われて浜で働いている。

九軒目の家主は、コトラムコロ三四歳、妻タネトル二〇歳、母トンニコツ八二歳、息子五歳、妹ホホエン一〇歳、娘三歳の六人家族。家主は、雇われて浜で働いている。妻一人で母と子供を養っていた。そのため、妻に、茜《あかね》色の木綿二尺五寸、母に煙草一把を贈って出発した。

一〇軒目の家主は、ヨコアイノ三五歳、妻エトルマツ二二歳、弟フメアツ一七歳、弟キキアシ一〇歳、姉ヲハテレケ四四歳、妹イテレ一三歳の六人家族。そのうち、家主、弟、姉の三人は、雇われて浜で働いている。

一一軒目の家主は、ペンケタ五二歳、妻トレフキル四六歳、息子コモツヲツ一八歳、次男ウクトナシ一六歳、姉ヲアツテキ五九歳、妹ソエラム二九歳、姪四歳の七人家族。そのうち、家主、息子、次男の三人が、雇われて浜で働いている。針二本、糸三ずつ贈って出発した。

しばらく、北岸を上がると、ヨクベツという平地があり、鹿が多いので、その名が付けられた。モケナシ（小さな立木の野原）、コツタメム（凹みにある水溜まり）という小川、ニウシベツ（流木が多い）を二キロ以上行くと、人家が二軒ある。

一二軒目の家主は、アハウクロ二四歳、妻アシリマツ二五歳、弟イタキツキ二一歳、妻ウレケシ一八歳、弟ウサエカラ一四歳の五人家族。兄弟とも浜で雇われて働いている。

一三軒目の家主は、ヒリカエキ五〇歳、妻コヲクヌ三四歳、息子ソカウス一七歳、次男イコイタク九歳、娘四歳の五人家族。家主は、浜で雇われて働いている。

ここまでを、音更村という。

七月二十日（新暦・八月二十八日）

音更川河口で十勝石を拾う・人家四軒

朝早く起きて出発した。およそ五〇〇メートル行くと、チエップマカンベツ（魚が多くいる）という小川があった。両岸はハンノキ、ヤナギ原である。左岸が樹林で、右側は小石の川原である。ここは十勝石（黒曜石）がたくさんあった。私も案内人のアイヌたちも、ここで七、八個拾った。その河原を三〇〇メートルほど行くと、帯広川河口である。

私は、今年の春、この河口のアルラムコエキ七六歳の家で宿泊した。ここに人家が三軒あった。前に記録したので今回は省略する。

カイシテ五〇歳、アルラムコエキ七六歳を呼んで、煙草一把、糸、針を与えた。

しばらく野原を行くと、人家が四軒あった。

一軒目の家主は、ハウトカ一七歳、妹エンテマツ一三歳、妹シュテアン九歳、妹カリテ七歳、母カンナリ四四歳の五人で暮らしている。母カンナリは、去年、死亡した盲人の乙名トルホツハ（安政四年、八八歳で死亡）の妾だったという。

二軒目の家主は、シンナアイノ二六歳、妻コリモン一七歳、母チエマカ五九歳、弟シユウカレ一五歳、妹カフトカ一二歳の五人家族。そのうち、家主夫婦は、浜で雇われて働いている。

（個人蔵）

写真十八．音更川河口で十勝石（黒曜石）を拾う

松浦武四郎は、河原で数個の十勝石を拾う。河原にある十勝石は、表面が他の石と同じようなので、見つけるのが難しい。写真の十勝石は磨かれている。

左：縦一〇・〇センチメートル、横八・〇センチメートル。右：縦九・五センチメートル、横七・五センチメートル。

家には母と弟と妹が残っている。

三軒目の家主は、ハセコエキ五四歳、妻アヌニタレ三九歳、息子シカマ一九歳、次男トウヌンケ七歳、娘エクアン一一歳、妹シアムケ九歳の六人家族。

四軒目の家主は、女コシリキラフ五四歳、娘イヘラン一八歳、妹フッテムコロ一四歳、妹ウヌカレ一二歳の四人家族。そのうち、娘は二人とも雇われて浜で働いている。

ヤウシという網引き場があった。和人がいるような小屋が一軒あった。ここへ和人が一人で来て漁業を行うという。ここから大津の浜まで六四キロぐらいあるという。

札内川河口・人家二軒

ここは十勝川川筋で、最も繁盛しているところ。川の瀬は、数条に分かれて網引き場が多い。土地は平坦で、川には小石があり、急流。陸にはカシワ、ナラの木が多い。河口から約二キロも上がると、この辺は、ヲベレベレフ（帯広）村の南にあたるという。

右の方にウレカレ（売買川）がある。しばらく上がると、アンネピラという崖がある。右の方にヌイネウンケという小川があり、ここに一軒の人家があった。

一軒目の家主は、イカサカアイノ七二歳。妻テシマカ六七歳、息子イラムカ二〇歳、次男モエヤンカ一三歳、三男八歳の五人家族で暮らしていた。そのうち、息子は浜で雇われて働きにいったので、家には、老人二人と子供二人が残っていた。昔は、七、八軒の人家があったという（大正村・愛国・麑抜村）。

昔、ここで、粟と稗を蒔いていた。ところが、浜での仕事に影響があるため、請負人から栽培するのを厳しく禁止させられたことがあったという。今では、そのようなこともなくなって、栽培してもいいそうだ。

ペトエカリという小川があり、昔、ここに、人家が三軒あったという。今は、一軒だけになった。

二軒目の家主は、ニナルカウシ八四歳、妻モンテキル八四歳、この老夫婦は元気で、川で魚を捕り、山にも行くという。息子ウレセ四〇歳、次男イメキレキ三四歳の四人家族。息子も二男も、まだ、妻がいない。

八四才の老母は、息子たちにアッシを織って着せ、いろいろと世話をするそうだ。そのことを聞いて、この老人たちの長寿を祝い、煙草一把を乙名マウカアイノに託した。実に哀れむことに、今年、二人の息子は、浜で雇われて働きに行ってしまったという。

別奴（幕別町・ヘッチヤラ）村・人家一軒

急流のヘッチヤラ（別奴）という小川があった。その向こう岸に人家が一軒あった。

家主は、イタケブニ五三歳、妻シユアヌ四六歳、息子イカムケ二九歳、妻キミノツホ一七歳、娘コアバマツ一二歳、娘フツトム九歳の六人家族。息子と嫁は、浜で雇われ働きに行っている。

家主イタケブニ五三歳に、ここからヤムワッカ（止若）まで水先案内を頼んだ。糸、針などを与えた。

白人（幕別町・シロトウ）村・人家五軒

小川、シロトウ（白人・鳥がいる沼の意味）がある。ハンノキ、ヤナギが多い。その河口に人家が五軒ある。

一軒目の家主は、タハイ五二歳、妻イムエカラ四六歳、息子ウエニアン一四歳、次男ウンテクル九歳、三男ウエンクツトム七歳、娘イカモン一二歳の六人家族。そのうち、家主は浜で雇われ働きにいっている。

二軒目の家主は、ハウトカン七歳、母モニシユンケ三一歳の二人家族。

三軒目の家主は、イコテムコロ三一歳、妻フツホ二五歳、母ハルカヌ六三歳、兄コモンレ三七歳、娘三歳の五人家族。

四軒目の家主は、チヤタクフ四五歳、妻コヤンケノ三五歳、息子テケラクル一三歳、次男カトアンクル七歳、娘サンテキモン一五歳の五人家族。家主は、浜で雇われて働いている。

五軒目の家主は、ノエホロ三二歳、妻タネヲクマ二四歳、母イナンカヲク五九歳、弟ホックレ二四歳、妻ハルチヤレ二二歳、姪二歳の六人家族。家主と弟は、浜で雇われて働いている。

十勝川温泉付近・人家二軒

小川ホロノコッチヤ（大いなる野の入口）がある。この河口に人家二軒がある。

一軒目の家主は、ホンヒアイノ三九歳、妻シウヌモン二五歳の二人で暮らしていた。最近、夫婦共に、浜で働いている。

二軒目の家主は、女ウサモヌシ四四歳、娘カトカルモン一五歳、娘モンコサン一四歳の三人家族で暮らしている。

咾別（幕別町・イカンベツ）村・人家一〇軒

イカンベツ(溢れている川)川がある。ここに人家が一〇軒あった。ここで休んで昼食にした。

一軒目の家主は、ウサメチウ四〇歳、妻エエヘウ三四歳、母レエラン七〇歳、娘フトラ一五歳、娘カコラン七歳の五人で暮らしている。家主は、雇われて浜で働いている。

二軒目の家主は、イミノツクル三三歳、妻フトクヌ二五歳、妹コモツウヌ二五歳、甥四歳、姪二歳の五人で暮らしている。そのうち、家主と妹は、雇われて浜で働いている。

三軒目の家主は、ラメヌク六〇歳、妻モニウエン三四歳、娘エウントレマツ一一歳、娘シトルフ八歳の四人家族で暮らしている。そのうち、妻は、浜で雇われ働いている。家には、爺ラメヌク六〇歳と子供だけである。

四軒目の家主は、シフカレ三三歳、妻モコロコヌク二三歳、弟イノミウス二一歳の家族三人で暮らしている。そのうち、家主と弟は、浜で雇われ働き、妻だけが残っている。

五軒目の家主は、女シャンバル五七歳、娘ヒッテツカ一七歳、娘シュウタサ一五歳の女三人で暮らしている。

六軒目の家主は、アヌンレヲク三五歳、妻ラレマレ三二歳、母トレアン六八歳、妹イラエネ二〇歳の四人家族で暮らしている。

七軒目の家主は、インコラク四九歳、妻エハワエキ四一歳、息子シタウエ九歳、次男イテメトル五歳、娘カトシ一五歳、妹マトルシ一三歳の六人家族で暮らしている。そのうち、家主は浜で働いている。

八軒目の家主は、シノチヤレ六四歳、妻マタナンテ五五歳、息子トマクシアイノ一六歳、娘アウエンキキ三九歳、妹エアシアン八歳の家族五人で、暮らしている。そのうち、息子と娘は、雇われ浜で働いている。

九軒目の家主は、トラヤエケ五四歳、妻テツクツ四三歳、息子イコエトバ一二歳の家族三人で、暮らしている。家主は、雇われ浜で働いている。

一〇軒目の家主は、シネナシ三五歳、妻シユテケレ二七歳、息子キラコタアイノ五歳、娘ヲカワトル八歳、甥アリタク二五歳、妻エメトル二〇歳の六人家族である。そのうち、家主と甥とその妻は、浜で働いている。

トリカブトが多い・人家四軒

十勝川の本流を下る。しばらく行くと、シュルクヲマベツという小川がある。この川筋に烏《う》頭《ず》（有毒トリカブトの根）が多いので、その名が付いている。左に士幌川河口、右に猿別川河口がある。

十勝川の本流は二筋に分かれ、急流である。その右のマクンベツの方を通って下った。一キロほど下ると、右の方にカモチナイという小川がある。平地にはハンノキ、ヤナギ、トリコネ（アカダモに似ている・解熱剤）の樹林である。ここに、人家が四軒あった。

一軒目の家主は、サンナユク五〇歳、妻エリミナ四五歳、息子トコムリキン二五歳、妻イサエケ二一歳、次男ハウエトク一二歳、三男シタアイノ九歳、娘カトルシ一五歳の七人家族。そのうち、息子夫婦は、浜で雇われ働いている。

二軒目の家主は、チヨツチヤレ二七歳、妻ウセレ二三歳、弟ソンコトル一四歳、息子三歳、娘イレハル一二歳、伯父ニタンカレ四四歳の六人家族で暮らしている。そのうち、家主が雇われ浜で働いている。

三軒目の家主は、ヌンレアイノ三五歳、妻マツカマツ三四歳、母シトカレ六七歳、娘三歳の四人家族。家主は浜で働いている。

四軒目の家主は、チヤリンネカ三七歳、妻エチヤナントカ二七歳、母イコヌマツ五七歳、娘カフコアン七歳の四人家族。家主は、浜で働いている。

ヤムワツカヒラ（幕別町）で宿泊

十勝川下流のトシベツの方から、惣乙名シラリサ六七歳が、子供二人に櫂を漕がせ、舟で上がってきた。私たちを通り過ぎたので、大声で呼んだ。惣乙名シラリサは気が付き、舟を寄せてきた。

惣乙名シラリサ六七歳は、『今日、昼頃、会所から、ヤムワツカヒラの乙名の家まで、酒が届いたので、家で休んで欲しい』という。

私（武四郎）は、今年の春、お世話になったお礼を述べた。惣乙名シラリサは、『ここから、ヤムワツカヒラまで近いので、今夜は私（シラリサ）と一緒に、乙名イキリカンの家に、泊まったらいい』と云ってくれた。それで、舟を並べて、一キロほど下ると、ヤムワツカヒラに着いた。

崖があり、冷たい水が流れ落ちているので、ヤムカツカ（冷水の意味）と付けられたという。ヒラは崖の意味である。

一時半ころ、乙名イキリカンの家に着いた。喜んで迎えてくれた。家族一〇人で暮らし、今年の春は、古い方の家に住んでいた。今は、新しい家に住み、綺麗だった。ここで宿泊することにした。そのため、惣乙名と乙名に、染形四尺、煙草一把ずつ、酒一椀ずつを贈った。

人別帳では、一七、八人になっているので、糸を五ずつ、針を二本ずつを、さらに、贈った。

夜になると、粟で作った餅をご馳走してくれた。アイヌたちは一同、酒を呑み、即興の歌で夜が更けた。

七月二十一日（新暦・八月二十九日）
チヨタ村（池田町・千代田）・人家六軒

快晴。惣乙名シラリサの息子とヘッチヤロのイタキフニの二人に、手拭い一本、煙草一把、米一升、糸五、針五本ずつ与え、お礼を述べて別れた。

ここから、イカンニアイノ、トシベッ（利別）のヘトンラン、チヨタ（千代田）村のフサンレコの三人を案内人にして出発した。止若の乙名イキリカンと惣乙名シラリサの二人と別れを惜しんだ。

十勝川を下ると、マクンヘッの河口があった。小高いところに人家が一軒あった。

家主は、乙名シテムリコ五六歳、妻ソエキリマッ四四歳、息子エレルンコロ二四歳、妻タネキシマ二一歳、次男イコベカ二一歳の五人家族。息子、嫁、弟の三人が雇われて、浜で働いている。家には、乙名夫婦だけが残っている。

チヨタ（千代田）村には、六軒の人家があった。

一軒目の家主は、シンナエシ二九歳、妻イコシユケ二八歳、母ハルヲマ五六歳、この母は、別に家を建てた。娘二歳、弟イホレアン二七歳、妻コエカラマッ一九歳、妹モントム一三歳の七人で暮らしている。このうち、弟夫婦は、浜で雇われ働いている。

二軒目の家主は、コムレク三七歳、妻サケアン三三歳、息子三歳の三人家族。家主は、浜で働いている。

三軒目の家主は、女シネアン三一歳、息子シコラン一四歳、弟アスヌカル一〇歳、妹ニケムニカ七歳の四人家族で生活し、兄弟二人は、浜で働き、母と妹二人で暮らしている。

四軒目の家主は、ホロチフカ四〇歳、妻アシヌンケ三四歳、母ソウチレ六八歳、息子サエコトク一六歳、娘三歳、伯父エミナウス四七歳の六人家族で、暮らしている。

五軒目の家主は、イナウク四七歳、妻ハハテ四三歳、娘シュサンケ一三歳の三人家族。家主は、雇われて浜で働いている。

六軒目の家主は、ハウコチヤレノ三六歳、妻コアマレ三八歳、息子イカソツクル一三歳、娘エヤンケ一〇歳、娘ニサチレ七歳、姉カテラフ四七歳の六人家族。家主と姉は、浜で働いている。

凋寒（池田町・シボムサム）村、シジミが多い川・人家一軒

セヲロシヤムという小川がある。シジミが多いので、名付けられた。シジミは、淡水と潮汐（ちょうせき）の合流するところに生息するのが普通である。淡水だけの川なので不思議だ。

人家が一軒あった。

家主は、ユフケガ三一歳、妻イモンシマツ一九歳、弟ケヲリサウカ二三歳、妻ヌマツカレ一九歳、弟シニキ二〇歳、弟クエチキ一六歳の六人家族で暮らしている。

（個人蔵）

写真十九．シジミ（蜆）

上段小：横二・〇センチメートル。下段大：横四・四センチメートル。
大小の二枚貝、シジミ。通常、味噌汁に入れて食べる。
沖縄では、一〇センチメートルもある大きなシジミが生息しているという。

利別川・釧路アイヌと境界争い

利別川は十勝川の川筋で一番大きな支流である。利別川河口から、およそ一キロのところに、シャモマイ（池田町様舞）という小川がある。昔ここに、和人（シャモ）が住んでいたので、その名が付けられたという。

利別川の上流、約四〇キロで釧路と境をなしている。釧路アイヌたちが足寄、陸別の川岸に住んでいる。そのため、昔から、十勝アイヌたちと境界争いとなっていた。

十勝アイヌたちは、この利別川に縄を張り、釧路アイヌたちの上り下りを禁じた。それで、トシベツと名付けられた。「トシ」とは「縄」のことである。

大津から利別川河口まで、およそ二〇キロ、舟で上がるのに一日かかる。下りは半日ぐらいである。

利別川河口に二五軒。その内、一二軒聞き取り

利別川の川筋、釧路境までに、人家が二五戸あるという。どこにどれだけ人家があるのか、聞き取りなので、正確には難しい。

一軒目の家主は、イラアン四二歳、妻ヤエコモン三一歳、息子アエコヌカル五歳、弟ヤエリキタ三一歳、妻イタクチヤラ二五歳の五人家族で暮らしている。

二軒目の家主は、イコモク五四歳、妻イカンヌカル四四歳、息子カリセカ二五歳、妻シトナ

フ一八歳、次男シュユウカアイノ二〇歳、三男ハテキクル一三歳、妹サワヌ五二歳、姪シカルマツ一〇歳の八人家族で、暮らしている。そのうち、息子、次男、三男の三人は、雇われて浜で働いている。

三軒目の家主は、女モニエムコ四七歳、娘アンクリマツ二二歳、孫三歳、妹ホツハトル四四歳の四人家族で、暮らしている。そのうち、娘アンクリマツは、雇われて浜に行っている。

四軒目の家主は、女サケメミセ六一歳、娘ニンカリ三四歳、孫女ヒリカマツ九歳、孫妹チエミナ七歳、孫妹ユカリ五歳の五人家族で、暮らしている。この家主の女サケメミセ六一歳は、惣乙名の妾であるという。

五軒目の家主は、クラマアイノ五五歳、妻アハヌベキ五一歳、息子トンヒモン一六歳、娘モントレシ九歳の四人家族。息子は、今年から、浜で雇われ働いている。

六軒目の家主は、シノト四八歳、妻シュフレコロ四一歳、息子クイラカアイノ五歳、娘ヘトラン一四歳の四人家族で暮らしている。家主は雇われて浜で働いている。

七軒目の家主は、ヲクベレ三六歳、妻ホフニモン二七歳、母サタンケ七七歳、娘ソマレ六歳の四人家族で暮らしている。

八軒目の家主は、女モニウエン三四歳は、家族三人で暮らしている。

谷地が多いところをしばらく行くと、テウシピラがある。貝（化石）が多いところという意味だそうだ。

また、しばらく行くと、チカプシヲイナイという小川がある。鷲が巣を作るところという意味という。

しばらく行くと、左にヲルベ（居辺川）という小川がある。そこに人家が五、六軒あるという。

九軒目の家主は、ヌメカリ五〇歳、妻サンベアツ四一歳、息子シユウラヲク二六歳、妻ヲアスンネ一八歳、娘コタヌマツ一二歳の五人家族である。

一〇軒目の家主は、ヤエトレ二五歳、妻レアヲクマツ一八歳、母ヘラケム六四歳、弟イタカトエ一〇歳、妹シユヲクシ一二歳、妹クアフコヌ八歳、家主の姉トサカラ三九歳の七人家族で住んでいる。家主と姉は、浜で雇われ働いている。

一一軒目の家主は、カモエレシユ三一歳、妻ウナルベトル三一歳、母モコロミセ七一歳、娘シヤモマツ七歳の四人家族で住んでいる。家主は、浜で雇われて働いている。

一二軒目の家主は、イタキヌメトル五三歳、妻ヌメケノ四一歳、息子キロロウシ一二歳、娘フツラク一四歳、娘ヤウマシ九歳の五人家族で住んでいる。家主は、雇われて浜で働いている。

勇足村（本別町）・人家四軒

エサンピラ（崖崩れした崖）の左の方に、人家が四軒ある。

一軒目の家主は、イクハチヤラ三九歳、妻シアヌマツ二八歳の二人家族。二人とも浜で雇われて働きに行っている。そのため、家は空き家になっているという。

二軒目の家主は、ヨウヌクル二〇歳、母テケシユケ四二歳、弟ネウセタク一二歳、妹レクモン九歳の四人家族。家主は浜で雇われ働いている。

三軒目の家主は、シカシユ三一歳、妻ムエコサン二五歳、息子二歳の三人家族。

四軒目の家主は、アエトク二八歳、妻チルラモン二二歳、弟ユワニタク一七歳、弟イタカアシ一五歳、息子コアシ五歳、娘アハシマツ一〇歳の六人家族。そのうち、家主と次男の二人が、浜で雇われて働いている。

食べられる土「食土」・人家七軒

しばらく行くと、チエトイコツがある。地面に少し白い土があり、食べることができる。チエトイとは、「食土」のことをいう。

(注)「食土」は、珪藻土などを粉末にして、微量要素の補給をおこなう。ウバユリ(姥百合)などに混ぜて食べる。

また、少し上がると、ポンベツ(本別)がある。ポンベツは大川である。ここの右の方に人家が七軒前後ある。

一軒目の家主は、シコタフカラ三八歳、妻コモツウラ二九歳、母エクハル六四歳の三人家族。そのうち、家主は、雇われて浜で働いている。

二軒目の家主は、ヤエカヌ四二歳、妻アナヌ三二歳、母ハルトキ六二歳、娘シモンサカ一三歳の四人家族。

三軒目の家主は、イカヌサン二五歳、妻フッモン二四歳、母トレクヌク六七歳、弟エメシュレ二二歳、妻ウサルマッ一九歳の五人家族。そのうち、兄弟二人とも、浜で雇われ働いている。

四軒目の家主は、サンフコロ六四歳、妻シクセモン五一歳、息子エヤニクル一八歳、次男四歳、娘イヘモシユマ一二歳、娘イルコエベ七歳の六人家族。そのうち、息子が浜で働いている。

五軒目の家主は、イカシヌカル一〇歳、母タヌンテキ四六歳、伯父レコッパ四七歳の家族三人で暮らしている。

六軒目の家主は、ウコニケ二〇歳、母ホロヤン四一歳、弟コロウンイタラ一四歳、弟イクハウケ一二歳、妹フトウス九歳の五人家族。そのうち、家主と弟が雇われ浜で働いている。

七軒目の家主は、カルクル三四歳、妻テキシウヌ二九歳、娘三歳の三人家族。家主は、雇われて浜で働いている。

仙美里、美里別川・人家四軒

ビリベツ（美里別川）は、釧路と十勝の国境で、以前、コレモクアイノ、リキンテアイノなどが住んでいた。この川の魚が少なくなり足寄に移った。その後、十勝アイヌが、この辺に移り住んだ。

しばらく行くと、センヒリ（仙美里）という小川がある。ヲソウシナイという小川のところに、人家が四軒ある。

一軒目の家主は、シレクツカ四六歳、息子トックル一七歳の二人家族。

二軒目の家主は、イサエカヲク三一歳、妻エッテマツ一七歳、母ヲホレサン九一歳、叔父ルンテ六〇歳、弟イコロウシの五人家族。そのうち、家主は、雇われて浜で働いている。

三軒目の家主は、ウナシユクフ四四歳、妻カシユフモン二四歳、母ヒリカンホ八二歳、弟ノヤエホロ四一歳、妻フツコヤン二四歳、娘アマムトレフ七歳の六人家族。家主と弟は、浜で雇われて働いている。

四軒目の家主は、インレネ五二歳、妻サチレケ三四歳、息子キテキヲク一八歳、次男シウテキ一五歳、娘イルテキネ五歳、妹レヌンケ四三歳の六人家族。そのうち、息子と妹は、雇われて浜で働いている。

釧路の人別・家主の和風化・人家八軒

利別川の上流が二股になっている。右をアショロブト（足寄太・足寄川河口）、左側は利別川である。この川から上に、釧路アイヌが、リクンベツ（陸別）と両方に分かれて住んでいる。

一軒目の家主は、乙名シラテアイノ（釧路の人別）、妻シタイフシユイ、母イタキマツ、息子イタコテ、次男ヤムタウケ、娘ウカル、娘アバフラ、妾ハセリ、困窮者ナナコアン、家主イソク、妻バシセ、イソクの娘一人の一二人家族。

乙名シラテアイノは、足が悪いが口が達者である。この地域の乙名の役割を果たしている。家には、行器《ほかい》、太刀、短刀など、多くを所有しているという。

（注） 行器は、アイヌ語でシントコという。足が三、四本付いて、蓋がある漆器。主として、食料を入れる容器。

二軒目の家主は、帰俗（和風化）している文太郎四三歳、妻トコムラク、母イリコライ、息子、浜吉一〇歳、次男、永吉九歳、娘イテメ、弟、船吉二七歳、妻イタルケ、船吉の息子ノキショ、娘一人の一〇人家族。

三軒目の家主は、クラムクル、妻チヤリケマツ、息子ウインテキタイ、次男テツヲヨ、三男ヲシララク、娘一人の六人家族。

四軒目の家主は、チヤロカンノ、妻パラフンケ、弟メンテカ、妻メノコウインベ、娘メンテカの五人家族。

五軒目の家主は、コチヤトイ、妻ニサツクワ、息子一人の三人家族で、暮らしている。

六軒目の家主は、コイサマ（ウエンサムシの母の後の夫）、妻シネシロ、息子シロロン、孫イカンニツカ、孫一人、困窮者ヲヘカシレの六人家族で暮らしている。

七軒目の家主は、栗七、四七歳、妻トレシウクワ、息子イトムシ、次男弥市一二歳、娘イカンマウシ、娘一人、困窮者ウイハレ、息子一人の八人家族で暮らしている。

八軒目の家主は、嘉市五一歳、妻ルチヤネカ、息子長蔵一二歳、娘カテレケ、次男一人、姉ムラン、妾トホックの七人家族で暮らしている。

リクンベツ（陸別町）は釧路領・人家五軒

利別川上流のリクンベツ（陸別）は、釧路領である。ここに人家が五軒ある。

一軒目の家主は、小使、梅五郎五八歳、妻サコアン、息子弥惣吉二七歳、妻チイネ、次男ヲソイタ、三男梅吉一三歳、四男、五女、孫芝蔵五歳、孫カレマ二歳の一〇人家族。

二軒目の家主は、才兵衛四二歳、母ショトラアイノ、妻ルチヤウシ、姉ショアニマツ、弟磯吉二三歳、妻をショシマツの六人家族で暮らしている。

三軒目の家主は、トムンロク、妻トルマト、息子シロノトク、次男の四人家族。

四軒目の家主は、忠六、五五歳、妻ニイタ、弟金十郎四五歳、妻イレシユアツの四人家族。

五軒目の家主は、アウバレナシ、妻テホシマ、息子友四郎、妻シヌンケの四人家族で暮らしている。

トシベツフトからアショロフトまでのことは、トシベツ村のイラアンが話したことである。

トシベツ川筋河口・人家四軒

トシベツ川筋から下ると、河口に人家が四軒ある。ここをトシベツフト（池田町）村という。

一軒目の家主は、チヤヌヌレ二八歳、妻チマシ二五歳、娘四歳、母アマンペカ六四歳、伯母チャルテマツ八三歳の五人家族で暮らしている。

二軒目の家主は、イカンニ三九歳、妻ホンケヲヘレ三二歳、父サルクスリ六二歳、息子ウェンクシヤ八歳、次男三歳、娘カテキ一四歳、娘フランケ六歳の七人家族で、暮らしている。

三軒目の家主は、トシユクフ六二歳、妻テフンクス四七歳、息子シネントカアイノ一五歳の三人家族で、暮らしている。

四軒目の家主は、タンユンヒロ三一歳、妻モナンテ二四歳、息子四歳の三人家族で暮らしている。

ここまでは、利別川川筋のことを聞いたので、記録した。

今年の春、休憩した人家が一軒

利別川河口から、磁石で方位を見ると、十勝川の南南東へ下った。左に小川トフチ（十弗川）がある。穏やかな流れを下る。蛇行して湾のようになって、農作業に使う箕（み）のような形になっているので、ヲンネナイと名付けられたところを過ぎる。

今年の春、休憩した家がある。トフチ（十弗）村という。

家主の家、タナシレ六九歳、妻ホアンテ六三歳、孫フツカフエ七歳、孫四歳、家主の妹タネレ四九歳の五人家族である。この家のトンシユフというお婆さんが、亡くなっていた。

網引き場と仕掛け弓・人家一軒

十勝川の南南東に舟を進めた。ヤシコタンがある。網引き場があった。さらに行くと、一軒の人家があった。テレケプ村という。

家主は、老婆テレケアン、娘キシユネノ四五歳、孫クルマシユ一八歳の三人家族で暮らしている。その老婆に米一升、糸、針を贈った。

方位、南東に下る。ウツナイフト（打内太）がある。両岸はアシ、ハギ原である。この河口から少し下ると、キムントウ（喜門沼）の大小二つの沼がある。この沼にはウグイが多い。

南東に下ると、左に小山がある。右が平地、左の小山の下に小川、クーシヨキ（仕掛け弓・獲物が多い）がある。飢餓のとき、アマッポ（仕掛け弓）を多く仕掛け、鹿を捕ったので、その名が付けられたという。

コロポックルの穴居

南の方へ下るとニヲヒウカ（流木・小石原）がある。およそ、一キロ続く。南東に向かって行くと、リフンライ（礼文内）がある。小高い丘があり、カシワ、ナラの樹林となっている。

ここに、小人の住居跡という穴、およそ二〇個もある。それらの住居跡は、約六メートル四方ある。

天塩や宗谷の周辺では、コロポックルのトイチセ（穴居）と云っている。

菱《ひし》の実・人家二軒

さらに、十勝川を南南東に下ると、小川、ユウクシフト（育素多）がある。この上にユウクシトウという沼がある。その名は、ヒシの実が多いので、名付けられた。アイヌたちは、ここに宿泊してヒシの実を収穫する。そのための小屋がある。

見晴らしの良いところに、トヒヨカ（豊頃）がある。昔から、死人を多く埋葬し、だんだん重なっていることから、その名が付けられたという。

十勝川が湾曲しているところに、崖があり、水が流れ落ちている。その側に、人家が二軒ある。

一軒目の家主は、イヌンリキ七一歳、妻シリセマツ六六歳、息子イソンヲツ二〇歳、娘ラカサク一四歳、娘トコロマツ七歳の五人家族。そのうち、息子は雇われ浜で働いている。

二軒目の家主は、シウス三九歳、妻アマタマ三七歳、息子新吉一八歳、次男ナンカフチヤ一二歳、三男キイレキ六歳、娘四歳、娘一歳の七人家族で暮らしている。そのうち、息子と次男は、浜で雇われて働いている。

毎日、鹿を食べる

十勝川を南東に、さらに、下ると、ノヤウシ（農野牛）という小川がある。この辺は「蓬・ヨモギ」が多いので、名付けられた。さらに下ると、レイシヤクヘツ（礼作別）という小川がある。その意味は、分からないそうだ。

ウシシベツ（牛首川）という小川がある。昔、アイヌたちが、ここに集まり、毎日、鹿の足の肉を食べたので、「鹿の足の肉」という意味で、名付けられたという。

さらに、南に下ると、セヨイ（背負川）という小川がある。その名は、「蜆・シジミ」が多いことから名付けられた。

背負（豊頃町）・人家四軒

十勝川の右側にセヨイ（背負川）がある。そこに人家が四軒ある。

一軒目の家主は、乙名サネトカ（トピヨカ）六一歳が住んでいた。今年の春、ここを通ったとき、休んだところで、その時、病気で寝ていた。その後、亡くなったという。その家族のことは、春に記録したので、今回は省略する。

二軒目の家主は、ワシピ七二歳、妻レアマ八二歳の二人が住んでいる。老人なので、米一升、煙草一把を贈った。長男エサク四八歳、妻ヲレノカ四四歳、姪トマムシ三四歳の五人家族で暮らしているが、長男と妻は、浜で雇われ働きに行っている。

三軒目の家主は、サルツヌ五八歳、妻セヒロク五一歳、長男ウエネクフ一九歳、家主の弟イカンリキン三七歳、妻コアツ二七歳、甥コエラツカ五歳の六人家族で住んでいる。そのうち、家主の弟と長男が浜で雇われて働いている。

四軒目の家主は、イシユエタ四一歳、妻セマナンカ二〇歳、娘フラキ五歳の三人で暮らしている。そのうち、家主は、雇われ浜で働いている。

タンネヲタ（豊頃町）・人家六軒

さらに十勝川を南下すると、右に小山があり、チャシコツ（安骨川）がある。ここには、地面に柵の跡があり、アイヌたちは、「城跡」であるという。

その南に、タンネヲタ（細長い砂浜があった）がある。川岸に人家が六軒ある。

一軒目の家主は、エンカトコロ五七歳、妻イカヌフマツ五一歳、長男ヌクレコレハ二四歳、次男ヤヲコタマ二二歳、三男市蔵一六歳、四男四歳、五男当歳、娘ウナマツ一一歳、娘マツネサン八歳の九人家族で暮らしている。

私は、この春、ここで宿泊した。その家主エンカトコロ五七歳は、今年の春、死んだという。長男、次男、三男は、浜で雇われ働きに行ったまま、誰も帰ってこない。後家と子供たちは、私を見て、懐かしさで泣いた。米一升、煙草一把を贈って出発した。

二軒目の家主は、コテカアイノ六四歳、妻アハフニ五二歳、母イセンケ八〇歳、長男アニトエ一六歳、娘ヲシヨロウシ二〇歳、娘シヤクシマツ一二歳の六人家族で暮らしている。そのうち、長男と娘は、浜で雇われ働いている。

三軒目の家主は、ウナハヌ三八歳、妻イコウラ三二歳、母シテムレ六八歳、長男ラカトク六歳、娘四歳、娘二歳、弟サンノ三二歳、妻トエマツ二二歳の八人で暮らしている。そのうち、家主と弟は、浜で雇われ働いている。

四軒目の家主は、シトンケレ三一歳、妻ソコッ二一歳、父シュラレヶ六〇歳、母エベチャロ五五歳、娘二歳、叔父モネア四二歳、甥ノトン一一歳の七人家族で暮らしている。そのうち、家主と叔父は、雇われて浜で働いている。

五軒目の家主は、イサリクマ八四歳、妻ヤリケ八〇歳、長男カモエヌンカ五二歳、妻フリカンナ四六歳、孫コエヒラサ二二歳、孫チャリアナ一二歳、孫女カリンネ九歳、孫女五歳の八人家族。老夫婦に米と煙草を贈った。長男と孫は、雇われて浜で働いている。

六軒目の家主は、シネアテ三七歳、妻シエヌ二七歳、母ナンコヤン五八歳、妻の姉エンラヲクヌ三〇歳、娘サエニイ五歳の五人家族で暮らしている。このうち、家主と姉は、浜で雇われ働いている。

ハラウツカ・人家二軒

さらに、十勝川を下ると、ホンノタがあり、ハラウツカがある。この辺の川幅は五四〇メートルぐらいである。中州が二つ、三つあり、浅く舟に乗りやすい。それで、「ハラウツカ」と名付けられているという。ここに人家が二軒ある。

一軒目の家主は、エチャンテ六三歳、妻シュアツヘカ五三歳、息子アキヒチャラ二四歳、嫁ヌムシマツ一八歳、次男エフレ二二歳、三男紋吉一六歳、四男チャウトロ一二歳の七人家族で暮らしている。そのうち、息子夫婦と次男が、雇われて浜で働いている。

二軒目の家主は、コヤマ三六歳、妻モネリキ二七歳、息子三歳の三人家族で暮らしている。家族で大津の番屋に働きに行っているので、空き家になっている。

この家主のコヤマは馬を扱う。今年の春、三月二十一日（新暦・五月四日）。大津から尺別、白糠、釧路へ行くとき、馬で案内してもらった。

旅来・チャシコツ（砦址）

十勝川の流れが蛇行して南南西、南南東に下ると、タフコライ（旅来・チャシ。砦址がある）という小川がある。昔、山の上に丸太小屋を造り合戦をしたので、名付けられた。

ベツチヤラ（篭奴村）・十勝川と大津川の二股に分かれる

南南東に三、四〇〇メートル行くと、ベッチヤラ（鼈奴村）がある。ここは十勝川が二股になっている。左は十勝川、右は大津川。川幅は、両方とも、およそ一八〇メートル。左の方（十勝川）は、少し深く広い。右の大津川は少し狭く浅い。

今年の春、ここから右の大津川を下って大津の番屋まで行ったので、今回は、左の川筋、十勝川を下るため、この辺の地理に詳しいエチヤンテ六三歳に、案内をお願いした。

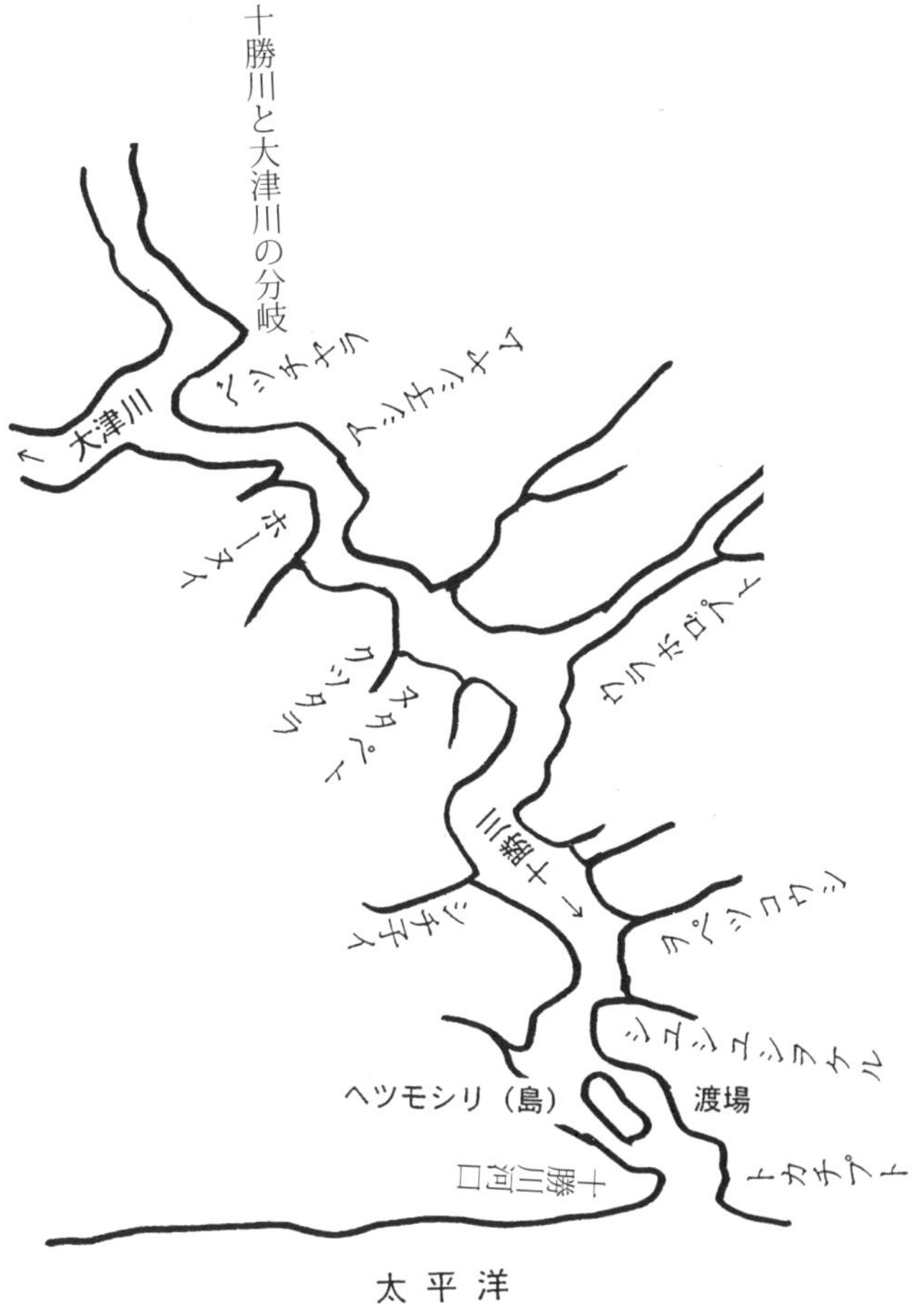

図版四．河川『大津川分岐から十勝川河口の図』

十勝村・人家六軒

一軒目の家主は、ソノミケレ三九歳、妻エトルシ三六歳、母アンヌル六一歳、息子シタテムコロ七歳、弟ヤレムシ二一歳、妻カトクヘ二二歳の六人家族。そのうち、弟夫婦は、浜で雇われ働いている。

二軒目の家主は、サヌカヲク四二歳、妻イトムネ四〇歳の二人家族。夫婦ともに、浜で雇われ働いている。そのため、空き家になっている。

三軒目の家主は、ヤンケソ三七歳、妻チヨリキ三二歳、息子エアンカエ八歳、次男二歳の四人家族。家主は、浜で雇われ働いている。

四軒目の家主は、シコライ五五歳、妻チヤレカ五一歳、息子イカシテレ二四歳、妻ヲクヌレ一九歳の四人家族。息子夫婦は、浜で雇われ働いている。

五軒目の家主は、トヒナエテキ七一歳、妻ハルムニ五一歳、息子カンラク二九歳、妻ミツホアン二〇歳、兄シヤハエンクル八〇歳、妹コンツノミ五八歳の六人家族。

六軒目の家主は、トナシリキン二五歳、妻ニエコロ二一歳、祖母アシキリマツ七三歳、母イカツケマツ四八歳、妹エンカルマツ一三歳の五人家族。家主夫婦は、浜で雇われ働いている。

ウラホロブト・人家三軒

十勝川支流のウラホロブト（浦幌川河口）に人家が三戸ある。

一軒目の家主は、チカフシ三六歳、妻ムコトン四四歳の二人家族。夫婦ともに、浜で雇われ働いている。

二軒目の家主は、サナシカ三二歳、妻エチヤルシ二七歳、息子三歳、伯父フエコチシ五四歳の四人家族。家主は浜で雇われ働いている。

三軒目の家主は、コンラバ三八歳、妻ソウトエカ三二歳、息子惣吉一三歳、娘カフコテレケ七歳、娘四歳の五人家族で暮らしている。家主は、雇われて浜で働いている。

チョウザメ（潜竜魚）

浦幌川川筋の両岸は、平山でそれほど樹木も多くないが、カシワ、ナラが繁っている。浦幌川河口近くの右側に、小川ユペタラロがある。「ユペ」は、チョウザメ（潜竜魚）のことである。「タ」は「捕る」。「ラロ」は「多い」という意味である。

しばらく行くと、アーネノタブがある。ここは、昔、畑があった。

浜で働く・人家九軒

浦幌川河口から一キロほど十勝川を下がると、両岸にアシ、ハギ原があり、小川シチネイがある。ここに人家がある。

一軒目の家主は、ヤヌカル五六歳、妻ウラシコロ五六歳、息子由造一一歳、伯母サネツエマツ八三歳の家族四人で暮らしている。伯母サネッエマッ八三歳は高齢なので、煙草一把を贈った。

二軒目の家主は、イカンチハ五六歳、妻イモンカシュ四九歳、息子石松一八歳、甥チャンノサン三九歳、エウレシュ三五歳、ホアッラン三歳の六人家族で暮らしている。石松とチャンノサンの二人は浜で雇われて働いている。

流れの遅いところを下ると、左側にヲペッコウシがある。カシワ、ナラの林がある。ここの小高いところに人家が九軒ある。

一軒目の家主は、ネフイ三九歳、妻タマチヤラ二八歳、息子哥吉一一歳、次男セヲックル六歳、三男当歳の五人家族。家主は浜で雇われ働いている。

二軒目の家主は、シケアンテ三八歳、妻フチモノク二〇歳の二人家族。夫婦ともに雇われて浜で働いている。

三軒目の家主は、タミテキ四八歳、妻ウサルンケ四四歳、息子シリトタ一九歳、次男シンナエチヤラ七歳、娘アッテキモン九歳、娘カフコテレケ五歳の六人家族でくらしている。家主と息子が、雇われて浜で働いている。

四軒目の家主は、イタキンカ三〇歳、妻キサラベカ三七歳、母アンラリ五三歳、弟ヌンカシコレ二五歳、妻ノヌシ三六歳、姪フットル九歳、姪フッマッ五歳の七人家族で暮らしている。そのうち、家主夫婦と弟は、雇われて浜で働いている。

五軒目の家主は、カンナムッ四一歳、妻モンカヌ四六歳、弟ニナヌカル二八歳、妻シタサ一七歳、弟トエカシコロ二一歳、弟ラツアイノ一三歳の六人家族で暮らしている。そのうち、家主と弟三人は、雇われて浜で働いている。家には、妻、弟嫁が残っている。

六軒目の家主は、マカヌカル三九歳、妻イルトエカ三三歳、弟ハテキニセ三六歳、妻ヤレカツ二九歳、姉コエラチ四四歳の家族五人で、暮らしている。そのうち、家主と弟夫婦は、雇われて浜で働いている。

七軒目の家主は、カブニセ四五歳、妻ソエケワヌ三三歳、母サリケ七八歳、息子ケフアイノ五歳、次男一歳、娘ヌイマツ一〇歳、娘三歳の家族七人で暮らしている。家主は、雇われて浜で働いている。

八軒目の家主は、クルクシ二九歳、妻トレタク二七歳、母イトルカ五八歳、息子シエヘヌ八歳、娘ソヘツ四歳、弟キモヌカル一四歳、叔父コチヤヌアイノ五五歳の七人家族で、暮らしている。そのうち、家主と叔父は、浜で雇われて働いている。

九軒目の家主は、乙名ヲトワ五五歳、妻モコレラン三八歳、父モナクマツエ八七歳、母ウタルシマツ七五歳の四人暮らしている。私たちはここで休憩した。

十勝太の渡し場

ここから十勝川を二〇〇メートルほど下ると、十勝太に渡し場がある。ここの川幅は、二七〇メートルほどある。渡し場には、馬を渡す舟、歩行者用の舟がある。海岸には流木が多い。

十勝太には、アシの屋根で作られた大きな建物、休憩所がある。その後ろに、アイヌの家が二軒あった。この川の渡し守の家である。通行者が多いときは、ヲベツコウシから応援が来て、川を渡すという。

一軒目の家主は、シカマクル五九歳、妻テコンピ四六歳、息子シネサリカ三二歳、妻コエベウシ二二歳、伯父シタクヌカル七九歳の五人家族で暮らしている。そのうち、息子は雇われて浜で働いている。

二軒目の家主は、イチヤリキ七〇歳、妻アハコラン四七歳、息子カエサン三六歳、妻モンコロ四〇歳、孫三之助一五歳の五人家族で暮らしている。

このところ、毎年、一年間の労賃は一二貫文（一貫＝一、〇〇〇文・昭和五十八年の米価換算で約一〇七、〇〇〇円）で、二軒が働いている。

大津で一泊

十勝太に下ってから、渡船で十勝川、大津川を渡り、大津に行き一泊した。案内のアイヌたちに、『明日、早く出発する』ことを話した。

七月二十二日（新暦・八月三十日）
広尾で宿泊
朝早く出発する。大津から広尾に行く。
今回の案内人、イソラムへお礼として、染形一反、煙草五把、糸、針を渡した。エエクルには染形半反、煙草五把、糸、針をお礼として渡し、それぞれに酒二升を贈った。広尾会所に一泊する。（日付けが記入していないので推定して記入）。
七月二十三日（新暦・八月三十一日）
サルル番屋で宿泊
広尾からサルルに向かう。サルル番屋に一泊（足跡図から推定）。
八月二十一日（新暦・九月二十七日）
箱館に帰着
広尾〜日高サルル番屋〜幌泉〜様似〜浦河〜三石〜新冠の海岸を通って箱館に帰着する。

第四章　明治期の十勝アイヌ民族

明治元（一八六八）年

明治元年は、旧暦一月一日（西暦・新暦・一八六八年一月二十五日）から始まる。

慶応四年九月八日（西暦・新暦・一八六八年十月二十三日）に、明治元年と改元した。旧暦一月一日（西暦・新暦・一八六八年一月二十五日）に、遡《さかのぼ》って適用した。

明治二（一八六九）年

蝦夷地を北海道と改称

八月十五日（新暦・九月二十日）。開拓使。「蝦夷地」を「北海道」と改称する。一一国八六郡を画定（『新北海道史年表』から引用）。

場所請負制廃止と漁場持《ぎょばもち》

九月二十八（新暦・十一月一日）日。開拓使。場所請負を廃止する旨を布達（広く一般に知らせること）。

十月二十九（新暦・十二月二日）日。開拓使。場所請負人を当分「漁場持」と改称し、従前どおりの漁場経営を認める（『新北海道史年表』から引用）。

場所請負人らの反対があり、漁場持と名称を変え、しばらくの間、存続することになった。

明治三（一八七〇）年

官吏に対するオムシャの廃止

九月。開拓使小樽役所。官吏巡回の際の賜物、および、オムシャを廃止。根室支庁は明治七（一八七四）年十一月にオムシャを廃止。北見国は明治八（一八七五）年にオムシャを廃止した（『新北海道史年表』から引用）。オムシャとは、アイヌ民族の儀礼として、客人に対して酒宴や歓待して接待することをいう。

明治四（一八七一）年

アイヌ民族に関する布達

十月八日（新暦・十一月二十日）。開拓使。アイヌ民族の開墾者に家屋、農具を与えること。死亡者の居屋の自焼や転住の禁止。女子の入れ墨、男子の耳環の禁止。日本語の勉強などを定めることを布達（『新北海道史年表』から引用）。

交易品の値段

・玄米一升	八二文	・地廻莨（煙草）一把	一三〇文	・縫糸一繰	七文
・濁酒一升	八〇文	・古着一枚	四貫四一〇文	・斧一挺	七三五文
・酒　一升	二九四文	・古着中一枚	三貫六七五文	・鍋一個（一升）	二〇〇文
・糀一升	一二二文	・股引一枚	一貫七六四文	・田代（ナタ）大一挺	八八二文
・草鞋一足	二〇文	・染木綿一反	一貫八八四文	・田代（ナタ）中一挺	三九七文
・革針一本	二三文				

（『池田町史・上巻』から引用）

（注）一両＝四貫。一貫＝一、〇〇〇文。一文＝一〇円～一五円（時代により、価値が異なる）。

明治五（一八七二）年

アイヌ民族の疲弊

一月（新暦・二月上旬）。開拓使。漁場請負人廃止以来、アイヌ民族が疲弊の状況にあるため、北見国斜里外三郡、根室国標津・目梨二郡、千島国国後郡を藤野喜兵衛に、千島国択捉外三郡を伊達林右衛門・栖原小右衛門に委任して撫育（慈しみ育てること）させる（『新北海道史年表』から引用）。

アイヌ民族の教育

六月二十三日（新暦・七月二十八日）。開拓使。アイヌ民族の教育、ならびに、農業技術習得のため、仮学校内に土人教育所設置の伺書を太政官に提出、承認される（『新北海道史年表』から引用）。

土人通辞を土人取締と改称

七月八日（新暦・八月十一日）。札幌開拓使庁。土人通辞（通訳）を土人取締と改称（『新北海道史年表』から引用）。

土地私有権の確立

九月二十日（新暦・十月二十二日）。開拓使。土地の持ち主を明らかにする北海道土地売貸規則・地所規則を制定（布達）した。明治十九（一八八六）年六月二十九日廃止（『新北海道史年表』から引用）。

この規則により、アイヌ民族は、これまで自由に野山や川に入り、伝統的な狩猟、漁労生活が行えなくなった。

婦女子の大相撲見物自由

十一月二十三日（新暦・十二月二十三日）。婦女子の大相撲見物が自由となる（『新北海道史年表』から引用）。

オムシャの廃止

十二月一日（新暦・十二月三十日）。札幌本庁。収税の節（時）、人民へ酒を与えること。アイヌ民族のオムシャなどの廃止を布達する（『新北海道史年表』から引用）。

旧暦から新暦に移行

十二月二日（一八七二年一二月三一日）まで旧暦を使用。旧暦・十二月三日から新暦・明治六年一月一日である。

明治六（一八七三）年

旧暦を廃止、新暦を使用

一月一日。旧暦を廃止、新暦（太陽暦）を使用。

明治七（一八七四）年

地質学者、ライマン

開拓使御雇いのアメリカ人、地質学者ライマン（明治五年十一月来日）が、七月、水源調査のため石狩川を遡り、音更川上流から、八月三日、大津に出る。

明治八（一八七五）年

大判官・松本十郎、十勝を探査

六月八日、石狩川上流〜糠平〜ペンケチン川〜屈足〜芽室〜幕別・止若〜大津〜広尾〜太平洋沿岸〜千歳〜七月十二日、札幌に帰着（『十勝大百科事典』引用）。

地質学者ライマンと同じようなコースをたどり十勝入りした。「然別で泊まり、川を渡って十時頃、昼食にした。川幅一〇間（一八メートル）の川に砥石があり、案内のアイヌたちはマキリ（アイヌ民族のナイフ）やタシロ（アイヌ民族のナタ）を研いだ」と記録している（『音更百年史』から引用）。

この頃のライマン・松本十郎が記録したアイヌ民族の戸数。明治七年のライマン、明治九年の松本十郎の記録を総合すると、音更川のオビチャベツ川河口にフシアンテを首長とするオビチャベツ村に七戸、勢多に三戸、糠平二戸あったと記録している（『士幌の歩み』から引用）。

悪徳商人、杉浦嘉七、漁場持を返上

八月。開拓使が「漁場持」を廃止する一年前、大判官松本十郎に、ずる賢い悪徳商人と見抜かれた杉浦嘉七は、漁場持を返上し、十勝の漁場から手を引くことになった。

当時のアイヌ民族の生活の多くは、漁場労働に依存していたため、漁場持の返上は、労働の場を失い、生活を困窮させる可能性があった。また、旅行者の宿泊所の運営や人馬の提供もできなくなるため、開拓使は、それまで十勝漁場持の支配人として働いていた若松忠次郎に、一期、五年に限って、漁場経営をすすめた(『清水町百年史』・『新得町百二十年史・上巻』から引用)。

十勝漁業組合の設立

若松忠次郎は和人六人、アイヌ民族の代表者七人の合計一三人で、「十勝漁業組合」を設立し、漁業経営を行うようになった。

和人六人は、福嶋屋広尾支店の雇人、茂寄村の奥村茂八、沢木善太郎、新保亀次郎、山崎勘之助、大津村の境千代吉(大津漁場の支配人)。

十勝七郡のアイヌ民族代表者七人は、生剛村のオトワ、上帯広村のマウカアイノ、茂寄村の仁三郎、人舞村のシルムンケアイノ、止若村のアフネカアイノ、美蔓村のハウケアイノ、歴舟村の寅吉であった。

このような漁場経営を目的にした支配人、漁夫、アイヌ民族による組合の設立は、全道的に見ても珍しいことであった。

十勝漁業組合は、福嶋屋から二三、〇〇〇円で漁具、器械、家屋、板庫を借り受け、共有物とした。経営は順調に進み、酒、味噌、醤油を自家製で賄い、経費の節減に努め、三年間で漁具などの代金二三、〇〇〇円を返済した。

新たに漁場開発を行い、大津川に三ヵ所、十勝川に一ヵ所の漁場を開いた。沿岸漁場を含めると四六ヵ所になった。この十勝漁業組合も十勝の漁場を独占して、漁業経営は初年度から大きな利益を上げた（『清水町百年史』・『新得町百二十年史・上巻』から引用）。

十勝漁業組合は、新たな人を入れない閉鎖性があったことから、大津の石黒林太郎などの解放要求もあり、十勝漁業組合は年期五年が満了したので、明治十三（一八八〇）年七月に解散し、漁場は一般に開放された。

現金、漁具などの残余財産の五三、八一九円の処分を行った。和人四二人、アイヌ民族二八〇人。均等配分にした。アイヌ民族の漁具などを差し引いた受け取り分、四〇、七五五円を十勝アイヌ民族の共有財産とした（『清水町百年史』・『新得町百二十年史・上巻』から引用）。

鹿の乱獲を防ぐ

開拓使。鹿の乱獲を防ぐため、「鹿猟仮規則」を作り、猟師の鑑札制、猟期以外の鹿肉の売買禁止などの規制を行った。十勝については、翌年（九年）から適用された。ただし、鹿猟に生活を頼るアイヌ民族は例外とした（『新得町百二十年史・上巻』から引用・上巻）。

樺太アイヌ民族、宗谷に移住

十月。樺太・千島交換条約（国境を確定する条約）にもとづき、樺太からアイヌ民族一〇八戸、八四一人を宗谷へ移住させる。翌年、明治九（一八七六）年六月、さらに、石狩国対雁（現、江別市）に移す（『新北海道史年表』から引用）。

明治九（一八七六）年

十勝川全域を測量調査

開拓使。測量課の加藤政吉、奈佐栄の二名が、アイヌ民族の協力を得て、十勝川河口から数隻の丸木舟に測量機材や食料を積み込み、上流を目指して測量を続けた（『清水町百年史』から引用）。

アイヌ民族の戸籍

この頃、アイヌ民族の戸籍が完成する。和人の戸籍は明治六（一八七三）年に完成した（『新北海道史年表』から引用）。

アイヌ民族の官吏

三月。小樽の山本総五郎（アイヌ民族）、開拓使等外三等出仕を拝命する。アイヌ民族の官吏の始まり（『新北海道史年表』から引用）。

漁場持の廃止

九月二十一日。開拓使。「漁場持」を廃止。漁場、昆布場は営業志望の者に割渡す旨を布達する（『新北海道史年表』から引用）。

漁場持制は、漁場を請け負っている漁場持以外のよそ者は、その地域で漁業を行えない排他的な性格を持っていた。これにより、北海道から封建的な漁場持が姿を消し、一般漁民の自由漁業の道が開けた。

大判官・松本十郎の石狩・十勝両河紀行

七月。十勝漁業組合設立の指導に当たった大判官松本十郎は、広尾に滞在（明治八年）。初年度の状況を「石狩・十勝両河紀行」に、次のように書いているので、要約して紹介する。

「昨年（明治八年）巡回のとき、狡猾《こうかつ》（ずる賢い）な姦商《かんしょう》（悪徳商人）、杉浦嘉七の魂胆を打破、大後悔して漁場を返還した。一、五〇〇人のアイヌ民族、番人たちを集結、公平に監督して保護に尽くした。アイヌ民族に精算額五、三四六円余。例年、三、〇〇〇円内外。昨年は二、〇

○○円以上の利潤となる。アイヌ民族の数十年の圧政の束縛を脱した」（『清水町百年史』・『新得町百二十年史・上巻』から引用）。

毒矢の仕掛け弓禁止

九月二十四日。札幌本庁。アイヌ民族が毒矢の仕掛弓（アマッポ）で狩猟することを禁止し、代わりに猟銃を貸与する（『新北海道史年表』から引用）。

アイヌ民族の耳環、入れ墨を禁止

九月三十日。札幌本庁は、アイヌ民族の男子の耳環、女子の入れ墨の風習を禁止した（『新北海道史年表』から引用）。

明治十（一八七七）年

西南戦争・コレラ発生

四月十日。札幌。屯田兵一大隊、西南戦争（九州）、従軍のため、札幌を出発する。戦死者は東京九段の招魂社（明治十二年、靖国神社と改称）へ合祀される。

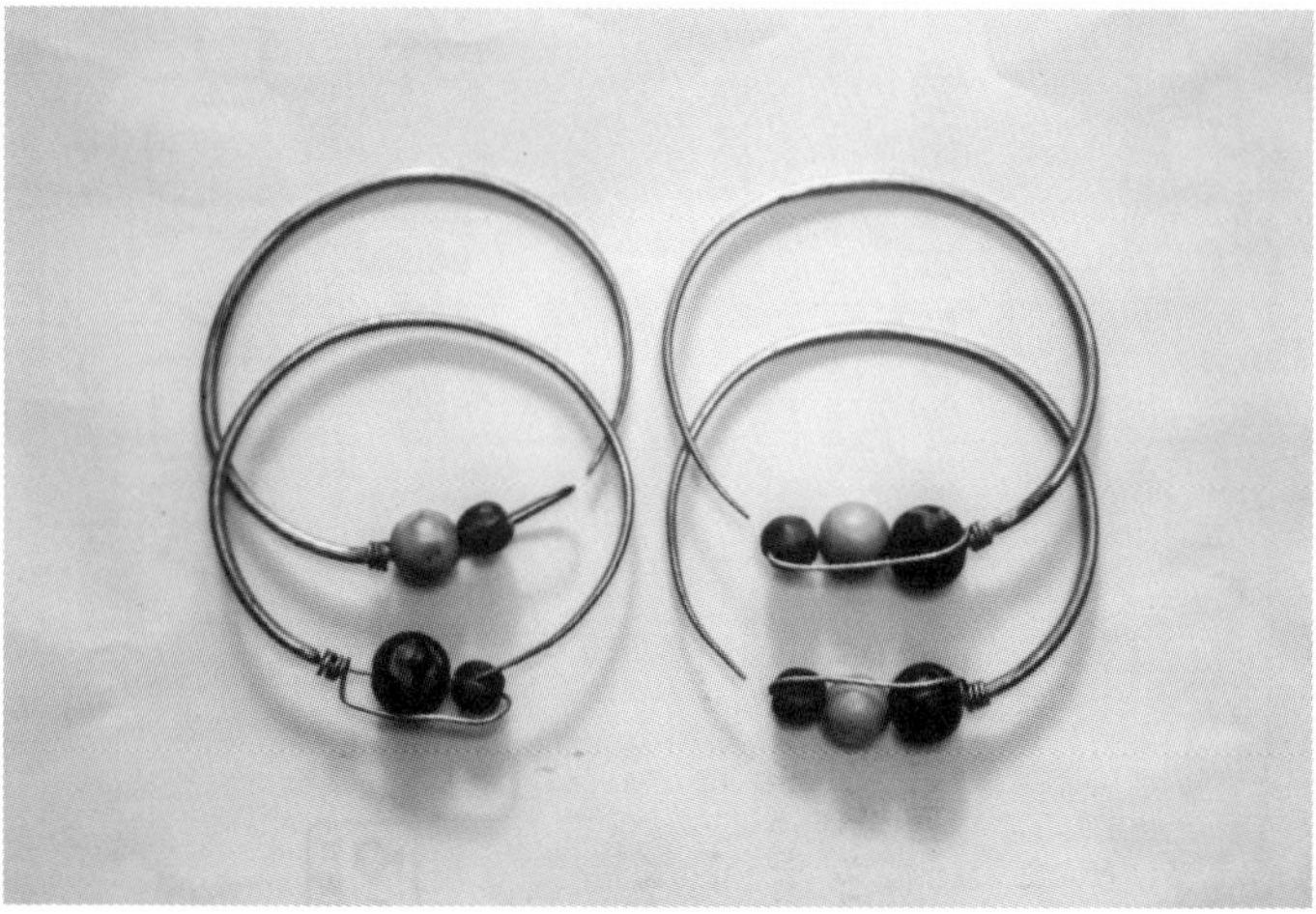

（個人蔵）

写真二十．ニンカリ（耳環・耳飾り）

縦六・三センチメートル。横七・〇センチメートル。

金属製の耳飾り。明治九（一八七六）年に、アイヌ民族男子、使用禁止となる。

八月。コレラが上海から長崎、横浜に伝播して、各地で流行する。この年、全国の罹患者一三、八一六人、死亡八、〇二七人。

九月三十日。西南戦争従軍の屯田兵、札幌に帰着する。屯田兵、帰途船上でコレラに罹患する。以後、十一月までに各地で、コレラが流行する。患者一二七人、死亡九三人。

十月。対雁（江別）の樺太アイヌ民族、コレラ患者七四人のうち、三〇人死亡する（『新北海道史年表』から引用）。

明治十一（一八七八）年

十勝川上流トムラウシの測量調査

測量調査は、明治九（一八七六）年から引き継がれ、開拓使測量課吏員の加藤政吉、匂坂賢治の二名が、トムラウシの水源地を目指した。山中で延長五キロにおよぶ両岸の断崖絶壁に行く手を阻まれ、ついに測量を断念して引き返した（『清水町百年史』から引用）。

当然なこととして、アイヌ民族の丸木舟で、測量機材やテント、食料の運搬を協力、お願いしたことであろう。

余談であるが、私（編者）は、昭和四十一（一九六六）年八月七日から十三日にかけて、友人と二人で大雪山の縦走を行った。七日。トムラウシ川支流のヌップントムラウシ川上流をめざした。途中、断崖絶壁の函が続き、急流で水量が多く、岸も河原もなく、支流を遡ることができなかった経験がある。文中の測量を断念した断崖絶壁の場所は同じところと想像して、懐かしく思った。

その断崖絶壁の函を遠巻きにして、原生林の中を歩き、その日は、ヌップントムラウシ川の上流、自然に湧き出ている熱湯温泉を川の水で薄め、浸かった。一週間後、十三日、再び、層雲峡の温泉に浸かることができた。

大川宇八郎、下帯広村に住む

大川宇八郎、下帯広村に住み、アイヌ民族と交易を行う。

旧蝦夷人から旧土人へ

十一月四日。開拓使。アイヌ民族(旧蝦夷人)の取扱い上、呼称の区別をするときは「旧土人」とすることを定める(『新北海道史年表』から引用)。

小原久兵衛ら鹿猟を行う

当時の十勝は和人の入植者が少なく、鹿の生息地となっていた。小原久兵衛ら六人は、密猟を行うため鹿場を求めて、日高から十勝にやって来た（『新得町百二十年史・上巻』から引用）。

旧幕府時代は、年々、六、七〇〇〇枚の鹿皮の生産があった。この年には、一二、五〇〇〇枚にも達した。開拓使は、鹿の乱獲を防ぐため、明治八（一八七五）年に、「鹿猟仮規則」を制定、猟師の鑑札制、猟期以外の鹿肉の販売禁止などの規制を行ったが、効果が乏しく、明治十二（一八七九）年には、十勝国一円を含む禁猟区を制定するなど規制を強化した。

鹿猟に生活を頼るアイヌ民族は例外とされ、年間を通じて認められた。さらに、危険だとされていた仕掛け弓（アマッポ）も、人気のない山奥に限って使用を認め、便宜が図られた。

これに目を付けた和人の商人は、アイヌ民族の好物である酒などを用意して、アイヌ民族の村落に入り、アイヌ民族が捕獲した鹿皮を買い占めた（『清水町百年史』から引用）。

明治十二（一八七九）年

獺（かわうそ）の価格

二月。根室支庁。釧路地方のアイヌ民族の収穫獣皮が奸商《かんしょう》（悪徳商人）に低価で買われるため、上獺皮の価格七五銭、下皮五〇銭以上の価格で買い上げとする（『新北海道史年表』から引用）。

コレラ発生

七月。入港船からコレラが発生する。十月末までに各地で流行した。全道の患者四九九人、死亡三一五人(『新北海道史年表』から引用)。

十勝国の鹿猟禁止

十一月。「狩猟規則」へ但書を付加し、十勝国一円ならびに勇払郡植苗村字美々より四方四里(一六キロ)の範囲の鹿猟を禁止(布達)する。ただし、アイヌ民族を除く(『新北海道史年表』から引用)。

江別・対雁の樺太アイヌ民族

十一月。対雁(江別)に移住した樺太アイヌ民族へ各戸五〇〇坪～一、〇〇〇坪の耕地、宅地を割渡す。ただし、農業奨励の結果は不成績に終わる(『新北海道史年表』から引用)。

広尾村、大津村に小学校設立

この年、十勝国人民総代の請願により、広尾村、大津村に小学校を各一校を設立した。アイヌ民族の児童、約九割りを占める(『新北海道史年表』から引用)。

石黒林太郎、大津で最初の事業家

石黒林太郎らが開運丸で海路、広尾に来航。若松忠次郎らに対して十勝の漁場開放を促した。後に、石黒林太郎は大津で雑貨商を営み、漁業も試みた。十勝漁業組合員以外で最初の大津での事業家といわれている（『新得町百二十年史・上巻』から引用）。

音更・最初の入植者

大川宇八郎がアイヌ民族を相手に行商し、定住した。

蝶多村に武田菊平が入植

山梨県人、武田菊平は、函館の大火の後、大津へ来住。アイヌ民族との交易に着目して、十勝川を遡り、蝶多（現・池田の千代田）に住んだ。農業の傍ら、アイヌ民族と鹿皮などの交易を行った。その後、利別川流域の凋寒村利別太（池田町）に入植する。アイヌ民族を雇い、開墾に従事した（『追補・池田町史』から引用）。

馬場猪之助、下帯広村に住む

馬場猪之助は、下帯広村（帯広市）に住み、アイヌ民族のモチャロクのところで仮住まいしていた。後に、音更村モッケナシに移住した。

明治十三（一八八〇）年

海産物、鹿角、皮等の販売

七月九日。札幌本庁。十勝国アイヌ人の産業保護のため、その生産した海産物、鹿角、皮等の販売は、すべて、広業商会へ委託すべき旨を布達する（『新北海道史年表』から引用）。

十勝漁業組合解散

十勝漁業組合が解散し、漁場が一般に開放されることになった。十勝漁業組合は新たな人を入れない閉鎖性があったことから、大津の石黒林太郎などの解放要求もあり、十勝漁業組合は年期五年が満了したので、明治十三（一八八〇）年七月に解散し、漁場は一般に開放された。現金、漁具などの残余財産の五三、八一九円の処分を行った。和人四二人、アイヌ民族二八〇人。均等配分にした。アイヌ民族の漁具などを差し引いた受け取り分は、四〇、七五五円を十勝アイヌ民族の共有財産とした。

十勝漁業組合の解散後、共有財産の中から広業商会に、二三、一三二円が貸し付けされ、アイヌ民族の生産物の買い取り、販売を広業商会が行った。最終的に残った現金一七、六二三円は、開拓使が管理することになった（『新得町百二十年史・上巻』から引用）。

広業商会の取引

十勝旧土人組合が解散すると、十勝内陸に入る和人が急激に増加した。鹿猟を行ったり、アイヌ民族から鹿皮、鹿角の買い取りを行った。

開拓使は、和人が略奪的商取引を行い、アイヌ民族を不利に追いやることを防ぐために、大蔵省商務御用達の広業商会をアイヌ民族との交易に当たらせることにした。

現実的には、半官半民的商社、広業商会が内陸のアイヌ民族との取引を独占できたわけではなく、商魂たくましい無願入植の商人が取引を行った。このような理由で、広業商会は、明治十六（一八八三）年に廃業した。

なお、広業商会は、明治九（一八七六）年に設立。中国との貿易商社。中国向けの主輸出品は、十勝産の鹿皮、鹿角、鹿爪、昆布などを取り扱った（『池田町史・上巻』から引用）。

トノサマバッタ大発生

八月。十勝の河西、中川の二郡でトノサマバッタが発生した。トノサマバッタの大群は、西進して日高、胆振の両管内に至り、一群は勇払原野で分かれ、石狩・札幌方面におよんだ。

その後、アイヌ民族らが一五〇人、トノサマバッタ駆除のために働いた。トノサマバッタの産卵地を見つけ、掘り取り返す作業を行った。掘り出した卵塊や幼虫を捕殺し、積み上げて土を盛った。その場所を「バッタ塚」という。最近まで、十勝川沿い、豊田、上士幌の北門に、バッタ塚が見られた（『続士幌のあゆみ』から引用）。

アイヌ民族の生産物と居住状況

和人が定住する直前の十勝、五一ヵ村中の二二ヵ村について、アイヌ民族の生産物と居住状況を紹介する。

北方文化研究所所蔵「諸物産表（明治十四年一月〜六月まで）」から生産物・総収入・戸籍を紹介し、戸主の名前は、吉田菊太郎旧蔵「十勝国広尾外六郡旧土人共有配当金名簿（明治十三年夏現在）」の資料から紹介する（『帯広市史』から引用）。

中川郡止若村（ヤムワツカ・幕別町）

生産物　アッシ七八反、販売七四反、四七円三〇銭
　鹿七五〇頭、獺《かわうそ》三頭、狐四頭、計七五七頭、八七二円
総収入　九一九円三〇銭
戸　籍　一一戸、七〇人、男二九人、女四一人
戸　主　トマシリキン、アフネカアイノ、ニウエコサン、イコベカ、エタクベトン、チヨチヤレ、ハウラレ、シンレアイノ、エチヤナンカ、シコカレ、ケヲリサカ

中川郡咾別村（イカンベツ・幕別町）

生産物　アッシ三五反、販売三〇反、一九円五〇銭
鹿九一三頭、一、〇六九円五〇銭

総収入　一、〇八九円

戸　籍　五戸、二三人、男一三人、女一〇人

戸　主　インコラク、トンクシアイノ、チフエアン、アシンレヲク、ヤエトレ

中川郡幕別村（マクンベツ・幕別町）

生産物　アッシ二七反、販売二三反、一四円九五銭
鹿七二〇頭、獺二頭、狐三頭、計七二五頭、八三四円五〇銭

総収入　八四九円四五銭

戸　籍　四戸、四二人、男二六人、女一六人

戸　主　シネナシ、アリタク、エノミウス、ウサメチユ

中川郡白人村（シロト・幕別町）

生産物　アッシ六五反、販売六〇反、三九円
鹿九八〇頭、一、〇二七円

総収入　一、〇六六円
戸　籍　一〇戸、五四人、男二六人、女二八人
戸　主　ホツクレ、シタケアイノ、タバイ、ウシテクル、トフロヲク、チヤタクフ、ウエンコエタク、エベアアス、ホシビアイノ、エブケカ

中川郡別奴村（ベツチヤロ・幕別町）

生産物　アッシ八反、販売五反、三円二五銭
　鹿一四〇頭、一六一円
総収入　一六四円二五銭
戸　籍　一戸、八人、男三人、女五人
戸　主　モエヤンケ

河西郡荊苞村（パライ・帯広市）

生産物　アッシ二八反、販売二五反、一六円二五銭
　鹿一、一〇〇頭、一、二六五円
総収入　一、二八一円二五銭
戸　籍　六戸、三四人、男一五人、女一九人

戸　主　タカサレ、サンケイタク、エヘコタアイノ、ユルシカクル、トメクル、エサカンレ、

河西郡下帯広村（シモオビルビルブ・帯広市）

生産物　アッシ一五反、販売一一反、七円一五銭
　　　　鹿四二〇頭、獺三頭、狐二頭、計四二五頭、四九一円五〇銭
総収入　四九八円六五銭
戸　籍　三戸、一五人、男八人、女七人
戸　主　ウナチャロ、エサニウエン、チャリヲク

河西郡上帯広村（カミオビルビルブ・帯広市）

生産物　アッシ二四反、販売二二反、一四円三〇銭
　　　　鹿九四〇頭、一、〇八一円
総収入　一、〇九五円三〇銭
戸　籍　三戸、二七人、男一四人、女一三人
戸　主　アウカイノ、バノヲ、ウエンクルシレ

河西郡伏古村（フシコ・帯広市・芽室町）

生産物　アッシ二八反、販売二六反、一六円九〇銭
　　　鹿八〇〇頭、九二〇円
総収入　九三六円九〇銭
戸　籍　四戸、二八人、男一二人、女一六人
戸　主　ラムカチユ、シンナアイノ、シユウカレ、コキラアイノ

河西郡迫別村（セマリベツ・帯広市）

生産物　アッシ五反、販売四反、二円六〇銭
　　　鹿一五〇頭、一七二円五〇銭
総収入　一七五円一〇銭
戸　籍　一戸、五人、男四人、女一人
戸　主　サマヌカル

河西郡美生村（ビバヘル・芽室町）

生産物　アッシ一四反、販売七円一五銭
　　　鹿二六〇頭、二九九円

総収入　三〇六円一五銭
戸　籍　二戸、八人、男二人、女六人
戸　主　エタケイ、エエクル

河西郡芽室村（メモロ・芽室町）
生産物　アッシ五二反、販売五〇反、三二円五〇銭
　鹿九一〇頭、獺三頭、狐四頭、計九一七頭、一、〇五六円
総収入　一、〇八八円五〇銭
戸　籍　九戸、四五人、男二四人、女二一人
戸　主　コチヤヲ、エエソン、コトエ、チソンコタフ、クヌクル、エクリテン、エヤヌク、ホシビコロ、シエヘチエ

河西郡幸震村（サツナイ・帯広市・中札内村・更別村）
生産物　アッシ二〇反、販売一七反、一一円五銭
　鹿九〇〇頭、獺五頭、狐三頭、計九〇八頭、一、〇四六円五〇銭
総収入　一、〇五七円五五銭
戸　籍　五戸、二三人、男八人、女一五人

戸　主　アウエンカシ、ヲビタコロ、エカリソン、ヤエサラマ、クチヤマアイノ

河西郡羽帯村（ボネオブ・芽室町・清水町）

生産物　アッシ一四反、販売一二反、七円八〇銭

鹿三六〇頭、四一四円

総収入　四二一円八〇銭

戸　籍　一戸一五人、男一〇人、女五人

戸　主　ヲトリビツ

（注）幸震村と羽帯村の戸籍人数、戸主が逆と思われたので、編者の判断で入れ替えた。

河西郡戸蔦村（トツタ・帯広市）

生産物　アッシ二四反、販売二三反、一四円九五銭

鹿九八六頭、一、〇三三円九〇銭

総収入　一、〇四八円八五銭

戸　籍　五戸、二四人、男一五人、女九人

戸　主　チハアイノ、ハシユヲク、タアレ、ヤヲコタツ、（一戸不明）

河西郡鵺抜村（ヌエヌンケ・帯広市）

生産物　アッシ五反、販売四反、二円六〇銭

鹿一五〇頭、一七二円五〇銭

総収入　一七五円一〇銭

戸　籍　一戸、六人、男三人、女三人

戸　主　エラムカ

河西郡売買村（ウレカフ・帯広市）

生産物　アッシ一六反、販売一三反、八円四五銭

鹿三五〇頭、獺四頭、狐三頭、計三五七頭、四一四円

総収入　四二二円四五銭

戸　籍　三戸、一一人、男四人、女七人

戸　主　エリンシキ、シカヌク、ハウエカンナ

河東郡音更村（オトフケ・音更町）

生産物　アッシ一四〇反、販売一二九反、八三円八五銭

鹿八二〇頭、獺三頭、狐二頭、計八二五頭、九五一円五〇銭

（編者撮影）

写真二十一・狐《きつね》

寄生虫のエキノコックスを媒介する。

エキノコックスは人の肝臓にも寄生する。

有害鳥獣、熊二頭、手当、計、一〇円
総収入　一、〇四五円三五銭
戸　籍　二〇戸、一一八人、男六一人、女五七人
戸　主　チヤケサン、トクヌサン、イカシトム、シヌンコツ、シトンホ、エビカシユ、ヲベツコル、ベンケタ、ウサエカラ、カケエクル、アバフコロ、トモツ、シンナイクシ、ユビアシ、ニウエサン、ヲトヌレ、エタクツキ、フメアツ、ソバウス、ヲホコアイノ

河東郡然別村（シカリベツ・音更町）
生産物　アッシ九反、五円八五銭
鹿二五〇頭、二八七円五〇銭
総収入　二九三円三五銭
戸　籍　二戸、一〇人、男五人、女五人
戸　主　エヨリタク、アバエ

河東郡東士狩村（ヒガシシカリ・音更町・鹿追町）
生産物　アッシ四三反、販売三八反、二四円七〇銭

鹿九一〇頭、獺五頭、狐六頭、計九二一頭、一、〇六二円
総収入　一、〇八六円七〇銭
戸籍　九戸、六〇人、男三三人、女二七人
戸主　ウカチビ、コトムセアイノ、アンケラン、エナウタカアイノ、ララヲク、ラムカウス、ヤエラムシ、ヤエテツカ、コエランケ

河東郡西士狩村（ニシシカリ・芽室町）

生産物　アッシ二三反、販売一九反、一二円三五銭
鹿四一〇頭、獺三頭、狐四頭、計四一七頭、四八一円
総収入　四九三円三五銭
戸籍　四戸、二〇人、男一二人、女八人
戸主　レベカ、シノツフニ、カヌサン、シヌバ

河東郡美蔓村（ビバフシ・芽室町）

生産物　アッシ一九反、販売一六反、一〇円四〇銭
鹿四四〇頭、五〇六円
総収入　五一六円四〇銭

戸　籍　四戸、二〇人、男八人、女一二人
戸　主　ハウケアイノ、イソントマム、チフレカウ、チヨカトハ
(注)西士狩村、美蔓村は、十勝川の北側に位置しているため、当初、河東郡に属していた。明治三十三年六月、河西外二郡戸長役場から、芽室外六村が分離したときから、河西郡に属する。

右は、十勝五一ヵ村のうち、二二ヵ村についての調査である。

二二ヵ村のアイヌ民族の戸数は一一三戸、人口は六六六人、男三三五人、女三三一人。一戸当たり平均約六人家族。男と女の数は、ほぼ同数。ちなみに、『広尾町史』によると、明治四(一八七一)年の十勝全体のアイヌ民族の戸数は、二五五戸、人口は、一、二四五人である。

明治十四(一八七九)年の生産者米価は、六〇キロ、三円二八銭、平成三十(二〇一八)年の米価は、一五、七六三円。比較すると、約四、八〇六倍となっている。

アッシ(布)の生産は、合計六九二反、一戸平均約六反。販売は六〇一反、販売額四二九円八五銭。一戸当たり平均三円八〇銭の収入であり、現在の価格にすると、約一八、二六三円となる。

鹿の捕獲数は、合計一三、六五九頭、一戸平均約一二一頭。鹿一頭当たりの価格は一円一三銭、現在の価格に換算すると、一頭の価格は、約五、四三一円に相当する。

この他、獺三一頭、狐三一頭、熊二頭を捕獲している。

これらの販売総収入は、一六、〇五七円七五銭。一戸当たり平均は、一四二円一〇銭である。米価を基準に、現在の貨幣価値に換算すると、一戸当たり、約六八二、九三三円の現金収入を得ていたことになる。

熊・狼の殺獲状況（札幌本庁管下、一月〜十二月の熊、狼、殺獲・郡別調）

石狩、後志、胆振、日高、十勝の五ヵ国

熊の殺獲頭数	四七六頭	熊の手当金額	二、三八〇円
狼の殺獲頭数	六二頭	狼の手当金額	四二七円

十勝国	十勝郡	広尾郡	河西郡
熊の殺獲頭数	三二頭	三頭	四頭
熊の手当金額	一六七円	一五円	二〇円
狼の殺獲頭数	二頭	—	—
狼の手当金額	七円	—	—

（『お雇い農業教師　エドウィン・ダン　—ヒツジとエゾオオカミ—』から引用）。

明治十四（一八八一）年

入植地調査の依田勉三談

十月。入植適地の調査のため、大津に滞在した依田勉三は、次のような話を聞いた。

「河東郡には音更という地方があり、そこは利別につぐ温暖の地である。他の地方は、五尺もの積雪があっても、音更は二尺にすぎない。野ウサギも、冬は利別と音更の二つの地方に集まって寒さをしのぐ」（『鹿追町七十年史』から引用）。

国分久吉、下帯広に移住

国分久吉は、日高の沙流から下帯広村に移住した。

明治十五（一八八二）年

元仙台藩士、細谷十太夫

元仙台藩士、細谷十太夫は、一時期、幕別に住み、明治十七年頃、利別に移住した。その後、仙台に帰った。

晩成社幹事、鈴木銃太郎、越冬

七月二十七日。晩成社幹事、鈴木銃太郎は、大津で晩成社副社長、依田勉三と別れ、丸木舟に乗り、大津から下帯広村（現、帯広市）に向かった。住宅は、アイヌ民族、モチャロクの近くの大川宇八郎の持ち家を買った。晩成社の入植地予定地、下帯広村で、野菜など栽培して自給。一人で越冬した。

鈴木銃太郎は父、親長《ちかなが》の長男。親長は、元、信州上田藩士、勘定奉行を務め、明治二（一八六九）年に、上田藩の会計判事に任命される。明治五（一八七二）年、廃藩置県となったので、翌年、一家で上京し、東京駒込に移り住んだ。

八月二十九日。瘧《おこり》（マラリア）に罹り、仕事を休んでいると、親しくしていたアイヌたちが来て、薪を運び、水を汲んで助けてくれた。

日頃から、アイヌの人たちと仲良くしていた。子供に青貝のボタンをあげたり、アイヌの女性から鱒の切り身をもらったりするので、米をプレゼントした。鹿や熊の肉をもらった時には、返礼をした（『依田勉三と晩成社』から引用）。

明治十六（一八八三）年

鈴木銃太郎、「熊送り」を見る

一月一日。下帯広村で、初めて越冬する。

一月二十一日。アイヌ民族の「熊送り」の儀式が、トレッの家で行われた。それを見物した。アイヌ民族は、熊の子供を飼い、一月になって、これを殺し、酒食を備え祭る。これを「熊送り」という。

この日、アイヌ民族の老人や男女が続々と集まった。主人は、これらの人々を迎えて酒食を振る舞った（『依田勉三と晩成社』から引用）。

天皇陛下、教育資金一、〇〇〇円下賜

三月十三日。天皇陛下。北海道のアイヌ民族の教育資金一、〇〇〇円を三県に下賜。人数により札幌県七六〇円、函館県に三九円、根室県に二〇一円とする（『新北海道史年表』から引用）。

晩成社・依田勉三らが入植

五月。伊豆から晩成社の依田勉らが、下帯広村に入植する。前年にやって来て一人で越冬し

た鈴木銃太郎を含め、一四戸、二八人が入植する(『依田勉三と晩成社』から引用)。

アイヌ民族の漁業収益金

五月十六日。大蔵卿(おおくらきょう・大蔵省の長官)。十勝アイヌ民族の漁業収益金四四、四三七円余を開拓使残務整理委員より札幌県に引き継がせる。明治十七(一八八四)年、札幌県、取り立ててアイヌ民族に払戻しする(『新北海道史年表』から引用)。

十勝川上流の鮭漁禁止

五月二十三日。札幌県。十勝川上流の鮭漁の禁止を布達する。このため、翌年の春、十勝地方のアイヌ民族が飢餓状態となる(『新北海道史年表』から引用)。

根室県、アイヌ民族救済

八月二日。根室県。アイヌ民族救済のため、毎年、五、〇〇〇円ずつ五ヵ年間、国庫より支給される(『新北海道史年表』から引用)。

トノサマバッタ蔓延

八月十三日。十勝でトノサマバッタが大発生し、蔓延する。しだいに渡島、天塩、北見方面に及ぶ（『新北海道史年表』から引用）。

明治十七（一八八四）年

アイヌ民族の惨状

春、鮭漁の禁止で、アイヌ民族が飢餓状態となる。

三月二十日。アイヌ民族の惨状を、入植して間もない晩成社の幹部の一人、渡辺勝が日記に記した。その記録を紹介する。

「三月二十日、晴れ。昨年、官より鮭漁禁止の令があり、アイヌ民族は徐々に絶食となり、飢餓が迫っている。ただ座して死を待つのみというような状況である。

積雪深い日に、アイヌ民族の部落で飢饉の状況を聞き、鈴木銃太郎と私、渡部勝がオトフケ、モッケナシ方面を巡回した。その状況を視察し、米穀を与え、応急の救助をした。

また、当社（晩成社）は、札幌県に建白（役所や上役に意見を申し述べること）して、アイヌ民族に農業を教えることを計画する（『音更百年史』から引用）」。

四月。大津の戸長役場は、アイヌ民族の救済策として、食料目的の鮭漁の許可願いを札幌県に提出したが、認められなかった（『新得町百二十年史・上巻』から引用）。

十勝国五郡旧土人授産方法

アイヌ民族への土地の給付と農業の奨励に、札幌県は、旧土人救済を計画、「十勝国五郡旧土人授産方法」を策定した。

四月。札幌県勧業課植民掛の栂野四方吉《つがのよもきち》を派遣、伏古村伏古別に「土人開墾事務所」を開設した。総取締人は栂野四方吉、河西郡、河東郡の世話人として宮崎濁卑、後に渡辺勝らが農耕の指導にあたり、アイヌ民族の自立経営を目指した（『上士幌町史』から引用）。

飢餓状況

四月二十日。晩成社日誌には、十勝川で鮭漁禁止になったため、「アイヌ民族は、しだいに食べ物がなくなり飢餓状況に迫り、座して死を待つような状況となっている」と、記録している（『上士幌町史』から引用）。

種薯代を貸与

五月。農商務省。貧困の甚だしい札幌県の沙流、勇払各郡下のアイヌ民族に種薯代を貸与する（『新北海道史年表』から引用）。

トノサマバッタの採卵堀駆除

五月九日。アイヌ民族、募集に応じて、浦幌方面にトノサマバッタの卵採掘駆除に行く。下旬になり、浦幌方面のトノサマバッタの卵　堀駆除が終わったので、アイヌ民族はシカリベツに行き、卵採堀駆除を行った。このことは飢餓状況にあったアイヌ民族を救済することとなった（『上士幌町史』引用）。

アイヌ民族に教育費

六月三十日。文部卿（文部省の長官）。札幌県、根室県、函館県に二、〇〇〇円ずつ下付し、アイヌ民族の教育上必須の費途（費用）にあてさせる（『新北海道史年表』から引用）。

鮭漁の禁止に伴う飢餓状況調査

七月。札幌県勧業課、栂野四方吉を十勝の状況調査に派遣した。その復命の報告を紹介する。

・大津川（現・十勝川）、および、その支流沿岸のアイヌ民族は困窮している。大津川上流の者が最も困窮している。

・飢餓が最もひどかったのは、昨年の冬から今年の春の野草が生えるまで。

・アイヌ民族から聞いた状況は、飢餓発生時の死者は十数人であるが、それが餓死かどうか不明。

この調査から、飢餓が深刻な状況になっていることが明らかとなった（『札幌県による十勝川流域のサケ禁漁とアイヌ民族』)。

栂野御用係の報告によれば、一度捨てた鹿の骨を煮て、その汁をすすり、鮭、鹿の皮の切れ端なども食い、寒中に沼に入り貝類を取り、あるいは積雪の中を寄生木を求めて食料としている。ついには餓死者も出て、親子兄弟の間でも、食べ物を争う者さえいるという惨状にあるという(高倉新一郎著『アイヌ政策史』・『本別町史』から引用)。

飢餓状態に陥った原因

- 山野の鹿の減少。
- 大津川のチャシコツから上流の鮭漁を禁止したこと。
- 鮭の監視が厳しいこと。
- 悪徳商人がアイヌ民族を欺き私利私欲を肥やしていること。
- アイヌ民族の取り締まり方法に問題があること。取り締まり組織の廃止を主張。などを挙げている。

この他、栂野自身が目撃したアイヌ民族の状況は、次の通りである。

- 春以外は、野草を食べたり、札幌県によるトノサマバッタ(蝗虫)駆除に雇われて、当面の生活を維持している。
- 前年の飢餓の経験から、越冬に備え、野草の採集に、例年以上に力を入れている。

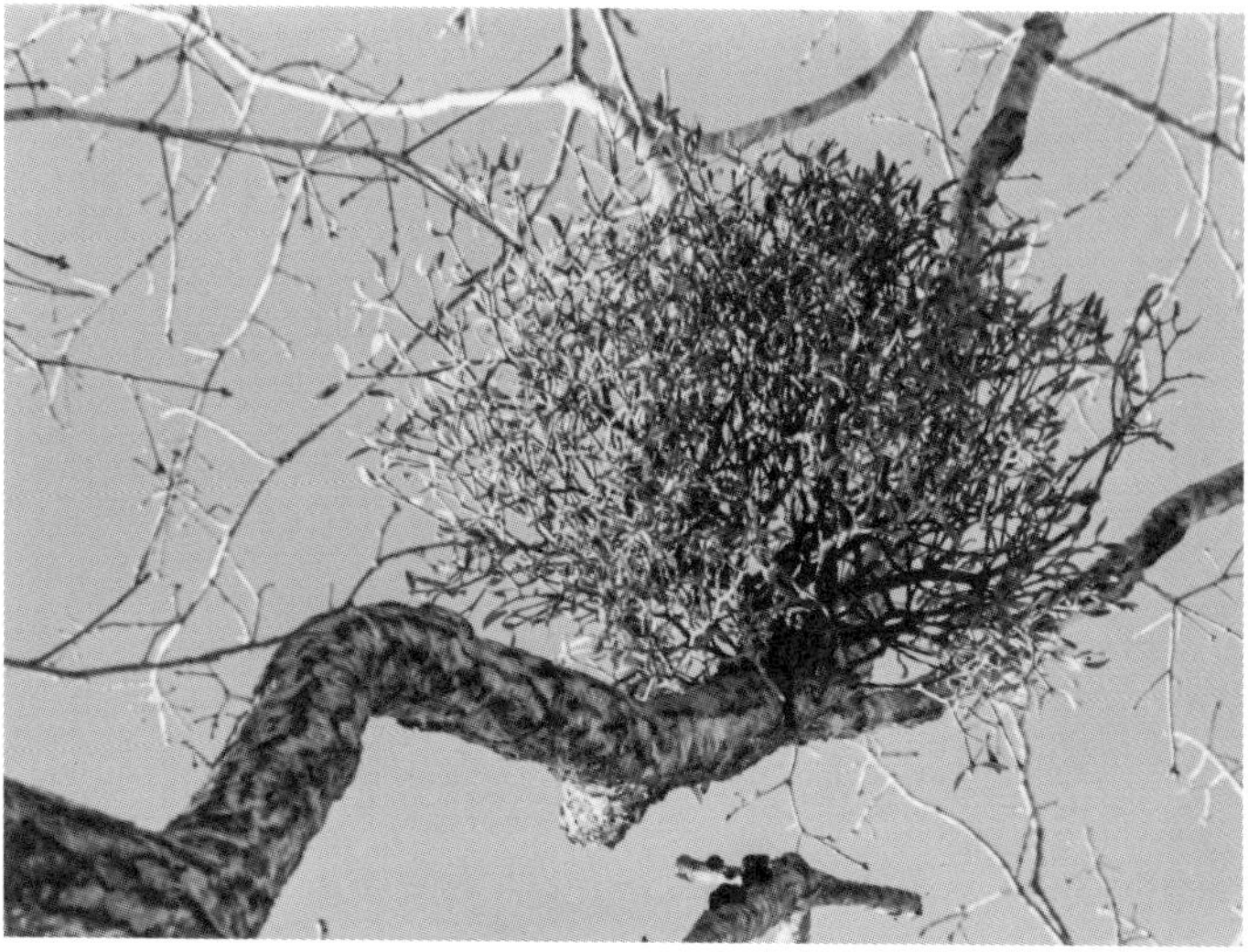

（編者撮影）

写真二十二．寄生木《やどりぎ》

大木の枝などに寄生して栄養分を取る植物。食べ物がなくなり、飢餓状態の時、寄生木を食べたという。

・飢餓を機会に、各家の周辺を切り開きダイコン、カボチャ、ヒエ、ジャガイモを植えているが、播種時期を失しているため、収穫を見込めるのは希である。このため、春に芽生えた耕作の意気込みが失われる恐れがある。
・禁漁とされた鮭以外に、ウグイなどの漁獲があるが、少なく冬期間の食料には不足である。
・本年も、冬季になると、食料に不足を生じ、昨年のひどい状況までにならなくも、飢餓に陥ることは明らかである。と記している。

梅野の報告を受けた札幌県は、壮年男子に一日当たり米三合、老幼婦女子に一日当たり米二合ずつ、十五日分を緊急給与した（『新得町百二十年史・上巻』から引用）。

トノサマバッタ駆除の雇用

アイヌ民族の食料不足による飢餓状態は、トノサマバッタ大発生による駆除対策の雇用が、偶然にも、その賃金で当面の生活を維持することにつながった。

明治十七年は、新得町の佐幌川流域、佐幌岳周辺が最大の繁殖地とされ、六月一日から八月十四日にかけて、駆除が行われた。この時期に雇用されたアイヌ民族は、佐幌地域で二五人。十勝全域で一三八人が動員されている（『新得町百二十年史・上巻』から引用）。

札幌県の勧農政策

九月。札幌県勧業課が十勝アイヌ共有財産の利子、および、漁業収益を資金として、十勝のアイヌ民族に農業指導を中心とする授産事業を実施することになった。

このため、勧業課の栂野四方吉が、再び、十勝の調査を行った。十月、札幌を出発して開墾予定地の選定などの業務を行い、十二月中旬に札幌に戻った。

栂野四方吉は、出張後、「復命書」と「十勝国五郡土人授産方法」を札幌県に提出した。札幌県は、十二月二十五日、「十勝国五郡土人授産方法」を決定した。アイヌ民族に農業を指導するため、明治十八（一八八五）年の春から、担当者を十勝に派遣することにした。

対象となったのは、十勝の七郡の内、生活の基盤が沿岸部の漁業が主体の広尾、当縁の二郡を除いた十勝の五郡である。四七ヵ村、二七〇戸、男女一、五〇〇人のアイヌ民族が対象になった。

札幌県は、アイヌ民族に農業を勧め、自活の道を探ることにした。十勝の内陸部は、水陸の交通が不便であるため、農業に必要な道具や種子、米などの食料、塩などが札幌に比べて三割も高く、負担が多くなることを予想した。

十勝の五郡の総支配人として栂野四方吉を任命し、勧農係を五人配置した。開拓地を三ヵ所から五ヵ所に増やした。

アイヌ民族から六人の総代を選び、「他のアイヌ民族に説明して、営農に努力するように」

と伝えている。

さらに、アイヌ民族の有力者（元、酋長、乙名）四人に、この計画を説明して協力を求めると、大いに喜んだ。これに対して、大津川（十勝川）沿岸のアイヌ民族は、一五戸から二〇戸の集落を九集落にして欲しいと希望した。

ただし、その地域は、十勝川筋上流から、ニトマップ（清水・人舞）、メムロブト（芽室村芽室太）、シカリベツブト（然別村然別太）、オトフケブト（音更村音更太）、ウレガレップ（売買村）。サツナイ川筋のツロツブ、カモツナイ、ポンベツ（本別村）、セイシビラ、トビオカである（『清水町百年史』・『新得町百二十年史・上巻』から引用）。

救済方法の作成

十二月二十二日。札幌県。管内のアイヌ民族の救済方法を作成し、十ヵ年間で七、〇〇〇円の救済費を別途下付の許可を得る。明治十八（一八八五）年から日高国沙流郡から勧農事業に着手（『新北海道史年表』から引用）。

明治十八（一八八五）年

釧路国・足寄で農業指導

一月。足寄（当時・釧路国）。アイヌ民族への農業指導が行われる。鮭漁の禁止、鹿の激減などにより、アイヌ民族は飢餓状態に陥る。そのため、中足寄にアイヌ民族へ農業指導を行う出張所を設置した。

足寄、陸別、利別のアイヌ民族を対象に保護地を設定する。農耕の奨励を行う。明治二十二（一八八九）年に廃止になる。

土人開墾事務所を開設

四月。札幌県は、十勝国河西郡伏古村伏古別に、「土人開墾事務所」を開設し、総取締人の栂野四方吉、勧業係、土人総代人を配置した。

村名	勧業係	土人総代人
十勝郡長臼村	栂野四方吉	リクンデキ
中川郡蝶多村	高島庄蔵（果樹園園芸係）	エレレスクル
中川郡止若村	江口正路（福島県士族）	レイカムチ

中川郡ポンベツ村　田村造平（福岡県平民）　エウイノケ
河西郡帯広村　宮崎濁卑（札幌県平民）　モチャロク
上川郡人舞村　新井二郎（新潟県士族）　シリゲアイノ（シルンケアイノ）
※「新井二郎」は、他の町史に「荒井治郎」と記載されている。同一人物と思われる（『清水町百年史』から引用）。

開拓地の選定条件

- アイヌ民族が集まるのを好む地域。
- 水害の恐れのない地域。
- 運輸、交通の便の良い地域。
- 土地が肥沃な地域。
- 用水の便の良い地域。
- 温暖な地域。
- 薪炭を得やすい地域。を考慮した。

当初、開墾地は、オトフケブト、カモツナイ、セイシビラ、ポンベツの五ヵ所であった。その後の調査で、地味に恵まれず、大きな面積を得ることは難しいので、大津川（十勝川）沿岸、オベツコハシ、ナンネオタバ、チヨウタ、カモツナイ、マカンベツ、フシコベツ、オトフケプト、シカリベツブト、メムロブトの九ヵ所。利別川沿岸、ベッホウ、イサムベタリ、ボベツの三ヵ所。合計一二ヵ所を選定した。

札幌県は、開墾地を一戸当たり、一町歩(約一ヘクタール)を配当した(『清水町百年史』・『新得町百二十年史・上巻』から引用)。

十勝国五郡旧土人授産方法

鹿の激減、鮭漁の禁止などで、アイヌ民族は食料に窮し、多くの餓死者が出た。このため、アイヌ民族の生活の困窮を救済し、独立自営のため、明治十八年から明治二十七年までの一〇年間、札幌県、根室県、函館県の三県で施行する「旧土人救済法」が設けられた。

この救済法では、十勝は六年目の明治二十三年に、広尾郡四七戸、当縁郡九戸、十勝郡二三戸、河西郡四〇戸、河東郡三九戸の計一五八戸、五地域で実施する予定だった。

十勝では、「旧土人救済法」の六年目、明治二十三年実施では遅すぎるので、それよりも早く実施できるようにした。アイヌ民族の「共有財産」があったので、経費はそれを使い、別に「十勝国五郡旧土人授産方法」を設けた。明治十八年から十勝川流域九ヵ所、利別川流域三ヵ所、計一二ヵ所で農業指導を行うことになった。

それらの地域は、アイヌ民族が集まりやすいところ、水害のないところ、交通の便の良いところ、肥沃なところ、飲用水のあるところ、温暖なところ、薪炭を得やすいところなどを考慮して、土地の選定が行われた。

土地は無代下付とし、初年目は三反歩以上、三年で一町歩以上を開墾することを条件とした。

農業指導は札幌県勧業課の農業技術員が行った。

農具は、各戸に唐鍬《からくわ》、平鍬《ひらくわ》、山刀、天王寺鋸《のこ》、鑪《ふいご》（ろ）、砥石《といし》、鍬の柄各一挺、鎌二挺、筵《むしろ》一〇枚を支給した。

さらに、五戸ごとに石臼一台、二五戸に付き鐇《はん》（たつき・刃の広い斧）一挺、一〇戸に付き鉄槌《てっつち》一挺を支給する規定になっていた。十勝では唐鍬、平鍬、柴刈り鎌、ホー、中砥石など各一挺ずつ各戸に配分された。

種子は初年度限り支給とした。十勝では、馬鈴薯一俵、粟一升、扁豆二升、南瓜五勺、大根一合と規定されていた。土地の条件により奨励する作物も異なっていた。この他、初年度に、豚一〇頭を共有地で飼養したようである。食料は、一人につき小屋掛け日数一週間は、裸麦を一升ずつ、その後は、裸麦二合ずつと塩を各戸に支給した。

十勝では、二四七戸、アイヌ民族全体の九割強が就農した。耕作反別は、四三町八反歩。一戸当たり約一反八畝である。

明治二十一年。十勝の実績は、対象戸数三四七戸に対して、指導戸数は二六四戸（七六％）だった。開墾面積は二〇二・八町歩、一戸当たり七反七畝である。指導戸数の内訳は、十勝郡一五戸、中川郡一三三戸、河西郡三四戸、河東郡八二戸である（『アイヌ政策史』から引用）。

旧土人開墾事務所の設置

四月。アイヌ民族へ農業指導が行われる。「旧土人開墾事務所」が、芽室太、伏古別、ヤマコビラ、蓋派《けなしば》（池田）、愛牛《あいうし》（浦幌）に設置される。

幕別は白人《ちろっと》（幕別）、別奴《べっちゃろ》（幕別）、咾別《いかんべつ》（幕別）、止若《やむわっか》（幕別）の四ヵ所。

アイヌ民族の集落

上士幌・上音更。アイヌ民族に土地を給与して農耕で生計を営めるように、これまで散居していたアイヌ民族を伏古、音更の開進地区に集めた。渡辺勝、宮崎濁卑が農業指導を行った（『上士幌町・補追版』から引用）。

新得・清水

十月。ニトマフ（人舞）のアイヌ民族、シルンケアイノら一二人。サオロ（佐幌）のアイヌ民族、チャレンカら四人。クッタラウシ（屈足）のアイヌ民族、キケラクら二一人。合計三七人が、芽室太に移住する。

人舞、佐幌、屈足のアイヌ民族が三七人が、芽室太に移住したため、以後、この地区には、アイヌ民族の定住者がいなくなった（『清水町百年史』・『新得町百年史・上巻』から引用）。

芽室

大雪のため鹿の生息数が激減する。鮭漁の禁止などにより、アイヌ民族の生活が困難になった。そのため、「十勝国五郡旧土人授産方法」により、農業に従事することになった。西士狩、美生、屈足、人舞、然別、新得などに住んでいたアイヌ民族は、現在の芽室太へ移住した。農業指導は札幌県勧業課（岩井治郎）が行い、鍬、鎌、ホー、砥石などの農具、馬鈴薯、粟、南瓜、大根などの種子が支給された。

池田

十月。アイヌ民族への農業指導が行われる。アイヌ救済事業を信取村、凋寒村、利別村で開始する。小農具、種子など給与して農業の普及を図る。明治二十二(一八八九)年に廃止となる。

豊頃

札幌県勧農課員、栂野四方吉を派遣した。勧農係五名、高島庄蔵、江口正治（路）、田村造平、宮崎濁卑、荒井二郎（荒井治郎・新井二郎と記載されることがある）である。

選定された土地は、大津川、十勝川、利別川の流域一二ヵ所。豊頃では、旅来のタンネオタが開拓地として選定された（『豊頃町史』から引用）。

本別

利別川流域で、四五戸のアイヌ民族に農業指導が行われる。地域担当の勧業課職員は江口正路。アイヌ民族総代人はエウイノケ。救済事務所を蓋派《けなしは》（池田大森）に置いた。蓋派、幌蓋《ほろけなし》（本別勇足）のアイヌ民族に農具、種子を支給して農業の指導が行われる（『本別町史』から引用）。

赤痢、腸チフス、コレラの伝染病

日本国内で伝染病が流行した。赤痢による死亡一〇、六二七人。腸チフスによる死亡六、四八三人。コレラによる死亡九、三一〇人（『新北海道史年表』から引用）。

トノサマバッタ死滅

明治十三年八月に大発生し、各地の農作物に大きな被害をもたらしたトノサマバッタは、長雨のため、ほとんど死滅する。

この年の十勝は冷害・鳥害

十月。冷害。鳥害が発生。大豆、小麦など二分作。

明治十九（一八八六）年

三県一局を廃止

一月二十六日・札幌。三県一局を廃止。北海道庁を設置する。

アイヌ民族の女性と結婚

五月八日。鈴木銃太郎は、シブサラ（現・芽室町西士狩）の酋長と言われていたサンケモッテの娘、コカトアン（常磐・ときわ）と結婚した。結婚披露宴には、依田勉三、渡辺勝らをはじめとして晩成社の移民、モチャロクの家族、同族の有志たちが出席、結婚を祝った（『晩成社と依田勉三』から引用）。

芽室・西士狩で開墾に着手

六月二十三日。この日、鈴木銃太郎は開墾に着手し、下帯広村から「通い作」を行うため、下帯広村から丸木舟や徒歩で、芽室のシブサラ（西士狩）に着いた。

一緒にやって来たのは、渡辺勝、パノ、コサンケアン、アイランケ、レアシバ、トイマ、妻のコカトアン（常磐）たちであった。

この日持参した物は、樽酒三個、シナ縄三把、薯およそ一俵、飯米一斗、干し鮭、骨付き鮭、その他、鍋、鍬など。小宴を開き大いに痛飲する。

二十六日。新墾。

二十九日。鈴木銃太郎は、馬鈴薯を五〇歩（一歩＝一坪は三・三㎡・よって一六五㎡）ほどを播種する（『鈴木銃太郎日記』・『晩成社と依田勉三』から引用）。

（注）着手とは、「仕事に手をつけること。取りかかることであり」、「入植」とは異なる。入植とは、「開拓する土地や植民地に入って生活すること（国語辞典・岩波書店）」をいう。

明治二十（一八八七）年

芽室で初めて和人が入植

二月。石川県人、竹沢嘉一郎（安政五年〜昭和八年・七六歳没）が、芽室村芽室太に和人として、初めて入植した。

明治十四（一八八一）年、二三歳の時、北前船に乗り、単身、江差に着いた。その後、函館、札幌を経て、釧路に着いた。釧路では港で働いた。その頃、鹿や狐の毛皮が利益を生むという話しを聞き、釧路方面各地のアイヌ民族の集落を訪ね、鹿や狐の毛皮を買い取り交易を行った。

明治十九（一八八六）年、釧路から十勝川河口の大津を経て十勝内陸に入り、再び、アイヌ民族などから毛皮類を買い取り、交易を行い、大津港の毛皮商人と取引を行った。

明治二十（一八八七）年二月、アイヌ民族が多く住み、農耕を行っている芽室太に入植した。夏の間は、開墾作業を行い、自給作物の粟、稗を栽培した。冬期間はアイヌ民族から鹿、狐、テン、熊などの毛皮の仲買を行った。

その後、大面積の土地を所有、牧畜を行った。初代農会長、総代人、村会議員として芽室の発展と畜産、農業に貢献した（『父・竹沢嘉一郎・聞き覚え書き・竹沢経吾編』から引用）。

アイヌ民族の入植定着実績

『十勝アイヌの保護沿革』によれば、明治二十（一八八七）年の農業授産の実績は、次の通りである。

郡	戸数	人口	開墾反別	一戸当たり平均
河東郡	八二戸	四〇九人	四六・七二町歩	〇・五七町歩
河西郡	三三戸	一七二人	二五・三七町歩	〇・七七町歩
中川郡	一三五戸	六三六人	八二・一六町歩	〇・六一町歩
十勝郡	一五戸	五二人	五・五八町歩	〇・三七町歩
合計	二六五戸	一、二六九人	一五九・八三町歩	〇・六〇町歩

勧農政策のその後の状況は、『北海道殖民状況報文　十勝国』によると、「勧農政策中止後、アイヌ民族は、徐々に開墾地を棄て、概ね、旧状に復帰した」というようにあり、移住したアイヌ民族のほとんどが、農業に定着しなかったようである。

芽室太原野や毛根原野では、一時、農業に従事した。明治三十（一八九七）年頃には、一戸当たり、二反歩から五反歩を耕作した。給与地の一部は、隣地の愛知団体移民などが借り、小作する者が一〇戸あった。アイヌ民族は、給与地を手にしたものの、その多くは、土地を和人に貸し、小作などに任せたため、農業で自立する人は少なかった。

こうした状況は、勧農政策はアイヌ民族を一時的に飢餓から救うために役立ったが、十分な成果を上げることができなかった。

勧農政策が十分な成果をあげることができなかった背景には、漁労、狩猟を中心としたアイヌ民族の本来の生業を、受け止められなかった和人の農業中心の考え方に、大きな要因があったと、考えられている（『清水町百年史』・『新得町百年史・上巻』から引用）。

明治二十一（一八八八）年

二ヵ所にアイヌ民族移住地

音更。下音更（現、よつ葉乳業南付近）。約一〇〇町歩の給与地に、河東郡の各地に住んでいたアイヌ民族を移住させた。渡辺勝、宮崎濁卑が農業の指導にあたった（『続士幌のあゆみ』から引用）。

音更。困窮したアイヌ民族が、現在の木野市街と然別の二ヵ所の地域に移住し、農業指導を受け生活した。木野大通り一四丁目～新通り二〇丁目にかけての一帯の地域に上士幌方面などから移住した。然別でもアイヌ民族が農業指導を受け、農業を営んだ（『音更百年史』から引用）。

明治二十三（一八九〇）年

イギリス人の画家・ランドー

イギリス人の画家、冒険家、A・ヘンリー・サーヴィジ・ランドー（一八六五～一九二四）は、六月に函館を出発して、北海道、南千島の色丹島などを巡り、十月頃まで一四六日間に渡って旅行した。ランドーは旅行記『えぞ地一周ひとり旅』を著している。その中で、十勝のアイヌ民族について興味深い記述があるので紹介する。

「猿留から広尾にかけて、山道は時々、海岸まで下っていた。多くのアイヌや混血を見かけた。特にオンニトとビタタンヌキ（鐚田貫）の二つのコタンに多かった。この辺りの人々は悪い病気に罹っていると聞いていたが、その通りで、広尾でも、その確証を深めた」。悪い病気とは、結核、梅毒、天然痘などのことであろうか。

十勝の内陸、止若（幕別）で、耳が聞こえず、目が見えない、話すこともできない、骨と皮だけの老婆に出会っている。ひどいリュウマチのようだった。

薄暗い小屋の中で、立て膝の上に顎をのせ、じっとしていた。近くには魚の骨が少しあり、小屋の隅には糞尿があり、異臭を放っていた。ランドーは、この哀れな老婆に外に出てもらい、絵を一枚、描いている。

八月十五日から十七日にかけて、下帯広、シカリベツ、オチルシに訪れた。十五日には、下帯広の晩成社、渡辺勝、カネ夫妻の家に訪問した。ランドーは、そのとき印象を次のように書いている。

「帯広に七軒の家があった。私はそのうちの一軒に入って、すっかり驚いてしまった。目の前にいる老人（カネの父・鈴木親長）と美しい婦人（渡辺カネ）は、その容貌といい、立居振舞いといい、日本内地の上流階級とまったく同じように洗練されていた」。

イギリス人のランドーは、ほとんど未開の地、十勝の内陸で、英語を話す渡辺カネらに出会い驚いたことであろう。この時、ランドーは、渡辺勝、カネ夫妻の家を描いている。その油絵は、現在、帯広百年記念館に所蔵されている。

明治二十五（一八九二）年

アイヌ民族の病気

『アイヌ民族誌』で、明治二十五年以降の病気について、次のように記録されている。

・慢性リューマチ

過労と雨雪の中、不衛生な生活に起因している。筋肉と関節のリューマチがある。

・梅毒

非常に多い。幼児の先天性梅毒も多かった。江戸時代の文化、文政のころ埋葬されたアイヌ民族の骨格に骨性梅毒が認められた。

・肺結核

きわめて多い。呼吸器に罹る半数は肺結核である。死亡率が高く、非常に恐れられていた。

・胃潰瘍・胃癌

「ホニ・アラカ・胃の痛み」という訴えによる者は、ほとんど、胃カタルであった。

・酒による病気
飲酒による病気は診られない。

・皮膚病
アイヌ民族の皮膚は、はなはだ堅牢であり、歩行は裸足の場合が多い。虫類、蚊《か》や蚤《のみ》から犯されることが少ない。低温に対する抵抗力は和人よりも強い。

・眼病
ひじょうに眼病が多い。生活が不潔で不衛生なこと。一年中、燃やす炉の焚火の煙によるものである。十勝アイヌ民族の八六%が眼病者であり、トラコーマは、眼病の一四%を占めていた(『池田町史・下巻』から引用)。

明治二十九(一八九六)年

幕別・白人アイヌ学校の設立

七月二十六日。中川郡旧土人一三五人の惣代人チヨロカウク(改名・長谷川由太郎)は、下帯広村の殖民課員出張所に、旧土人開墾地内の二〇〇坪を他に貸したと届けを出した。貸した理由は、「旧土人教育用の建物建設」のためであった。借りたのは、函館の宣教師、小川淳で、「白人アイヌ学校」を開設するためであった。

『北海道殖民状況報文　十勝国』には、「耶蘇教（キリスト教）公会派の設置に係る私立慈善小学校あり、アイヌ民族の子弟を教育。教員一名。就学児童一六名。和人二名」と記録されている（『幕別町百年史』から引用）。

明治三十（一八九七）年

士幌・住居の柱跡

「武儀史」によると、和人が入植した当時、アイヌ民族の住居の柱跡が残っていたという。アイヌ民族は、死者が出ると、住居を焼き払って他へ移る習慣があった（『士幌の歩み』から引用）。

明治三十一（一八九八）年

中士幌・アイヌ民族の集落

中士幌幹線一五号付近に、アイヌ民族の集落があった。酋長はコワイヌという。イタツキ、イベリ、キキアシという人たちが住んでいた（小椋国蔵談・『続士幌のあゆみ』から引用）。

大樹・アイヌ民族の保護地

大樹。アイヌ民族の保護地。歴舟川の左岸に二ヵ所、一二二五、六八〇坪（四一一・九町歩）。アイヌ民族が五戸移住した。一戸平均五、六反歩を耕す（『新大樹町史』から引用）。

広尾・アイヌ民族の保護地

広尾。野塚川沿岸、野塚原野、五三三、八二四坪（一七七・九町歩）。河野常吉「十勝調査材料」の、原野別旧土人保護地、給与地の調査より（『新広尾町史・第一巻』から引用）。

広尾・アイヌ民族の生活

三月。田中末吉は、茂寄原野のアイヌコタン地域に入植した。このため、コタンでのアイヌ民族の生活、熊送りなど、つぶさに見ることができた。その頃の思い出を紹介する。

私（田中末吉）が、明治三十一年四月に入植した土地は、偶然にもアイヌ民族が住むコタンの地域であった。シリコマナイ山の麓、東南に開け、小川のある静かなところだった。

コタン小川沿いに、黒々とした長い髭の四十代のアイヌ民族、ニトカアイヌが住んでいた。ニトカアイヌは、和種の小型馬の土産馬で、野塚、豊似、日方川（歴舟川）あたりから燐寸（マッチ）の軸木を運搬していた。駄鞍をかけた馬を四、五頭連ね、先頭の馬の鈴を鳴らしながら、一本の手綱で意のまま荷馬を使っていた。

私の家の隣は、ケサニの家であった。ケサニは熊捕りの名人だった。コイボクシユピロロ川、コイカクシユピロロ川、ビホロ川、オシラルンベ川などの山奥から熊を捕ってきた。

ある日、ケサニは、仔熊を生け捕りにして戻ってきた。その仔熊が二歳になったとき、「熊送り」が行われた。

その日の朝になると、檻の屋根の一部が取り除かれた。そこからロープの輪が下ろされ、熊を縛ると檻の中から外に出された。熊は杭に繋がれた。

祭主の祭事が始まると、正装した婦人方は、熊を中心に大きく円陣を作って歌い、手拍子をしながら、熊の周りを回った。半数の婦人方は、『ホーホーオウォー』と低音で、『ホーホーオウォー』と唱和した。これを数回繰り返すと、全員で元気よく、『アア、テルキャン、テルキャン、テルキャン、テルキャン』とはやし立てた。こうした同じことを繰り返し、アイヌ民族の歌声にも手振りにも熱気が帯び、最高潮に達する。

アイヌ民族の男たちは、弓に矢をつがえ、代わる代わる熊を射った。熊の最期が近づくと、用意してあった二本の丸太で熊の首を挟み、何人ものアイヌ民族がその上に乗った。熊は絶命した。

その夜は、夜通し祝宴が行われた。熊を天に送った喜びの祭典である。祭りが済むと、熊の遺骨は、家の裏手に祭られた。

コタンでは、老人を「チャチャ」、青少年を「セカチ」、婦人を「メノコ」といった。婦人を「メノコ」というが、既婚の婦人を「ハボウ」といい、娘を「メノコ」と云っていた。人妻には、口の周囲に髭のような形の入れ墨があった。

和人を「ニシパ」といっていた。挨拶は、『ニシパ、ヤンカラフテー』と云って、両手を差し上げ悠々と長い髭をさするあたりは、なかなか上品な挨拶で、今も、懐かしい思い出である。

その頃のアイヌ民族の古老の中には、自分の年齢をはっきり知らない人がいた。強いて年を聞くと、『花咲いて、鰌《どじょう》喰って、鮭《さけ》喰って、一つ。花咲いて鰌喰って、鮭喰って、二つ』と数え、何回数えたか分からなくなってしまう。

アイヌ民族の集落では、厳冬期になれば、酢は凍るし、大樽の酒も凍った。甚だしいしときには、醤油までも薄く凍った。深夜になるとランプの石油もザラザラと凍ったこともある。帯広では、零下三三度の寒さに、スズメが枝から落ちることも珍しくないと聞いた。

この時代のコタンの人々は、今は、世に無く、ただ懐かしい思い出だけが残っている（『新広尾町史・第一巻』から引用）。

明治三十二（一八九九）年

北海道旧土人保護法

三月一日。北海道旧土人保護法公布。

四月一日。北海道旧土人保護法施行（平成九年七月一日、新法の施行に伴い廃止）。

北海道は、明治時代になると、移民が増加して、開拓が進んだ。十勝は、明治二十九年以降、植民地が解放され、急速に移民が増加、入植して、開拓が進んだ。

こうした状況の中で、アイヌ民族の旧態依然とした生活を放置しておくことができないので、法律によりアイヌ民族を保護する政策を行うことになった。このようなことから、「北海道旧土人保護法」が制定公布された。

法律は一三ヵ条である。法律の全文を『北海道旧土人保護沿革史』から紹介する。

第一条　北海道旧土人ニシテ農業ニ従事スル者、又ハ、従事セムト欲スル者ニハ、一戸ニ付、

土地一万五千坪以内ヲ限リ無償下付スルコトヲ得

第二条　前条ニ依リ、下付シタル土地ノ所有権ハ、左ノ制限ニ従フベキモノトス

一、相続ニ依ルノ外、譲渡スルコトヲ得ス

二、質権・抵当権・地上権、又ハ、永小作権ヲ設定スルコトヲ得ス

三、北海道庁長官ノ許可ヲ得ルニ非サラレハ、地役権《ちえきけん》ヲ設定スルコト得ス

四、留置権・先取特権ノ目的トナルコトナシ

前条ニ依リ下付シタル土地ハ、下付ノ年ヨリ起算シテ、三十ケ年ノ後ニ非サレバ地租、及、地方税ヲ課セス、又、登録税ヲ徴収セス、旧土人ニ於テ従前ヨリ所有シタル土地ハ、北海道庁長官ノ許可ヲ得ルニ非サレハ相続ニ因ルノ外、之ヲ譲渡シ、又ハ、第一項、第二項、及、第三項ニ掲ケタル物件ヲ設定スルコトヲ得ス

第三条　第一条ニ依リ、下付シタル土地ニシテ、其ノ下付ノ年ヨリ起算シテ、十五ケ年ヲ経ルモ、尚、開墾セサル部分ハ之ヲ没収ス

第四条　北海道旧土人ニシテ貧困ナル者ニハ、農具、及、種子ヲ給スルコトヲ得

第五条　北海道旧土人ニシテ傷痍ヲ受ケ又ハ疾病ニ罹リ、自費治療スルコト能ハサル者ハ、之ヲ救療シ、又ハ之ニ薬価ヲ給スルコトヲ得

第六条　北海道旧土人ニシテ傷痍、疾病、不具、老衰、又ハ、幼少ノ為、自活スルコト能ハサル者ハ、従来ノ成規ニ依リ救助スルノ外、仍之ヲ救助シ救助中死亡シタルトキハ、埋

葬料ヲ給スルコトヲ得
第七条　北海道旧土人ノ貧困ナル者ノ子弟ニシテ、就学スル者ニハ、授業料ヲ給スルコトヲ得
第八条　第四条乃至第七条ニ要スル費用ハ、北海道旧土人共有財産ノ収益ヲ以テ之ニ充ツ、若シ不足アルトキハ、国庫ヨリ之ヲ支出ス
第九条　北海道旧土人ノ部落ヲ為シタル場所ニハ、国庫ノ費用ヲ以テ、小学校ヲ設クルコトヲ得
第十条　北海道庁長官ハ、北海道旧土人共有財産ヲ管理スルコトヲ得
北海道庁長官ハ、内務大臣ノ認可ヲ経テ、共有者ノ利益ノ為ニ、共有財産ノ処分ヲ為シ、又、必要ト認ムルトキハ、其分割ヲ拒ムコトヲ得
北海道庁長官ノ管理スル共有財産ハ、北海道庁長官之ヲ指定ス
第十一条　北海道庁長官ハ、北海道旧土人保護ニ関シテ警察令ヲ発シ、之ニ、二円以上二十五円以下ノ罰金、若ハ、十一日以上二十五日以下ノ禁錮ノ罰則ヲ附スルコトヲ得

附　則

第十二条　此法律ハ、明治三十二年四月一日ヨリ施行ス
第十三条　此法律ノ施行ニ関スル細則ハ、内務大臣之ヲ定ム

この法律より以前、十勝では、河川での鮭漁の禁止、大雪などによる鹿の激減で、アイヌ民

族は食料確保が困難になり、飢餓状態に陥った。

そのため、十勝では「十勝国五郡旧土人授産方法」を設け、明治十八年から、アイヌ民族に土地、農業に必要な機材を無償提供して、農業を奨励、指導を行った。

この法律は、アイヌ民族の教育に関して、法的、財政的に根拠をもつことになった（『新広尾町史・第一巻』から引用）。

明治三十四（一九〇一）年

全道で旧土人小学校が開校

三月三十一日。庁令。旧土人児童教育規程公布。

四月一日。旧土人児童教育規程施行。和人児童と区別してアイヌ民族児童に対し、簡易教育を実施する（『新北海道史年表』から引用）。

全道で二四ヵ所の旧土人小学校が開設された。旧児童教育規程によって、修学年限四年である。和人の教育内容と異なり、歴史と地理を省いた（『音更百年史』から引用）。

伏根安太郎、私塾を開く

帯広。伏根安太郎（旧名・チャンラロ、後に弘三と改名）が、教育の必要性を痛感して、大通り五丁目の自宅で、私塾を開いた。アイヌ民族の子弟一一名が、浄土真宗大谷派の僧侶山県良温から学んだ（『帯広市史・平成十五年編』から引用）。

明治三十五（一九〇二）年

芽室太・アイヌ民族子弟の教育・室毛簡易教育所の設置

十二月。芽室村芽室太に住むツラタユアイヌらの努力により、アイヌ民族子弟の教育のため、室毛簡易教育所が芽室太に設置された。代用教員として、一色伊太郎が教育にあたった。

授業は、明治三十四年のアイヌ民族教育課程により、修身、国語、算術、農業（男子）、裁縫（女子）、を教科目とした（『芽室町八十年史』から引用）。

明治三十七（一九〇四）年

アイヌ民族と和人の混同教育

一月二十日。道庁。アイヌ人小学校の経費節減による学校の増設と一般小学校への委託教育に関して訓令第四号（『新北海道史年表』から引用）。

「アイヌ人小学校の設立は、通学できる距離であること。また、小学校、教育所を設置していないところは、学令児童三〇人以上いるアイヌ人集落を先にする。集落の近くに公私立小学校、教育所があるところは、学令児童三〇人以上あっても、学校を設立しない。近くの学校に委託して、新設アイヌ人小学校の諸経費の節減をはかる」（『芽室町八十年史』から引用）」。

芽室・室毛簡易教育所廃止、毛根小学校に委託

道庁。訓令第四号により、アイヌ民族の室毛簡易教育所は、村の財政の現状を考慮して、明治三十七年度から、毛根小学校（明治三十二年四月一日、創立）に委託することになり、室毛簡易教育所は、わずか、一年で廃止された。

アイヌ民族と和人の混同教育を実際に実施すると、アイヌ民族児童の就学忌避が現れた。混同教育の是非が大きく問題化された。

その原因は、様々であるが、自由で不規則な習慣による学校規則に対する苦痛。和人児童との相互調和の欠如。衣食住の違いによる羞恥心などがあった。当時のアイヌ民族の児童は四〇余人。

これらの理由から、和人と区別する教育の必要性に迫られた。その結果、芽室太尋常小学校が開設（明治三十九年設置、明治四十年二月五日開校・大正十年廃校）された（『芽室町八十年史』から引用）。

帯広・北海道庁立第二伏古尋常小学校開校

十勝で一番早く、アイヌ民族の児童教育を目的に、北海道庁立第二伏古尋常小学校（後の日新小学校）が開校した（『新広尾町史・第一巻』から引用）。

昭和六（一九三一）年、アイヌ民族、和人を別々に教育する必要性がなくなったということから、廃校になった。

幕別・白人アイヌ学校の教育状況

六月二十六日。吉田巌の「東北海道アイヌ古事風土記」の資料によると、北海道庁立第二伏古小学校（アイヌ学校）教員、佐藤義厚が、「白人アイヌ学校」の教育状況を調査、河西支庁に報告している。その報告内容を紹介する。

「学籍簿なし。職員なし。時間割なし。教授細目なし。授業要録なし。教科書も一定せず。職員出勤簿なし。門札なし。学級別なし。児童数二六名、その内、男四人、女四人は和人。授業は一定の規律なく、児童は時間中にも甚だ乱雑である。机、イスの整頓がなく、姿勢も悪い。国語の授業の読み方は、漢字の読み方の一方に力を注いでいる。書き方は大字を練習する。唱歌は君が代を授けている。割合に上出来である。服装は一定せず、不潔である。児童は遊戯中は土足。言語は不明瞭。百姓をハグソー、食物をソクモツと発音する。授業時間は、午前九時から午後二時まで。教室は不潔。作法は無作法。礼をすることを知らない。下駄、草鞋は学校に行く途中で履き替える。下校の時は、途中で脱いで帰る。教員自身も授業時間を守らないようだ」と、当時の「白人小学校」の様子を報告した（『幕別町百年史』から引用）。

日高・平取でアメリカ人のフレデリック・スター、アイヌ民族調査

フレデリック・スターは、アメリカ、ニューヨーク州で生まれた。大学卒業後、アメリカ自然史博物館の民族学担当学芸員として勤務。その後、シカゴ大学人類学担当助教授に就任した。フレデリック・スターは、一八五八（安政五年）年に生まれ、一九三三（昭和八年）年に日本において七六歳で客死した。

明治三十七年に、北海道、日高の平取や釧路の白糠でアイヌ民族の資料を収集した。目的は、セントルイス万博でアイヌ民族と資料を展示するためであった。この時の万博に、平取から九

名が参加している。

その後、明治四十二年十二月三十一日に帯広に着き、明治四十三年一月一日から五日まで芽室で、アイヌ民族の「熊送り」、「狐送り」の調査、アイヌ民族の資料収集を行った（『アイヌ民族と芽室』、『フレデリック・スターのアイヌ研究資料の民族学的研究』から引用）。

明治三十八（一九〇五）年

中村要吉、学校建設、教育に協力

音更。中村要吉は、学校建設、教育に力を注いだアイヌ民族。本籍は音更村番外地。明治十三（一八八〇）年、アイヌ民族の四男として出生。昭和十四（一九三九）年五九歳で亡くなる。幼名はイベツカレ（意味・あまり食物を与え過ぎない）。帯広へ奉公に出た。そこの主人に日本語、文字など必要な知識を教えてもらい、和人の生活にとけこんだ。和人名を中村要吉と名乗り、社会奉仕を心かけるようになる。

学校設置のため、私財を寄付し、奔走した。建設許可を受けると、アイヌ民族の集落の人々に協力を願い、草小屋の特別教育所が完成した（『音更百年史』から引用）。

北海道庁立音更特別教育所

音更。アイヌ民族の児童だけを教育する「北海道庁立音更特別育所」は、音更の新通二〇丁目一番地に設置された。同年の統計と報告書『北海道教育雑誌』(旧土人調査委員・岩田英太郎の復命書)を要約して紹介すると次のようになる。

「在籍三七人、男一九人、女一八人。出席の割合が高く、本調査委員が巡視したときには、二八人の出席があった。

教員は一人で、二〇町余はなれた音更高等尋常小学校から通勤して二部授業を実施している。午前中は尋常小学校で授業を行い、午後には特別教育所の授業を行っている。

本調査委員が視察を行ったときは、急に児童を召集して、午前九時から一時間にわたり、国語、算術、唱歌の授業を行った。学業成績は相当な実力があると認められ、君が代、凱旋の唱歌を聞く。同地方における旧土人の教育は最も有望と認める」とある(『音更百年史』から引用)。

アイヌ民族の小屋

士幌。この頃、居辺川沿いにアイヌ民族の小屋が所々にあった。アイヌ民族は和人が入植するころまで、ところどころに住んでいたという(『士幌の歩み』から引用)。

芽室・太刀と銀杯

四月十九日。この日は朝から晴れていた。芽室村役場の職員二人が、アイヌ民族の宝物、太刀と銀杯を調査するため、美蔓（芽室太）に出張した。宝物の太刀や銀杯を取り出して見ると、必ず、天候が荒れて、雨や雪が降るという言い伝えがあった。

職員たちも、その言い伝えを知っていた。宝物を見せてもらった帰り道、突然、天候が急変して大雨となった。職員たちは、まさか、本当に天候が荒れるとは、思いもしなかったであろう。

アイヌ民族の宝の持ち主は、昔、石狩のベベツで酋長だった太田チャレンガである。芽室村の美蔓に移り住んでいた。太田チャレンガは、黄金作りの太刀五振り、銀杯、台を家宝として大切にしていた。

太刀の刀身は、松前藩時代に竹刀に替えられ中身はなかったが、黄金で飾られた外側の鞘だけでも、当時、一、〇〇〇円の価値があったという。これらの宝物は、昔、由緒ある流罪人から譲り受け伝わった宝物であるという（『芽室町五十年史』・『芽室町八十年史』から引用）。

明治三十九（一九〇六）年

音更・北海道庁立音更尋常小学校

六月、北海道庁立第二伏古尋常小学校（後の日新尋常小学校）に続いて、十勝で二番目の旧土人学校としての特別教育所は、北海道庁立音更尋常小学校（大正三年、開進尋常小学校と改名）と改め、正式に建設された。児童数三〇名前後。大正元（一九一二）年の児童数は二三人、教員は二名。昭和六（一九三一）年の廃校時には、児童数一六名であった（『音更百年史』から引用）。

芽室。同年、芽室太尋常小学校が建設された（『新広尾町史・第一巻』から引用）。

芽室・アイヌ民族共益組合

明治十八（一八八五）年。農業を営むため、芽室太、毛根地区にアイヌ民族の居住地ができた。その後、明治三十九（一九〇六）年、アイヌ民族に対する農業奨励、保護を目的のアイヌ民族共益組合長である小野利永（当時、毛根小学校教員、後にアイヌ民族の芽室太小学校に転任）が、芽室村戸長、田中幸次郎と相談して、共益組合の組織強化のため、アイヌ民族の田村勝太郎を組合長にした。

一部の和人は、アイヌ民族の知識の乏しいのを利用して、彼らに酒をすすめ、アイヌ民族所有の肥沃な土地と小作契約を結び、少額の金銭と酒で利益を上げる者がいた（『芽室町八十年史』から引用）。

明治四十（一九〇七）年

芽室太尋常小学校開校

二月五日。芽室村芽室太北五線西一六四番地に、建坪約四六坪の新校舎が完成、開校した。新校舎建設の工事費は四八〇円であった。アイヌ民族は、子弟の教育のため、建築資材や労力を提供し、学校の付属倉庫、物置、井戸、校具の一部を寄付したので、一、〇〇〇円におよぶ新校舎が完成した。

当時のアイヌ民族の人口は、毛根一七戸、七七人。芽室太四八戸、二二四人。児童三七名の就学率は一〇〇%であった。その後、教育の必要性などの欠如や生活の困窮が原因で、就学の減少が続いた。そのため、大正十年四月一日、毛根小学校（明治三十二年四月一日、創立）と合併して閉鎖した。

明治四十五（一九一二）年の児童は三六名。大正五（一九一六）年の児童は四一名。大正九（一九二〇）年の児童は八名である（『芽室町八十年史』から引用）。

芽室・田村勝太郎、銀時計賜る

五月。アイヌ民族の仲間と共に田村勝太郎らは、芽室太小学校出身の赤粱鉄造、中田嘉一郎の二人を虻田郡の北海道教育会虻田実業補修学校に入学させた。その食費や学用品類は、学校敷地の貸付によって得た収入を充てた。

八月。アイヌ民族のための芽室太尋常小学校が開校されたことにより、アイヌ民族、田村勝太郎が主唱して「アイヌ人矯風会」を組織した。青年補修教育を目的に、農業の実習、牧畜、養蚕、裁縫、家政など、青年男女に授けた。

田村勝太郎は、これらの功績により、明治四十一（一九〇八）年二月、北海道庁長官から学事功労者として表彰され、銀時計を賜った（『芽室町八十年史』から引用）。

中音更に入植

音更。奥田儀平は中音更の下台のアイヌ民族の給与地に入植した。住宅はアイヌ民族の小屋を使用した。当時、近くにアイヌ民族が四、五戸住んでいた。子供は一緒に学校に通っていたが、二、三年で音更の集落（コタン）に移った（北川さくえ談『続士幌の歩み』から引用）。

中村要吉から吉田巌へのハガキ

音更。吉田巌は音更尋常小学校で四ヵ月間、教員をしていた。その後、芽室の毛根に転勤した。中村要吉は、校舎の増改築にあたって良き理解者である吉田巌に、次のような文面のハガキを出した。要約して紹介する。

「音更アイヌ学校に、室内運動場、二四坪一棟。事務所一。応接間として八坪の建物が一棟。全体の建坪は三二坪の建物ができることになります。今は建築中で、どうかして六月三十一日までに完成させたいと思います。寄付金は四八〇円です」。

校舎は、五月に完成。開校式を行う。

中村要吉、教育功労表彰

十一月。中村要吉は、北海道庁長官から教育功労表彰された。その表彰理由を要約して紹介すると、次のようになる。

「教員を招聘する費用がないため、音更第一簡易教育所の教員に兼務をお願いした。学校まで遠いため、往復に使用する馬を一頭、用意した。このような状況では十分な教育ができないため、部落の同族の協力を願い、専任の教員を招いた。月俸一三円を支給し、その半額を部落の同族の負担とし、残りの半額を自ら負担した。

明治三十九年十一月、音更尋常小学校設立が決まり、校舎を新築することになると、率先して一三五円を寄付し、教員住宅を建設、また、同族と共に風琴（オルガン）を寄付した。また、教員の必要な薪炭を寄贈するなど協力した」（『音更百年史』から要約引用）。

明治四十二（一九〇九）年

芽室・アイヌ民族の共益組合長

二月。芽室。小野利永は、教員を辞めて、アイヌ民族の懇願を受け入れて、アイヌ民族の共益組合長となる。以来、アイヌ民族の保護を目的に活動した（『芽室町八十年史』から引用）。

アメリカ人・狐送り・熊送りを調査

芽室。アメリカ人のフレデリック・スターは、芽室村の芽室太でアイヌ民族の「熊送り」、「狐送り」の調査のため、札幌から旭川を経由して、十二月三十一日、帯広に着いて一泊した。明治四十三年一月一日から五日まで、芽室村の芽室太で、アイヌ民族の「狐送り」、「熊送り」の儀式を写真記録、映画撮影を行い、アイヌ民族の資料収集を行った。「フデリック・スターの日記」から当時の帯広、芽室、芽室太の様子や「狐送り」、「熊送り」の様子を補足、要約して紹介する。

十二月三十一日

フレデリック・スターは、カメラマンのマヌエルと通訳の梶原の三人で札幌、旭川（一泊）

を経由して、午後八時三九分、帯広駅に着いた。支庁職員のオリウチ氏とホテルの人が出迎えてくれた。

ホテルの部屋は、炬燵《こたつ》二つと小さなストーブがあり、暖かかった。二つのケロシンランプがかなり明るかった。お茶とクリーム状のケーキが出された。すぐに、素晴らしい夕食が出された。気持ちの良いベッドで良く眠ることができた（『アイヌ民族と芽室』、『フレデリック・スターのアイヌ研究資料の民族学的研究』から引用）。

明治四十三（一九一〇）年

フレデリック・スター、狐送り・熊送りを調査

一月一日

帯広駅を六時三五分に出発。七時、芽室駅に到着。小さな宿屋に行く。六畳間に案内され、お茶とケーキが出された。

飯田九太郎村長、名畑徳次郎が訪ねて来た。馬ソリを待っていると、二人のアイヌ民族がやって来た。一人は若い田村で、髭を剃っており、ヨーロッパ風の服装であり、もう一人は、黒髪の毛深い老人で、アイヌ民族の服装をしていた。二人とも熊を飼育しており、正式に「熊送

り」の儀式に招待してくれた。

通訳の梶原、カメラマンのマヌエルの三人で馬ソリに乗った。新年用の松飾りが薪の土台の上に立ててあるのを見た。

十勝川の橋を渡った。橋の近くに一隻の丸木舟がつないであった。ここから先の家は、ほとんどアイヌ民族の家だった。ときどき、アイヌ民族の男や女とすれ違った。家々は小さな農地に散在し、道路からかなり奥に建てられていた。

アイヌ民族の学校（芽室太尋常小学校）に着いた。反対側に小さな神社があり、その先に和人用の学校があった。私たちは、再び、馬ソリに乗り、「狐送り」の場所に行った。四、五〇人が集まっていた。私たちは、儀礼をもって迎えられ、名誉ある新しいゴザの上に着席した。粟ビールの杯が、家の西端の神聖な窓から入れられた。

私たちは、「狐送り」を見に行った。狐は棒で挟み絞め殺された。女たちは手を叩きながら踊った。儀式は終わった。芽室の旅館に戻り、午後八時一〇分の帯広行きの汽車を待った。

一月二日

帯広のホテルを出て、帯広駅から芽室駅に向かった。七時に芽室に到着。小さな旅館に行き、九時まで休憩した。馬ソリで芽室太に行った。アイヌ民族の民家が数軒あった。私たちは、典型的な昔ながらの一軒の家に入った。家主の息子は、日露戦争に従軍しており、最大の激戦地、ムクデン（中国・当時の盛京。現在、瀋陽）の戦闘に参加した。十勝から出征した唯一人のアイヌ民族である。

「熊送り」は、別の場所で行われた。二歳ぐらいの熊が檻に入れられていた。命令を受けた巡査がやって来て、『熊を殺すことを許可しない』と言い、姿を消した。こうしたトラブルの後、今度は、粟の酒がないと祭りは不運なので、執り行えないと、アイヌ民族が言い出した。長い議論の結果、アイヌ民族は五日に「熊送り」を行い、熊二頭を殺すことを決めた。

私たちは、馬ソリで戻るのも寒く辛かったので、学校で泊まることになった。

一月三日

朝食はご馳走だった。皮が付いたままの茹でたジャガイモ、茹で卵、味噌汁、魚の卵、ご飯、二皿のおかずなどだった。

私たちは、一篇のユーカラを採集した。私たちの様子を見に、名畑徳次郎さんが馬ソリでやって来て、ビスケットをひと箱届けてくれた。アイヌ民族の老人がリンゴとクッキーを届けてくれた。終日、ストーブで薪を燃やし、お茶を飲み続けた。

一月四日

八時頃、気温はマイナス一四度だった。午前一一時四〇分頃、二人のアイヌ民族の老人が、儀式に使用するイナオを作るためにやって来た。

小野氏がやって来て、アイヌ民族の生活用具の売り物があるというので、馬ソリで出かけた。アイヌ民族の家で、口琴とパスイの全部を購入した。

帰り道で、アイヌ民族の学校の先生に会った。先生は、芽室の人たちは、私たちが来たことを名誉なことと思っていると教えてくれた。

一月五日

一一時頃、「熊送り」のために、アイヌ民族も和人も集まった。私たちも、その場所に到着した。二〇〇人ほどが集まり、私たちが到着するのを待っていた。

二頭の熊が檻から出され、神聖な場所の片隅にある杭に、ロープで繋がれていた。一二、三人の女性が手を叩き、踊った。美しいゴザが敷かれ、酒が儀礼通りに振る舞われた。数人の女性たちが喪に服していた。

「熊送り」を観察した後、私たちは小学校に七円を支払うために立ち寄った。荷物を受け取り、芽室に急いだ。私は、お世話になった人たちを旅館のデナーに招待した。オリウチ氏、飯田氏、名畑氏、田村氏、マヌエル氏、梶原氏である。食後、長く待つことなく、午後、八時一〇分の汽車で旭川に向かって出発した（『アイヌ民族と芽室』、『フレデリック・スターのアイヌ研究資料の民族学的研究』から引用）。

芽室・アイヌ民族の農業状況

一月末。芽室太・毛根のアイヌ民族共益組合長、小野利永は、アイヌ民族の農業、生活状況を次のように記録している。

「戸数は七〇戸、男一四九人、女一五二人、合計三〇一人。農業を主として営む者四戸、そのうち、農業だけで生活する者一戸。狩猟をして生計を営む者三五戸。日雇いや草刈りなどで生計を営む者三四戸。

アイヌ民族が実際に耕作する反別七町歩。アイヌ民族所有反別二二〇町五反歩。他に出願中の者五戸、この反別二五町歩。土地の給与を受けたいが給与地の不足で出願できない者一戸。

馬匹の所有者一四戸。馬匹の頭数二〇頭」であり、小野利永らの農業奨励が、アイヌ民族に理解されるようになった（『芽室町八十年史』から引用）。

鹿追・イナキビの濁酒

明治四十三年、富山県から東士狩を経て、両親と共に下鹿追に入植した山田森（明治二十七年生まれ）は、アイヌ民族との交流について、次のように話している。

「私の知っているアイヌ民族は、エモンコフ、ストンコロン、カケメクルの三人。雨が降ると遊びに来た。アイヌ民族とは友達だった。エモンコフはイナキビの濁酒が欲しいので、魚の焼き干しを持ってきて交換した。

鮭を捕る方法は、柳の細い木で作ったドウを仕掛けて、産卵のため上って来た鮭が、このドウの中に入ると、玉石が入った石油缶が、ガランガランと音がするように仕掛けてあった。エモンコフは、林かおり宅のすぐ南隣に住んでいたが、あとの二人はどこに住んでいたか知らなかった。

この付近の畑からは、アイヌ民族の住居跡と思われるところから、プラオの先で、ドスナラの柱が掘り起こされたり、土瓶の破片やタシロという刃物などが出土したことがある」(『鹿追町七十年史』から引用)。

明治四十四（一九一一）年

二股の木を利用、珍しい鹿猟

鹿追。笹川の東郷農場に、明治四十四年、菊地政喜の両親が入植した。その頃の瓜幕、笹川方面のアイヌ民族について、次のように話しているので、紹介する。

「その頃、私は、小学校に入学した。私の家では豆腐の製造販売をしていた。西瓜幕方面まで売り歩いた。瓜幕橋と道道の中間あたりに、アイヌ民族が通る小道があった。この道を通って然別湖や然別峡方面に出かけ魚や鹿を捕っていたようだ。

私の家の隣に、アイヌ民族のチセ（家）が二軒あった。これらの家は狩猟に来た同族の宿泊所になっていた。一戸は夫婦が住み、もう一戸は独身の男所帯だった。ひじょうに温厚で疑うことをせず、義理堅く、物々交換のときは、獣や鳥の肉、毛皮、篭《かご》、ロープなど、多少に関わらず、必ず、多く渡してくれた。

私は、オショロコマ捕りの網引きに頼まれて、一週間も泊まった。心配した父が迎えに来たことがあった。

鹿を捕る方法が珍しい。二つ股の木をたくさん用意して、両先を削り尖らし、これを沢にいっぱい並べて立て、そこに鹿を追い込む。すると、鹿は尖った二股の木を飛び越えるとき、飛びきらず刺さり、もがいているところを捕獲するという方法だった。

東郷農場の畑、アイヌ民族の住居跡と思われるところから、長さ三〇センチほどの刀のようなものが出てきた。北一三線の然別川東側、元の伊藤米蔵宅の近くに、動物の骨塚が残されていた」。

「鹿追」の語源は、アイヌ語の「テクテウシ」といい、「仕掛け弓で鹿を捕る」という意味がある（『鹿追町七十年史』から引用）。

然別湖へ、オショロコマ漁の出稼ぎ

明治四十四（一九一一）年に入植した角田誠は、然別湖道路の登り口、菅野温泉の道路との三叉路で、農業の傍ら駄菓子屋を営んでいた。然別湖のアイヌ民族について、次のように語っている。

「上川郡人舞村、今の清水町の上川橋のたもとの南側に、山舛（増田）という人が、立派な家で暮らしていた。この人が、毎年、時期になると、鉄砲を持って然別湖へ歩いて行った。今の白雲橋のところで鉄砲を撃つと、その音で、アイヌ民族が丸木舟で迎えに来た。丸木舟に乗って然別湖の対岸に着くと、オショロコマの漁をした。帰りはカモ猟をしながら、二泊ぐらいして帰ってきた」。

『鹿追町五十年史』には、「これらのアイヌ民族は、然別湖に住んでいたのではなく、漁の時期になると、山舛（増田）に頼まれて、出稼ぎに行っていたと推測され、丸木舟を使用していたことから、然別湖はアイヌ民族の重要な漁場だったのであろう」とある（『鹿追町七十年史』から引用）。

芽室・赤簗三九郎、三毛狐を献上

九月二日。皇太子殿下（後の大正天皇）が、芽室駅を通過、帯広の御便殿（皇室が地方へ出かれたときの休憩所）で休憩され、その後、釧路へ向かわれた。

この行幸を記念して、芽室・美蔓（芽室太）のアイヌ民族、赤梁三九郎が、自家で飼育中の珍しい三毛狐（狐の体毛は一色である。三毛狐は、突然変異なのか体毛が三色であった）を皇太子殿下のご覧に供し、献上の栄誉に浴した。
この三毛狐は、赤簗三九郎が、いつどこで捕獲したのか不明である。皇太子殿下が帯広の御便殿（旧帯広公民館）で、金網の中の珍しい三毛狐をご覧になられた。赤簗三九郎は無上の喜びと面目を果たし、後日、三毛狐を献上した（『芽室町五十年史』・『芽室町八十年史』から引用）。

明治は、明治四十五年七月二十九日まで。

第五章　大正期の十勝アイヌ民族

大正元（一九一二）年

大正元年は、七月三十日から始まる。

大正三（一九一四）年

アイヌ民族の教員

音更。この頃、開進尋常小学校にアイヌ民族の教員、武隈徳三郎が在籍していた。『音更百年史』に記載されている道庁拓殖部、吉村貢三郎の「紀行文」から、要約して紹介する。

「武隈徳三郎氏は、二四歳、温厚な青年。流暢な話し方、明晰な頭脳、丁寧に私を職員室に招いた。対談中、一人の児童が入って来た。私に丁寧にお辞儀をした後、武隈氏に『先生、ハサミを貸してください』という。武隈氏は机の上のハサミを取り、『お使いなさい』とわたした。この間の師弟の様子は、家庭における親子のようで、しかも礼儀が非常に好ましかった」。

武隈徳三郎の著書、『アイヌ物語』の中で、「実際に適合するかどうかは兎も角として、アイヌ民族の子弟が、和人と同様の教育を受けることができないのは、悲しみに堪えない」と記している。

その後、武隈徳三郎は、日高の学校に転勤になり、廃校にともない、次の職場を得ることなく、若くして亡くなった(『音更百年史』から引用)。

大正年五(一九一六)年

鹿追のアイヌ民族居住状況

然別川流域の下鹿追に、アイヌ民族が一戸住み、狩猟生活を営んでいた。大正五年に転出した。中鹿追に一戸住んでいたが、大正五年頃、転出した。

然別川の支流パンケビバウシ川と然別川との合流地域、上然別にアイヌ民族が一戸住んでいた。大正十年頃、転出した。

然別川流域の笹川西区に二戸住んでいた。然別川流域の上幌内に一戸六人住んでいた。昭和初期に芽室方面に移転した。

生活は、主として、狩猟を行っていた。音更、芽室方面から、奥地へ狩猟にやってくる同族の人たちの宿の役割を果たしていた(『鹿追町七十年史』から引用)。

大正六（一九一七）年

アイヌ民族の生活

上士幌。上音更へ和人が入植（大正六年）した頃、現在の報恩の集落は、明治時代からアイヌ民族の給与地であった。一〇戸ほどが住み、みんな親戚のようだった。

日常生活は、狩猟や日雇いを行い、小規模な農耕に従事していた。毎年のように熊を捕り、熊の肉を和人と物々交換した。年寄りのアイヌ民族はアイヌ語を話した。一般的には日本語を話し、四、五人の児童が上音更の学校へ通った。戦前まで集落をなしていた。

現在（平成四年）は、川上英幸が「釣り堀」や「レストハウス」を営業し、昔の自然、風習の復元に努めている（『上士幌町史・補追版』から引用）。

マッチを二、三本恵んでください

鹿追。平野治吉は、鹿追・下鹿追中央区の然別川沿いに住んでいた。最初、大正二（一九一三）年、ホロナイの然別川沿いに移住した。その後、清水町上熊牛に住んだ。現在地には大正六（一九一七）年に移住してから住んでいる。その頃のアイヌ民族との思い出を紹介する。

「大正六年の暮れ頃、寒く雪の降る夜のことだった。開拓小屋のムシロの戸を押し入って来たのは、ビックリするような大男だった。顔中が髭に覆われ、紛れもなくアイヌ民族だった。用件は、『マッチを二、三本恵んでください』ということだった。聞くと、『然別川沿いに仮小屋を作り、泊まりがけで鮭漁をしていたが、マッチがなく困った』という。

男は、鮭の皮で作った足袋をはいていた。鮭の皮は火に弱いので、足を炉から遠ざけて暖をとっていた。マッチやお餅などをあげて帰した」。

馬の好物、トクサ

鹿追。「私（平野治吉）が少年の頃、清水町の上熊牛に住んでいたことがある。、その頃、上熊牛の北端から上幌内に上る坂を千間坂といい、この坂の近くに、十勝川東岸が崖で川に沿って、狭い平坦地があった。アイヌ民族は、毎年、芽室方面からドサンコを二〇頭ほど引いてきて、この崖崩れの底の平坦部に放し飼いにした。春になると、どこかへ連れて行った。

この頃のトクサは、馬の大切な飼料だった。アイヌ民族は、このトクサを刈り取り、手頃な大きさに束ねて、和人が酒屋でモッキリ酒を飲む間の馬の飼料として売り歩いた。トクサは馬の好物なのでよく売れた。

私は、このようなアイヌ民族の仕事を手伝った。すると、アイヌ民族は、『ポンシャモ（和人の子供）にあげよう』と言って、なにがしの小銭をもらった」。

アマッポ（仕掛け弓）

鹿追。「アイヌ民族は、野山にアマッポ（仕掛け弓）を仕掛けた。獲物が仕掛けてある餌を食べると、仕掛けてある弓の矢が、自動的に発射する仕掛けになっていた。

アイヌ民族は、私（平野治吉）に、その地域に入ってはいけないと注意するのだが、子供心に、その仕掛けを見たくてしょうがなかったことを思い出す。この弓の矢には、十勝石で作られたヤジリが使われていた。

アイヌ民族は、狩猟に出歩く先々に仮小屋を作り、茶碗や鍋など最小限の必要な炊事用具を置いてあった。こうしておけば、身軽

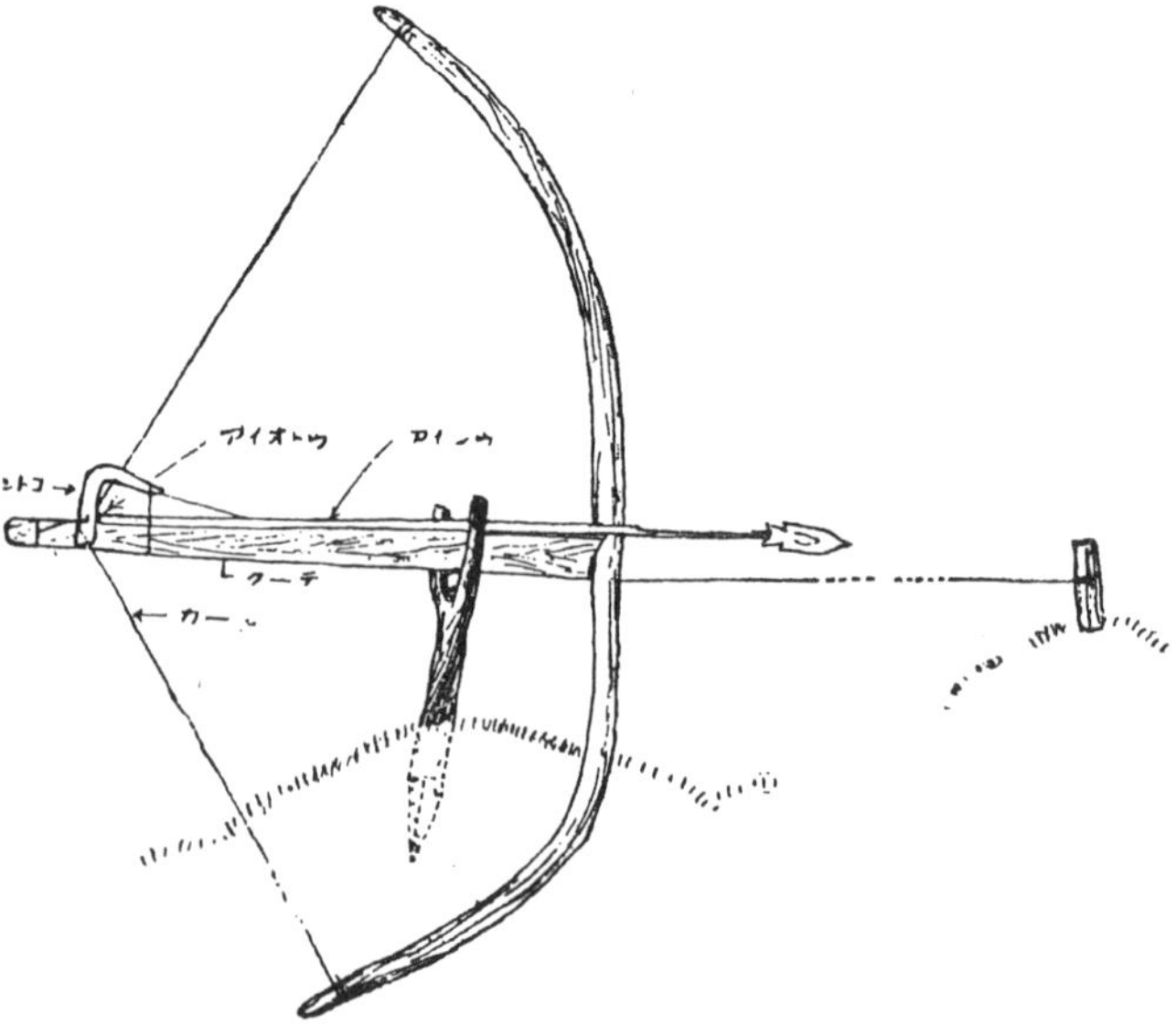

図版五．アマッポ　仕掛け弓
（杉山寿栄男『アイヌ芸術』木工篇）

にいつでも狩猟に出かけることができたからだ。アイヌ民族は、獣の皮や鮭の皮で作った足袋を履き、夏には、裸足で歩き回っていたのには、驚かされた」ことなどを話している（『鹿追町七十年史』から引用）。

大正十（一九二一）年

上座に座る白髭の老人

鹿追。上然別中央区の春日井準一（明治四十五年生まれ）は、少年の頃の思い出を、次のように話している。

「私の家の裏側、然別川の東岸に、年老いたアイヌ民族が一人で、大正十年頃まで住んでいた。老齢のため体の自由がきかなくなり、音更に住む息子に連れられて行った。

この老人は、エモンコという。鮭や鱒、ウサギ、小鳥などを捕って生活していたようだ。奥地へ狩猟に行く同族の宿にもなっていた。白い豊かな髭をのばし、貫禄のある老人だった。

ウサギは、針金で丸い罠を作り、仕掛けて捕った。鮭や鱒は、川の流れの上に屋根を作り床板を差し出して、その上に、一日中、座った。魚が遡上するのを待って、ヤスで突いて捕っていた。貂《てん》（イタチに似ている）はテンオトシを仕掛けて捕った。

イヌを家の裏の一段高いところで飼っていた。鮭や鱒の頭を干し物にして保存していたが、やって来た同族が去った後は、なくなっていた。おそらく、イヌの餌として持ち帰ったのであろう。

ある年、和人が流送した丸太で、エモンコ老人の領域が荒らされ、流送人夫と口論になったことがある。結果はどうなったかわからない。

エモンコ老人の家は、木の皮で葺いた立派な家で、炉カギやシャクシ、シャモジなどには、見事な彫り物が施されていた。機嫌の良い日には、昔の戦争の話を聞かせてくれた。

私の家には、いつも物々交換にやって来た。魚を持ってきて塩や砂糖と交換した。エモンコ老人の話によると、塩や砂糖を食べるようになってから、秋、冬の水が手足に冷たく感じるようになったという。

エモンコ老人は、不思議なことに、いつも、座るところを自分で決めていた。必ず正面の一番上座に座るのだ。おそらく酋長だったのかもしれない。エモンコ老人の勢力範囲は、パンケビバウシ川とペンケビバウシ、基井川の三つの川の流域を『この川は俺の川だ』と言っていた」

(『鹿追町七十年史』から引用)。

大正十一（一九二二）年

音更・皇太子殿下（摂政宮）奉迎

七月十九日。昭和天皇陛下が皇太子殿下（摂政宮・天皇の代理の職務）のとき、音更村の十勝種馬牧場を視察。この時、開進小学校で熱烈に歓迎された。そのときの様子が「函館毎日新聞から抜粋」された記事が、「可愛らしい土人の児童等、国旗を振って奉迎」の見出しで『音更百年史』に掲載されている。要約して紹介する。

「お召し自動車は、十勝川の河西橋を渡り、千野市街地を過ぎ、やがて、音更村の旧土人部落に入った。点在する茅葺きの家の前に色鮮やかな日章旗が風にはためいている。

開進小学校では、手に手に小旗を携えた音更、伏古の両部落の旧土人児童、並びに正装した父兄、百余名が最敬礼で整列。そこには秘蔵の宝物を陳列されているのも見えた。皇太子殿下からは御会釈を賜った」。

大正十二（一九二三）年

知里幸恵著『アイヌ神謡集』

大正十二年、アイヌ民族の知里幸恵は『アイヌ神謡集』の序章で、先祖の生活を次のように書いている。

「その昔、広い北海道は、私たちの先祖の自由な天地でありました。天真爛漫な稚児のように、美しい大自然に抱擁されて、のんびりと楽しく生活していた彼らは、真に自然の寵児《ちょうじ》（かわいがられる子供）、何という幸福な人たちであったでしょう。

冬の陸には、林野をおおう深雪を蹴って、天地を凍らす寒気をものともせず、山、また、山を踏み超えて熊を狩り、夏の海には、涼風泳ぐみどりの波、白いカモメの歌を友に、木の葉のような小舟を浮かべて、ひねもす（一日中・終日）魚を捕り、花咲く春は、軟らかな陽の光を浴びて、永久にさえずる小鳥と共に歌い暮らし、蕗《ふき》を取り、蓬《よもぎ》を摘み、紅葉の秋は、野分に穂揃うススキをわけて、宵まで鮭とる篝火《かがりび》も消え、谷間に友呼ぶ鹿の音を外に、円やかな月に夢を結ぶ。嗚呼、何という楽しい生活でしょう」（『音更百年史』から引用）。

知里幸恵はアイヌ民族の女性。登別出身。明治三十六（一九〇三）年～大正十一（一九二二）年、十九歳で亡くなる。死後、翌年、大正十二（一九二三）年に、著書『アイヌ神謡集』が出版された。

知里幸恵は、『アイヌ神謡集』の校正中に、東京・言語学者、金田一京介の家で死去。アイヌ語文法の研究にも協力している。

言語学者、北海道大学教授、知里真志保は知里幸恵の弟である（『北海道大百科事典　下巻』から引用）。

大正十四（一九二五）年

伏古アイヌ学校の児童作文

大正十四年に、伏古のアイヌ学校の児童、山本正一は、作文、「伏古の昔」の中で、コロポックルについて書いている。その作文を要約して紹介する。

「昔、十勝をシアンルルと云っていた。コロボキンウンクルという神様が、いつも舟で魚を捕り、トウレプ（おおうばゆり）を採り、一生懸命働いた。声が聞こえるけれども、アイヌ民族の目には、姿を見ることがなかった。

いろいろとご馳走を作り、アイヌ民族の家の戸を開けて、手だけを入れ、ご馳走を差し入れてアイヌ民族を助けたが、姿を見せなかった。

ある晩、いつものように戸を開け、手だけを差し出し食べ物を入れた。すると、家の中にいたアイヌ民族は、手をつかみ部屋の中に引き入れた。姿を見ると小さく裸で小人のような神様だった。

どうして、このような小さな神様がご馳走を差し入れするのか、それを食べたのもおかしいと、アイヌたちは大笑いした。裸の小さな神様、コロボキンウンクルは、恥ずかしくて逃げ帰った。三、四尺の深さに土を掘り、穴の中に住んでいた神様は、笑われたのが悔しかった。今までも、これからも良くなっていく国、シアンルルの名も悔しい。今、遠い国へ行く。アイヌたちは焼けて滅びよ。トカチ（トカップ・鮭が焼け焦げるという意味）と名を付けると云って、一人残らず去って行った。だから、トカチは焼けるということ。我々、アイヌ民族は滅び行くばかりだ、という話である」（『幕別町百年史』から引用）。

大正十五（一九二六）年

帯広町伏古地域のアイヌ民族調査資料

吉田巌著『伏古旧土人調査資料』
発行者　吉田巌、発行所　日新尋常小学校、大正十五年十二月二十五日発行の『北海道河西

郡帯広町伏古旧土人調査資料』から、大正十五年当時の「アイヌ民族の生活実態」を要約、補足して紹介する。

著者、吉田巌は、教員、アイヌ民族研究家。明治十五（一八八二）年七月六日、福島県相馬郡中村の相馬藩士吉田恭重の四男として出生。旧制県立相馬中学校を卒業後、明治三十九（一九〇六）年、兄、義重の住む豊頃村の興復社に来村。一時、豊頃役場に勤務する。その後、音更村尋常小学校、芽室村毛根尋常小学校、虻田村の北海道土人救育会虻田学園、虻田第二尋常小学校、日高の荷負土人学校の教員を経て、豊頃村の報徳教育所の校長となる。大正四（一九一五）年十二月から昭和六（一九三一）年の廃校になるまで、庁立第二伏古尋常小学校（日新尋常小学校）の校長として勤務。その間、人類学会に入会、『東京人類学雑誌』に、研究成果を次々と発表。昭和三十八（一九六三）年六月四日に亡くなる。享年八一（『北海道あいぬ方言語彙集成』から引用）。

一、**調査時期**　大正十五（一九二六）年六月二十四日。

二、**調査地域・北海道河西郡帯広町伏古・旧土人部落一円**

旧土人地は、アイヌコタン（古潭）と称す。帯広駅から西北約三〇町（約三・二七キロ）、伏古駅から東に約一里一〇町（約五キロ）、面積二四五町歩六反八歩（約二四三・六五ヘクタル）。

明治十九（一八八六）年、北海道庁が農業指導のため、集団化（移住）させて以来、徐々に村落を形成した。現在、五六戸。男九一人、女一〇二人、計一九三人（後の本文と同様に修正）。

三、日新尋常小学校（元北海道庁立第二伏古尋常小学校）

明治三十七（一九〇四）年五月十日、北海道庁立第二伏古尋常小学校として開校。大正八（一九一九）年、日新尋常小学校と改称。昭和六（一九三一）年、廃校（帯広市西一六条北一丁目に史跡標示板がある）。学級一、職員二名、男一四名、女一五名、計二九名在籍する。

四、伏古互助組合

大正十二（一九二三）年四月一日創立。事務所は帯広町役場にある。旧土人各自の精神的結合と相互の福利増進の向上を図ることを目的とする。

別に、大正十一（一九二二）年六月二十八日、保導委員を設置。現在、三名。

五、青年団・婦人会

大正五（一九一六）年十一月三日、在来の卒業生同窓会を男女両部に分け、伏古古潭青年会、同婦人会を創立した。

大正七（一九一八）年九月二十二日、青年会は、帯広町青年団第二伏古分団と組織を改め、さらに、日新分団として、その名があるが、団員異動、その他の事情で実際は、団体活動が行われていない。

婦人会は、現在、会員一二名、その内、処女部員は六名。毎年、共同耕作など行い、積立資金が一二〇円となる。

六、伏古の旧土人部落状況調査

・住居の状態

項目			計
掘立小屋　五四戸	土台付き　二戸	―	五六戸
萱葺《かやぶ》き屋根　四〇戸	柾葺《まさぶ》き屋根　一六戸	―	五六戸
床、板張り　四六戸	床、土間　一〇戸	―	五六戸
壁囲い　一三戸	板囲い　三戸	萱囲い　四〇戸	五六戸
出入口、萱スダレ　二八戸	板戸　二二戸	硝子戸　六戸	五六戸

備考　互助会の事業で住宅の改善を行った結果、改善の変化が見られるようになった。それでも、なお、旧風のまま改善されず、萱囲い、萱葺きの掘立で、純土間の生活がある。

・家屋の面積　一戸当たり平均四坪（畳、八枚）、一人当り一・六坪（畳、約三・二枚の広さ）。建具の仕切りがある一一戸。
・便所　一、二を除き、ほとんど、萱囲い、わずかに雨露をしのぐのみ。糞壺なく肥料として汲み取る施設なし。
・厩舎（馬屋）　一四戸とも極めて粗末な造り。馬糞の施肥施設ほとんど、なし。
・物置　一七戸。薪《まき》の蓄えがあるものが極めて少ない。
・浴槽（風呂）　一四戸。露天、鉄板風呂に、ときどき入浴する。
・井戸　一六戸所有の井戸は、覆いのあるもの一、二ヵ所。掘抜きポンプ一ヵ所。
・物干し竿　半数は、この施設がない。したがって、日光消毒が不十分。
・流し　設備のあるもの一〇戸。ただし、汲み取りできる設備なし。
・住宅周囲の状況（五六戸）
　周囲に防風林、果樹のある家　七戸。
　庭に草花を植えた家　五戸。
　防風林、果樹、草花のない家　四四戸。

・内外清潔の状態（五六戸）

清潔、整頓が行われている　七戸。

清潔、整頓がややよい　九戸。

清潔、整頓が行き届かない　四〇戸。

・戸数

在宅三五戸　不在一四戸　空き家七戸　計五六戸。

在宅の内、老人、病人だけの家　一四戸（老人六人、病人八人）。

在宅の内、一四歳以下だけの家　五戸。

在宅の内、婦人だけの家　一六戸。

・人口

男九一人　女一〇二人　計一九三人（内、在宅八八人、不在一〇五人）。

・在宅者人数

項目	一四歳以下	一四歳以上	計
男	二三人	一三人	三六人
女	二五	二七	五二
計	四八	四〇	八八

・不在者人数

項目	当日外出者	遠方出稼	長期転出	計
男	八人	四〇人	七人	五五人
女	二八	一一	一一	五〇
計	三六	五一	一八	一〇五

備考　遠方への出稼者は、一六歳以上四〇歳前後の労働の出来る者。在宅者は、児童、老人、婦女で労役に耐えれない者。男子は畑の除草、女子は薪材の採取、畑の除草、買い物などに従事している。自作畑で働く者、わずかに八名。

・遠方出稼者の職業

項目	漁場雇	牧場雇	農家雇	木材運搬雇	不定	計
男	一〇人	四人	二〇人	四人	二人	四〇人
女	一	一	九	｜	｜	一一
計	一一	五	二九	四	二	五一

・遠方出稼者の地方別

項目	男	女	計
樺太	二人	―	二
釧路	一〇人	一	一一
池田	二人	一	三
本別	一人	一	二
音更	三人	二	五
芽室	三人	―	三
大正	六人	―	六
北見	三人	―	三
不定	一〇人	六	一六
計	四〇人	一一	五一

備考　樺太、釧路地方は主に漁場、池田以下音更は牧場、芽室以下北見地方は農家の雇用。

・病患者の状態（肋膜炎、中風、慢性湿疹は治療中。他は軽傷）

項目	男	女	計
肋膜炎	―	一	一
痔	一人	―	一
中風	一人	―	一
感冒	一人	―	一
慢性湿疹	一人	―	一
流行性耳下腺炎	二人	三	五
計	六人	四	一〇

七、住宅改善、その他に対する所見、希望事項

・家屋の構造

萱《かや》囲い、萱葺《ふき》きは、採光、通気、防火、その他からみて、しだいに、柾《まさ》、床、壁を付けること。出入口の萱すだれは、採光、通風から、しだいに、板、障子戸に改めること。戸締まりができるようにすること。家屋の面積を広くして、なるべく仕切りを付ける。

・浴槽

少なくても、部落には三〇の浴槽をそなえる。

・井戸

現在の井戸に覆いをして使用する。現在の倍の数の井戸をつくり、共通の井戸から来る皮膚病などの感染予防をする。

・物干竿

全戸もれなく物干竿を設けること。日光消毒を励行する。

・痰壺

それぞれ用意する。

・便所

汚物を施肥できる設備にする。

・厩舎

馬肥の利用を出来るようにする。

・**家の周囲の排水**

家の周囲の水溜まりには、溝を掘り排水する。住居の湿気を避ける。

・**植樹**

家屋の周囲に木を植え、草花などを植える。

・**清潔励行**

春季の定期以外、部落で臨時に道路整備、草刈りなど行う。

八、農外収入の状況・出稼者

出稼者の調査・考察

・伏古の土人部落での人口状態は、出稼者が多く、農業の自作不振の原因となっている。

・一定の生業につかない理由

生業として農業に従事するが、もともと、給与地のため自発的に農業経営を行おうとしない。単に、固定資産として与えられたような観念なので。なんら、生業として農業を行う心がない。資力のないものは農具、馬などの準備が出来ない。

・出稼を生業とみなすもの

出稼先の職業は、漁業、牧畜、農業、木材業などの雇用が多い。これは、それぞれ、家族の事情により、仕方がなく働くようである。

・長年の習慣によるもの
自作用の畑があるのにもかかわらず、やむなく出稼するのは、必ずしも、自作農業よりも、好んで漁業、牧畜などに従事するのではない。はなはだしいのは、食物、その他、すべて和人の家庭において口、腹を満足するものがあること。飲酒は自由。特に、女子の和人家庭に雇われることを希望するのは、虚栄心の発露《はつろ》（心の内に秘めるもの）にかかわるもののようである。

出稼者の弊害

・日常生活が苦しいので、一時しのぎに手金と称し、前金を受取り、そのまま、違約して行かない者が往々にしてある。このような長年の弊害は、仲介周旋者の上前をはねて利得し、その責任を果たさない。
・出稼先で浪費、飲酒などのため、衣類、雑品などを窃盗して逃走する。
・出稼先で病気に罹り、契約を果たさず、結局、旅費倒れとなる者がある。
・転々と放浪し家庭を放棄、戸主として責務を欠き、子女の教育上悪い影響をあたえる。
・家庭に送金せず、家族は、物質的、精神的に、常に、苦痛、不安に襲われる。
・一層、飲酒、浪費の悪習を増長する。新たに借金が増える。

・男女間の醜い関係を結び、家庭の平和を破壊すること。

出稼に対する法案

・戸主と被雇者との契約は、生業上やむを得ない者に限り、地元の互助組合長の承認を得て、契約をすること。不都合な仲介者、証人を立てないように取り締まること。
・契約の前金の授受は、やむを得ない事情がある者以外は、差し控えること。
・出稼者は、出発、到着とも、組合長に届出すること。
・組合長は、出稼の必要なしと認める場合は、契約を承認せず、所有地で自作農を励行することを勧める。
・右の手続きをしないで、不都合な行為がある者に対して、内規を設けて制裁し、必要な事項に関して、保導員はその職務を行うこととする。

農業の不振に対する考察

旧土人給与地は、永年、ほとんどそのままの土地を賃借(借りる)して、専業(和人)とするものが多い。実際、そのために地力を維持し、利益を得るのは明らかである。そのため、地主(アイヌ民族)よりも実力において成功するのは、これら賃借人(和人の小作人)である。

このように、年々、賃借人は、一坪の土地でも多く耕作しようと努めるのに反し、地主は、資力がないのと技量が劣り、労働には堪え得るものの、ほとんど、大部分が、出稼に出る悪弊などにより、それを利用して賃借人（和人）は利益を得ようとする。

互助組合設置以来、特に、この点に留意し、自作農家単位に、種子、農具を交付し、巡回指導、講話会、品評会など行った結果、成績の向上が計られつつある。

初期の目的を達成することは疑いないのにもかかわらず、地主の自発的な行動がなく、賃借人（和人）の甘言、または、運動に乗せられ自作地を縮小して、自ら出稼をする者があるのは遺憾である。

このことは、地主に対して、なお、一層、積極的に勧農をすすめ、何等かの方法で、さらに、自作農の利便を講ずることが差し迫って必要であると考察する。

・大正十五（一九二六）年六月三十日現在・家畜・農具・その他・所有状況（四六戸）

牛	馬	豚	犬	猫	鶏	プラオ	ハロウ	アイカケ
三	一〇	―	一五	二二	三四	一六	八	一四
スコップ	クワ	ホー	カマ	時計	ランプ（ホヤ）		ランプ（手ランプ）	
四九	七二	一一五	一一七	一二	二三		二三	

備考　自作農四六戸の内、自己の給与地に自宅がある者は二三戸、他は、他人の給与地に住宅があ

る。なるべく愛郷心養成上、自己給与地に住居して、周囲に植樹することを望む。

九、営農状況調査

農業経営者、四六戸の個別調査結果

一年間の一戸当たり平均収支・家族　四人　男二五歳　女三一歳

・収入

農業収入（円）	雑収入（円）	賃借地料（円）	出稼収入（円）	計（円）
二七五・四〇	一五・四〇	六七・〇〇	一八一・二〇	五三九・〇〇

・支出

耕種費（円）	衣食住費（円）	医療費（円）	教育費（円）
一八・〇〇	二一一・〇〇	二一・六〇	五・八〇
娯楽費（円）	諸雑費（円）	貯金（円）	計（円）
二・〇〇	九五・一〇	一五・四〇	三六八・九〇

備考　農業収入は一反歩当たり、最小限度二〇円～五円による。納税は諸雑費の中に合算した。収支は差引、一七〇・一円となるが、飲酒、その他、不時の出費により、ほとんど実際の貯蓄となることは疑わしい。

・飲酒の状態

項目	総人口	好む者	好まない者	僅かな者	常習者	悪癖者
男	九一人	四二人	一三人	八人	三四人	二〇人
女	一〇二	五	―	五	―	―

備考　酒を好む者は、二〇歳以上の者とする。前記の諸雑費の支出の約三分の一以上は、一人の飲酒代を含む。季節の関係もあるが、飲酒者は冬期間になく、事故も少ない。
仮に、前記の生計状態を改善するとして、現在の約三倍に相当する自作農本位（既墾地の最限度一五〇町歩）に就《っ》かすとすれば、資本、労働人員、年齢などからみて、果たして可能なのかどうか検討することが必要。

・自作農本位の改善に要する金額・概要、供給する物・四六戸分

項目	馬匹	プラオ	ハロー	馬具	カマ	ホー	その他	計
数量	三六頭	二〇台	一五台	三六組	四〇	四〇	四六	―
金額	五〇円	二〇円	一八円	一〇円	〇・六〇	〇・八〇	一円	上記は単価
計	一、八〇〇	四〇〇	二七〇	三六〇	二四	三二	四六	二、九三二

備考　すなわち、一戸当たり、新たに六三円七四銭が必要となる。この他、馬糧にかかる費用を見積もれば、さらに、増大する。

収支案の算出

収入（三町歩）、七〇〇円。支出、五七〇円。差引残、一三〇円。

収入は、専業農家となるため、賃借料金、出稼金が減少する。支出は、馬匹、農具、その他経費が増大する。旧土人の経営技能から、反当たり二三円強を収入と見積る。

右のよれば、現在と比較し、四〇円一〇銭の減収となる。結局、良好な改善が出来ない。また、既舎の営繕も必要であり、収支は減少するばかりである。

・労働人員・年齢別

項目	〇歳～一四歳	一五歳～五四歳	五五歳～八四歳	計
男	四六人	三八人	七人	九一人
女	四四	四五	一三	一〇二
計	九〇	八三	二〇	一九三

備考　一四歳以下が最も多く、五五歳以上が最も少ない。その中間の労働に堪えられる者は、全体の四割三分弱（約四三%）になる。この中には、病弱者、不具者など農作業に堪えられない者がある。一四歳以下でも手伝うことが出来る者がいる。これらのことから、全年齢を通して労働が出来る者は、次の通りである。

・全年齢を通して農作業が出来る者

項目	能力別（人）			
	甲	乙	丙	計
男	四二人	三六人	三人	八一人
女	四	一三	九	二六

計	四六	四九	一二	一〇七

備考　内地人と比較して、甲は一人前の労働が出来る者。乙はこれに準ずる者。丙は主として一四歳以下の者。この他、不具廃疾病の弱い者が一三人がいる。

考察

仮に、一〇〇人が一人当たり一町歩平均を耕作すると仮定すると、現状からみて、容易なことではない。素養、経験浅く、旧土人は一般の和人のように収入を得ることは困難なことである。改善するためには、年数を必要とし、これを繰り返すのは国家経済からみても不利なことは明らかである。以上のことから、全戸を自作農本位に導くことは至難なことである。

もしも、極力、実現しようとするならば、一時的に行うか、年限を定めて遂行するか、いずれにしても財源をいかにするのか、最初から各戸負担は困難である。組合管理資金を充てるか、あるいは、一部、補助、特殊資金に仰がなければならない。その結果、収支からみて回収は困難と思われる。

労働人員の能率、その他、家庭の実状から、一人当たり約一町五反を耕作することは、いろいろな理由で至難なことと思われる。和人のようにしても、収支が合わないので、考慮すべきである。前記の数字の内容も、もとより正確さを欠くが、大要は近いものと信ずる。

先決問題は、賃借人（和人の小作人）の処置をどうするかであり、現在、一〇〇町歩の小作人の賃借地が、生業の基本であれば、全部を回収することは、小作人の専業を奪うことなので、適当な土地を得ないと、回収は到底不可能である。

さらに、遂行上、自然の出稼を抑止することも難しい。生活の収入の大半は、適当な副業がないことから、出稼によって収入を得ているためである。

小作人（和人）の土地、および、旧土人の副業の適切な方案樹立の後に、旧土人が安心して農業本位に遂行出来るようになることが必要。

応急処置として、現状維持のため、農業本位の生活、各戸の耕作地の限度、適当な出稼の指導取締、地主（アイヌ民族）と貸借人（和人）との調節に留意することが必要である。

一〇、生計状況調査

農耕地の状態

・自作地の栽培作物

玉蜀黍《とうもろこし》、馬鈴薯は、主食物のため全耕地の約五分の一を占める。次は、手亡豆、小豆、大豆で蔬菜類は少ない。亜麻、ビート（てん菜）などは面積が少ない。

・自家食料と販売用

前記の種別作物は、自家食料は五割六分、販売用は四割四分の割合である。販売用とは豆類、亜麻、ビートである。

・**成績**

互助組合の管理指導と組合員の自覚で、年々、作物の手入れ、収穫も向上しつつあるが、本年は不幸にして、天候不順などにより、ほとんど半作以下の収穫である。

そのため、農業収入も半収となり、各農家は悲観している。特に、玉蜀黍は減収、馬鈴薯は腐敗が著しい。亜麻も半収、小豆は不良、イナキビ（稲黍）は平年並みであった。水田一町歩を新墾した者が一戸ある。これまた不作である。

・**来年度の自作反別の増減**

来年度は、一反歩から五反歩の自作地を増作の希望者が五名。減作一名。他は本年度と同じ作付けである。

・**地主（アイヌ民族）と賃借人（和人の小作人）の取引**

互助組合、保導員の監視下において、不正取引はないはずであるが、一、二の取締上、注意することがあるので反省する。

・**燃料・薪《まき》の状態**

・四六戸の内、ストーブの使用が七戸、他は炉である。旧土人の要求する燃料の薪は、ストーブの使用者を除き、根株、枝、幹など手頃の丸太で昼夜、炉に入れて暖をとるのに便利な薪を選ぶ。

・四六戸の内、一〇敷（体積の単位）程度の薪を備えている者が一戸だけである。自ら払い下げ出願中の者一戸。これから手配しようとする者一一戸。その他は日々、朽木、流木、または、畑の中の根株を掘りつつしのぐ者がある。
・前記の燃料のない者の多くは、採取する土地がない。資金の不十分なこともあり、購入の見込みなし。戸主、主婦の怠慢による原因もあるが、年中、出稼と称して転々と流浪し、家族を顧みない放漫生活のため準備ができない者がある。
なお、牛、馬、馬車、橇《そり》など、薪を運搬する農具がないことにもよる。

（注）薪、「一敷」とは
体積を計る単位。薪にする丸太を長さ二尺（約六〇センチ）に切り、直径六寸（約一八センチ）ぐらいに割り、高さ五尺（約一・五メートル）、幅六尺（約一・八メートル）に積んだ薪の体積をいう。その体積は、地方によって異なるという。

・飲酒と負債
飲酒のため負債があり、生計上困難となり、直接、苦情を申し出る愛飲者は一人もいない。その妻や家族が苦情を訴えるのが日常である。

特に、飲酒欲を満たす旧土人地に隣接する和人の農家で、容易に酒類が手に入るため、主婦、妻、女の苦情、学童の嫌悪など、十分に察せられる。真面目な青年が、日々、愛酒家の家に出入りして、不幸にも罠に陥ることを告白する者がいる。

・住宅改善後の経過と将来の見込み

・連年、組合の援助で改築した者一二戸。外、自発的に改築修理をする者、数戸ある。改善が進められると、自然に保健衛生が改善するので、病患者が減少していると認められる。ただ、数名は常に家屋を閉鎖して、長期出稼をしているので、援助して改善することは難しく、考慮する余地がある。

・本年度、自費や組合援助で改善、修理した者、小川長次郎、田村吉郎、加藤ハナ、藤田サタノの四戸。

本年度、自費による壁囲を修理しようとする者、佐々木彦作、室屋春男、天木治一郎の三戸。

本年度、全部、自費で改築しようとする者、山本タミノ一戸。

本年度、組合の一部の援助で、全部を改築しようとする者、桑原ミヤノ一戸。

来年度、改善見込みの者、三浦才太郎、武隈熊次郎の二戸。

再来年度、改築見込みの者、大谷寛太郎一戸。

・窓を除き、屋根外廊の材料、様式はともかく、土間はなるべく改善の必要がある。

・衛生状態

先月から引き続き療養中の患者は六名。その内、二名は全快に近く、他は著しい変化がない。

例年多いマラリアは、今年は割合に少なく、学校の児童は特に少ない。

・保険の状態
郵便局取扱の簡易保険加入者、一九名中一名は、本年三月以降、中止。他は毎月持続している。中止した一名に対して、郵便貯金を融通して復活することを相談する。
・牛、馬籍、畜犬、馬車、馬ソリなど届出状態
牛三頭、馬一〇頭の内、届出漏れが馬三頭。馬車六台の内、届出漏れが二台。馬ソリ八台の内、三台が届出漏れ。畜犬は全部届出なし。届漏れについて注意をする。

文化程度の参考事項
四六戸（外、空屋一〇戸）、男九一人、女一〇二人、計一九三人につき調査。
・新聞、雑誌、単独の購読者　なし。
・一ヵ年間の一戸当たり、郵便物の通信度数
発信数　最小二回　最多一二〇回　平均二六回強。
受信数　最小二回　最多一二〇回　平均二八回強。
・尋常小学校、高等小学校、中等学校、高等女学校などで学校教育を受けた者
男四四人、女四三人、計八七人（男女各一五人、計三〇人は在学児童）。
学校教育を受けない者　男四七人　女五九人　計一〇六人。

・日本語の使用者

男一人、女九人は、アイヌ語を専用し、日本語はほとんど使用できない。他は幼児を除き、ことごとく日本語を使用する。家庭内の会話は、日本語七、八割、アイヌ語二、三割で併用している。

・葬祭

キリスト教による者一戸。神式による者一戸。アイヌ民族固有の者四四戸。この他、仏教などによる者はいない。信仰は原始状態にある。稲荷祠不動堂に駆魔治病を祈る者がある。古老の減少と共に、青少年の間には、古来の信仰をほとんど認めなくなってきている。

・銭湯に通浴する者　一〇戸中一二人。

・成人の風俗

長髭の男子一一人。被髪の女子二五人。入れ墨をする女子四〇人（ただし、三〇歳～八三歳）。日常、耳環を使用する女子三人。

・茶を飲用する者　二二戸。

・喫煙者　三九人。

・畳、建具のある者　三戸。

・本道外に旅行した者　男七人　女三人　計一〇人。

一一、部落実態調査（大正十五年十月三十一日現在）

義務教育修了者の状態

明治三十七年五月、伏古に土人学校を開設して以来、満二十二年余経過。義務教育修了者は八〇人。その経過、現状の概要を次のとおり示す。

項目	卒業者	死亡者	行方不明者	他町村転居	現在出稼者	現在定住者
男	四三人	一六人	三人	三人	一六人	五人
女	三七	一〇	―	九	五	一三
計	八〇	二六	三	一二	二一	一八

卒業者の死亡について

・男の死亡年齢は一四歳～三四歳。卒業後平均一一年目。平均二四歳。
女の死亡年齢は一六歳～二五歳。卒業後平均六年目。平均二〇歳。

・死亡者病因別　男　呼吸器疾患、結核、消化器疾患など。
　　　　　　　　女　呼吸器疾患、結核、産後経過不良、チフスなど。

・死亡原因の傾向
死亡者の中で、男子の飲酒者五人、無教育者に比べて少ない。女子にはいない。

・死亡者の年齢は、旧卒業者よりも新卒業者のほうが次第に少ない傾向を示す。

・行方不明者

今日、釧路、日高、その他、十勝の各部落に原籍を置く者が、自己の給与地の有無にかかわらず出稼、その他の事情、または、故意の逃走などにより、転々と放浪する者がある。

男子の多くは、自由に結婚したまま二、三十年の長い間、なんら、手続きをしていない。戸主であるのにもかかわらず、さらに、戸主である婦女、寡婦などと内縁生活をして、強いて、正式の手続きをすれば、いずれか一方の給与地を失うおそれがある。

正式に結婚していないため、子女は、常に、私生児として届け出を余儀なくされる。これらのことは、珍しいことではない。全道の部落の多数の事例から、前記、三名の行方不明者も、おそらく、このような状況にあると想像される。

・出稼者

項目	農家雇	漁場雇	牧場雇	雑役	計
男	六人	三人	一人	六人	一六人
女	三	—	—	二	五
計	九	三	一	八	二一

備考　出稼者は、それぞれ和人の経営者に雇われることが多い。
男の出稼者の年齢　男、一四歳～三六歳　平均年齢　二五歳。
女、一五歳～三六歳　平均年齢　二五・五歳。

出稼の期間は、八、九ヵ月から一年が普通で、長い場合は数年におよぶ。出稼の労賃は、時に、家族の扶養にならない場合がある。男子の場合、往々にして、飲酒代となり旅費倒れとなることがある。男子の出稼は、女子よりも多いのが普通である。

現存者の中で定住に近い者　男、一四歳～二五歳　平均年齢　一九・五歳。
女、一五歳～三三歳　平均年齢　二四歳。

・農業と学歴

項目	自作農	自作農手伝	牛馬業手伝	高等小学校在学	実科高女在学	その他
男	五人	―	―	四人	―	―
女	一三	四	一	七	一	一
計	一八	四	一	一一	一	一

備考　短期間、付近の農家などで薪作り、馬のエサ用の草刈り、その他の雑役に雇われ、随時、労賃を得て生計を補う者が多く、余裕のあるものはほとんどいない。

・卒業者の結婚の状況（八〇人）

項目	男	女	計
既婚者	五二・〇％	六六・七	五九・六
未婚者	四八・〇％	三三・三	四〇・四
既婚者死別	七・七％	五・六	六・三
離婚者	一五・四％	二二・二	一八・八
再婚者	二三・一％	五〇・〇	三七・五
家庭平和	五三・九％	二二・二	三七・五

備考　離婚者、再婚者が多いのは、思慮を欠く夫の素行、概して、卒業者以外を配偶者とした場合に多いと認められる。不和の原因は、一部、夫の飲酒によるものがある。

結婚の年齢、男、一七歳～二四歳、平均二〇・五歳。女、一六歳～二〇歳、平均一八歳。

・卒業成績とその後の経過（八〇人）

項目	学業（知識）			操行（素行）			身体		
	甲	乙	丙	甲	乙	丙	甲	乙	丙
男	一四人	二七人	五人	一八人	二二人	八人	二人	五人	―
女	一〇	一八	六	一三	一五	四	七	八	―
計	二四	四五	一一	三一	三七	一二	九	一三	―

備考　身体に関して、検査を実施していない年度がある。右記は一部のみ記載した。

学業（知識）は、卒業後、自発的に新聞、雑誌、その他、購読をする者がほとんどいない。上級学校に行く者以外、ほとんど知識の低下が免れない。青年団、婦人会などあるが、定住して連続的に切磋《せっさ》（努力を重ねる）する機会の少ないことによる。

ただし、女子は、集合して修養することがあり、日常の作法など、男子に比べて良い。男女とも日常の取引、算数、および、往復文などは、ほとんど不便無く差し支えない。

・卒業者と飲酒状態

項目	部落総人口	総人口の内		上記の内現存卒業生		総人口に対する卒業生の飲酒割合
		飲酒者	無飲酒者	飲酒者	無飲酒者	
男	九一人	四二人	四九人	一〇人	一一人	一一・〇%
女	一〇二	五	九七	―	一八	―
計	一九三	四七	一四六	一〇	二九	五・二

備考　右記の現存卒業生一〇人の内、酒癖常習三人、少々用いる者七人。年齢は二三歳～三六歳。
卒業当時からの操行（素行）不良者は、依然、自重心《じちょうしん》（品位を保つ心）を欠き酒におぼれ生計を顧みない傾向にある。一般の無教育者に比べて向上を認められる。

ただし、出稼のため放浪する間に、次第に思想、素行とも悪化し、優良卒業生でも自暴自棄になる者もいるが、概ね順良である。女子は、飲酒を蛇蝎視《だかつし》（ヘビやサソリを嫌うように、ひどく忌み嫌う）する。

卒業後、約八年以内は、飲酒に染まらないが、年長者、牛馬商などと交歓的に導かれ常習になる傾向にある。

概評

卒業生、すなわち、義務教育修了者が、一般の無教育者と異なる長所は、比較的、衛生思想の向上、共同作業の実績などがある。一般的に、高等小学校以上に在学する者を除き、個人として、何等の改善、進歩がなく自覚心に欠ける者がある。ただ、女子の場合は、必ずしもそうではない。

生活難に追われて利己心を深め、順良なる老人と生半可な知識の青年との考え方に溝が生じ、秩序を乱す少数の家庭がある。感謝の気持ちが必ずしも欠如しているわけではない。表現や能力、宗教的信念など少なく、したがって、責任、義務、観念など少ない。

以上の数字を通して、原因、結果をくわしく究明して、将来の方向性のため、参考とすることが必要である。

義務教育修了者の過去、約二〇ヵ年で半数が死亡、その他の減少を示している。半数の現存者の内、独立成功した者は少なく、さらに、二十年後を考えると楽観することができない。教育は、この結果に対し如何ともすることができず、種族の存続性を阻害する素因を憂慮しなければならない。青少年、処女の訓練はもとより肝要である。

社会では一般と同一歩調、多少郷土化する取り扱いを講じたと仮定して指導しても、無意識にその存続性を保たれるかどうか疑わしく、当分、適時、指導するのを可とする。

一二、土人保護指導、その他に関して希望事項

保護法に関する事項

・現行の保護法の根本改正、または、廃止の必要かどうかを調査すること。本令実施以来、二十七年半を経て、今日、痛切にその必要性を感ずる。

・同法質疑事項

第二条一項、相続以外、譲渡することが出来ないとある。相続人が実際において旧土人以外の者のときは、本項を適用するものかどうか。この実例が多々あり、一定の方針を明示して欲しい。

・同法第五条末尾に、給与地の有無の者によって、薬の給与薬価など、特別に但し書きをして欲しい。

・第九条、「小学校」の次に、「保導所」の三字を加えて欲しい。

部落の情勢、時期の関係上、将来、学校を廃合し、また、現行互助組合を必要上、専任保導所に移すことがあるとすれば、前の校舎をこれに変更する場合があるものと予想される。

・旧土人以外の者が、特に、給与地の恩恵を壟断《ろうだん》（利益をひとり占めにすると）しようとする者に対して、成文を設けて取締をすること。旧土人と内縁の生活をする者は、往々にしてこの例を目撃する。

保導委員に関する事項

・土人保導委員の名称を改める。

・保導員の数を増加しても、必ずしも、効果があるかどうか疑問である。保導の必要があるとすれば、到底、一、二人の力が及ぶところではない。まして、専任でなく兼嘱の者おいては難しい。年限を決め、経過をみてから継続するか廃止にするのかを決める。

もし、不可能な時、保導員は自発的な希望者の中から選び、本人の意思を尊重し、強いて、嘱託しないこと。年期制として再嘱託を妨げないこと。

雑項

・住宅改善は、旧土人の自発的な資金によることが難しい。そのため、組合の保管資金を流用の手続きをしても、回収期間内に返済することは、生計上、困難なことと察せられる。二年、または、三年以内の猶予が必要である。
・旧土人だけに限らないが、燃料の薪の供給が、年と共に困難を伴っているので、保護的見地から当局の配慮をお願いしたい。
・旧土人の飲酒について、禁酒の指導に先だって、指導者の実践指導が必要である。
・新たに農業を営み、専業従事することを出願した旧土人に土地を給与することは、良いことである。
・旧土人の無料診療の方法を実現すること。これは、容易なことではなく、ある時期に簡易に服薬出来るように無料の処方箋を交付できる方法を実現したい。
・小学校以上の学校を、特に、区別して旧土人のために施設すると、時勢に反して逆行することになる。
・今年の夏、札幌で開催された国産振興博覧会会場において、原始的雰囲気の旧土人の家屋生活を観覧させたのは、世評はともかくとして、本員(吉田保導員)の目から見て、遺憾至極である。
教育上、保護上、これは有識者により行われたことで、哀れむ旧土人が歌や舞踊を観覧に供するのは、果たして、盲従の結果か、その責任は誰にあるのか、本員は疑うところである。
本報告に関係ないことであるが、黙するに忍びないので、付け加えた。

(吉田保導員)

大正は、大正十五（一九二六）年十二月二十四日まで。

第六章　昭和期の十勝アイヌ民族

昭和元（一九二六）年

昭和元年は、十二月二十五日から始まる。

昭和二（一九二七）年

喜多章明、十勝旭明社を結成

帯広町役場社会係と統計係の担当になった喜多章明《きたしょうめい》（当時、三〇歳）は、アイヌ民族との付き合いが始まる。

十月。アイヌ民族の有力者、吉川辰五郎、伏根弘三、中村要吉、吉田菊太郎、赤簗《あかやな》小太郎らに呼びかけ、「十勝旭明社」を結成し、庶務幹事となる。

事業は、農耕で食料の増産、職業の相談、少額融資、貯蓄心の育成、禁酒、風習・住宅・生活改善、教育の充実に取り組むなど、アイヌ民族の支援が中核になっている。柾葺き屋根の普及に一戸当たり五〇〇円の補助金、考古館、集会所の設置に努力した。

喜多章明は、後に道庁の社会係となり、北海道アイヌの団結を訴えて協会の結成を提言し、

「北海道アイヌ協会」が発足した。

喜多章明は、徳島県那賀郡に生まれた。明治三十（一八九七）年～昭和六十一（一九八六）年、八九歳で亡くなる。大正七（一九一八）年に渡道。大正十一（一九二二）年に文官試験に合格。帯広裁判所検事事務に採用。後に帯広町役場に勤務。大正十五（一九二六）年から河西支庁社会係、昭和五（一九三〇）年から道庁の社会係として勤務する（『十勝大百科事典』・『音更百年史』引用）。

昭和五（一九三〇）年

北海道アイヌ協会を設立

道庁の主唱により、「北海道アイヌ協会」が設立。旭川地方の同族不参加（『新北海道史年表』から引用）。

アイヌ民族給与地

音更。道庁が調査した「給與地其他現在調書」によれば、木野は二四戸、然別は八戸あり、当初の戸数はそれよりも多かったと推定されている。一戸当たりの給与地の面積は、約一町歩から五町歩、大半が四町歩前後であった（『音更百年史』から引用）。

士幌。中音更（共益）には、明治期から昭和初期まで四、五戸のアイヌ民族が集落をつくって住んでいた。農業を営むよりも、和人の入植者の中に入って、日雇いをする者や新田牧場の牧夫として働く者が多かった。時折、狩猟がおこなわれ、熊送りの儀式も行われた（『続士幌の歩み』から引用）。

昭和六（一九三一）年

開進尋常小学校廃止

音更。創立の時から、言語や風俗習慣が異なっても、旧土人学校を廃止して和人との共学にしてほしいという要望があった。そのような背景もあり開進尋常小学校が廃校となった。旧土人学校児童たちは音更尋常小学校と下音更尋常小学校に編入した。

八月三十日。この時のアイヌ集落の戸数二〇戸、児童数は一六人であった（『音更百年史』から引用）。

昭和八（一九三三）年

アイヌ民族、久木田作蔵

鹿追。上幌内西区に、大正四年頃、両親と共に入植した谷信一の記憶を紹介する。

「私が、まだ、子供の頃、久木田作蔵（明治三十一年生まれ）が近くに住んでいた。土地一〇町歩を所有し、馬二頭を飼養していた。長男は作太郎、次男は次郎、女の子が二人いて、妹はヨシ子といい、美しい女の子だった。芽室方面へ嫁いだようで若くして亡くなったようだ。

時期になると、芽室方面からアイヌ民族が狩猟のためにやって来て、宿泊していた。熊送りの儀式も二度ほど記憶がある。そのつど芽室から同族が集まった。

お婆さんは口の周りに入れ墨をしていた。お爺さんの妻は三人ほどいたようだ。芽室の毛根系統の人らしく同族の出入りが多かった。

亡くなった人もいたが、どこか遠くへ運んで行ったようだ。住宅の東に下屋をつくり、ここに祭壇を設け、木を削って木弊を立ててあったことを思い出す。昭和八年頃、どこかへ転居した」（『鹿追町七十年史』から引用）。

昭和九（一九三四）年

北海道庁。『北海道旧土人保護沿革史』発行

内容は次のとおり。

第一章、渡来の経路。第二章、安東氏時代。第三章、松前氏時代。第四章、露西亜の東漸政策と徳川幕府の蝦夷対策。第五章、後松前氏時代。第六章、後幕領時代。第七章、開拓使の土人対策。第八章、樺太土人の移住、及び、その保護施設。第九章、色丹土人の保護施設。第十章、三県時代。第十一章、北海道庁時代。第十二章、土人教育の沿革。第十三章、共有財産。第十四章、旭川市の土人保護施設。第十五章、土人の現勢。

昭和十一（一九三六）年

皆既日蝕

六月十九日、午後三時十八分～二十四分まで、北海道の東北部で皆既日蝕が観測された。

アイヌ民族は、皆既日蝕を見て儀式を行った。欠けていく太陽に向かって、お盆のようなも

のを持ち、手で激しく叩きながら、大声で呪文を唱え歌い踊った。

日蝕とは、「魔の神」が、「日の神」を飲み込むものである。「日の神」は自分たちに代わって「魔の神」に飲み込まれる、という考えから、「魔の神よ、日の神を早く吐き出せ」という祈りの儀式なのだという（『音更百年史』から引用）。

昭和二十一（一九四六）年

農地改革の対象外
アイヌ民族の発展、更生福利や旧土人保護法による給与地を「農地改革の対象外」とする運動が行われた（『音更百年史』から引用）。

昭和二十五（一九五〇）年

音更・新聞報道によるアイヌ民族の現状
四月。北海日日新聞が音更のアイヌ民族の現状について、「亡びゆく音更アイヌコタン・生活は全く困窮・その日にこと欠く地主に転落」の見出しで報道した。取材には中村豊信村議と田村政之助役が同行した。その新聞記事の内容を「音更百年史」から要約して紹介する。

「散在家屋の多くは、一部が電化の恩恵に浴しているが、お世辞にも豊かそうには見えない。かつてのエゾ地の開発と共に生活資源を失い、時勢の激変にしたがって、すでに、その日の生活にも追われる境遇にまで転落した音更アイヌコタンの寒々とした姿である。

音更村では生活の更生に協力するため全戸の基礎調査を行っている。戸数二八戸、人口一四〇人。農業が主体というものの一戸の耕作面積は、最大で四町三反歩、最小は九反歩という大農式の十勝としては、極めて小規模である。しかも、その経営は良好でなく、全戸の耕作面積を合わせても四四町歩(一戸平均約一・六町歩)である。

全く耕作していない者が八戸ある。そのため、日雇いなどにより、かろうじて生活をしのいでいるものが大半で、ほとんど例外なしに税金の滞納はもちろん、農協からの資金の借り入れ、個人からの借金が重なりつつある。

肥沃な土地に移住して定住したものの、生活様式の激変から、農耕に従事する意欲もなく、その日暮らしを続け、小銭をふところにすれば、焼酎に代わるといった民族の大部分の過去は、否定できない事実で、こうしたことから、いつとはなしに、土地は和人との貸借関係となり、目覚めたときには既に遅く、戦後は農地改革法によって、実情はどうあろうとも農地は人手に渡ってしまった。その日の生活に事欠く地主(アイヌ民族)と裕福な小作人(和人)、この珍現象がここに明確に出現した。現に、アイヌ民族の家の周りを和人が耕作し、手をこまねいて傍観している姿は、如実にそれを物語っている。

リーダー格の某氏は、『ウタリ存亡の重大な危機です。過去を厳正に反省して、今後の生活を真剣に考えていきます。資金を借りて酪農への切り替え、あるいは、できれば漁場の許可を頂いて、お互いに助け合っていきたい』と語っていたが、果たして全員が、明日の生活を真剣に考えているのだろうか、と思われる節もないではない」。

中村村議と田村助役は交々（こもごも）語る。

『何とかして更生させなければ、自滅する。現在までも関係者として心配、努力もしているつもりだが、今後の営農について経営方式の転換指導、手っ取り早いところで養鶏の奨励なども考えている。早急に解決しなければならない問題なので、関係方面と十分に研究して、万全を期したい』

これまで、アイヌの人々の多くは、心の安らぎと生活の場を求めて散って行った。現在、音更アイヌコタン跡を忍ばせるものは、国道わきの顕彰碑だけである（『音更百年史』から要約引用）。

昭和二十七（一九五二）年

兜《かぶと》が出土

大樹町の歴舟川左岸、尾田興農地区、細谷喜作の農地から、兜（かぶと）が出土した。鎌倉時代から室町時代初期の兜と推定されている（『大樹町史』から引用）。

歴舟川流域では、松前藩時代から砂金掘りが行われていた。それらの人々の遺品か、アイヌ民族が所有していた、宝物の遺品であったのかも知れない。

昭和三十五（一九六〇）年

帯広カムイトウウポポ保存会が発足

三月十五日。アイヌ文化や伝統芸能の保存と継承のため、「帯広カムイトウウポポ保存会」の設立総会が開かれ、発足した（『帯広市史』から引用）。

昭和三十六（一九六一）年

北海道ウタリ協会

「北海道アイヌ協会」から「北海道ウタリ協会」に、改称する（『北海道大百科事典・下巻』から引用）。

昭和三十七（一九六二）年

太刀が出土

大樹。堀善次郎の農地から、鎌倉時代の太刀が出土した。刀身の長さ八〇センチ、錆びて刃文など不明であったが、一緒に出土した鐔は明瞭であった。松前藩時代から砂金堀が行われた地域であり、何らかの関係があると推定されている（『大樹町史』から引用）。または、アイヌ民族が所有していた宝物の遺品であったのかもしれない。

昭和四十一（一九六六）年

アイヌ民族の居住なし

鹿追。アイヌ民族のほとんどが、明治時代の保護施策により、土地を付与され、農業を営むため、音更や芽室の芽室太、毛根方面へ移住した。

その後も少数のアイヌ民族が鹿追に住んでいた。この年、アイヌ民族の平村文太郎が亡くなったことにより、鹿追には、アイヌ民族の居住者がなくなった。

昭和四十二（一九六七）年

アイヌの伝説・アザラシが住む、七つ沼カール

私（編者）は、八月十二日〜十四日にかけて、日高山脈を六人のメンバーで縦走した。その時、七つ沼カールを遠望した。

八月十二日。戸蔦別川中流を十時出発。戸蔦川上流から日高山脈の北戸蔦岳の峰の麓（ふもと）まで沢登り。星が輝く暗闇の中で野宿。テントなし。

十三日、日高山脈の峰の麓から北戸蔦別岳（一八〇七㍍）の峰に登る。戸蔦別岳（一九六〇㍍）から南の眼下、七つ沼カールを遠望する。

七つ沼カールには、コンブが茂り、アザラシが棲むというアイヌ民族の伝説がある。夜、ピパイロ岳（一九一八㍍）の南峰で野宿。テントなし。雨の中、ずぶ濡れで眠る。

十四日。ピパイロ岳から妙敷山（一七三一㍍）に向かって下山。芽室川上流、伏見から十九時三十五分帰宅。

途中、伏見山中の小川の近くで、うなり声で威嚇する二頭の熊に出会う。先頭のリーダーが、私たちに『逃げるな』と大声を上げた。リュックをおろし、携帯ラジオ鳴らし、ナタを取り出して、戦闘準備をした。

昭和四十八（一九七三）年

池田・千代田堰堤・カムイイロキ（神々の祭り）

五月十二日。山川シマが、北海道ウタリ協会や文化保存会に働きかけたことにより、十勝管内のアイヌ民族が一堂に集まり、千代田のカムイピラで盛会なカムイイロキが実現した。

幕別のイカンベツ（相川）に住む山川シマ（現・六九歳）は、春、夏の漁に出るときには、豊漁を祈願して、イカンベツ側の十勝川の砂浜でカムイノミ（神に祈る儀式）を行っていた。太平洋戦争前後からアイヌ民族が激減したため、昭和四十二年まで、カムイノミが全く忘去られていた。

その後、昭和四十八年から、千代田堰堤の下手にある川岸に突き出ている神々の崖、エサシウンカムイピラで、カムイノミが行われるようになった。

祭壇には、木弊が立てられ、鱒、餅、シラリ（トウキビのドブロクの粕）、ドブロクを供え、火が熾《おこ》され、男たちは、トゥキ（杯）の酒をトゥキパスイ（棒酒箸）で、祭壇に振りかけ、トゥキで酒を飲み交わした。女性は祭壇の前に座らず、左脇で付き添っていた（『池田町史・上巻』から引用）。

昭和五十七（一九八二）年

北海道ウタリ協会「新法の制定」を決議

「北海道ウタリ協会」は、総会で「旧土人保護法の廃止」と「新法の制定」を決議する。二年後、「アイヌ民族に関する法律案」を採択。知事に請願し実情を訴えた。

政府は、「少数民族」、「先住民族」が存在しないという立場をとり続けたが、知事、北海道議会も旧土人保護法を廃止し、新たな法律制定を政府に要請（昭和六十三年）した（『音更百年史』から引用）。

昭和五十八（一九八三）年

上士幌・川上英幸の活動

六月。上士幌。川上英幸。昔の家（チセ）を復元した。アイヌ民族の長老の指導を受け、丸太やカヤの材料を集め、生活用具の製作を行った。釧路、胆振から協会の人々がお祝いに来て、伝統的な祭壇（ヌササン）を設け、祈りの儀式（カムイノミ・祭り）を行った。

伝統的な丸木舟の制作に取り組んだ。足寄の螺湾から桂の大木を切り出し、中央大学探検部の学生が協力して、丸太を彫り、全長五メートルの丸木舟を完成させた。進水式は東泉園の池で行った。

昭和五十（一九七五）年頃から、自宅、周辺の自然環境を生かし、釣り堀、焼肉の東泉園を営んでいた（『音更百年史』から引用）。

昭和五十九（一九八四）年

上士幌・ウタリ文化継承保存会

十一月。上士幌。ウタリ文化継承保存会の設立総会が開催される。

昭和六十（一九八五）年

ウタリ協会上士幌支部結成

上士幌。川上英幸は、ウタリ協会上士幌支部（四戸）を結成、アイヌ民族の文化の復元、継承に努めた。昔、上士幌地域には、アイヌ民族が五、六〇戸住んでいたといわれている。現在は三戸一三人である。

音更川沿いの上音更の下台には、パラトという川が干しあがり、沼が残った。アイヌ民族の聖地といわれ、昔、周辺にアイヌ民族の集落があった（『音更百年史』から引用）。

昭和六十一（一九八六）年

アイヌ植物園

五月五日。上士幌。川上英幸。アイヌ民族が食料としていた草、木などの植物を集め、アイヌ語を表示してアイヌ植物園を開園した。

昭和六十三（一九八八）年

パウダー工場

上士幌。川上英幸。植物園に山菜や野菜など乾燥、粉末にするパウダー工場を完成させた。落成式には町長をはじめ、関係者が出席した。フキノトウ、ヤチブキ、アイヌネギなどを粉末にして、ソバ、豆腐、コンニャクなど入れたものを試食した。

その後、独自に開発した、トカップ漬けが好評を得た（『音更百年史』から引用）。

昭和六十四（一九八九）年

昭和は、昭和六十四年一月七日まで。

第七章　平成・令和の十勝アイヌ民族

平成元（一九八九）年

平成元年は、一月八日から始まる。

平成四（一九九二）年

国際連合・「先住民族保護」
先住民族は、居住地域の保護、開発の恩恵にあずかっていないとして、先住民族保護問題が取り上げられた。

平成五（一九九三）年

国連は「国際先住民年」に指定
国連で開催された世界人権会議は、「先住民族権利宣言」を起草、採択した。

平成六（一九九四）年

アイヌ民族で初めて、国会議員の誕生

アイヌ民族で初めて国会議員が誕生する。、日高・二風谷の萱野茂氏が参議院比例区（社会党）で、繰り上げ当選する（令和二年十二年九日付け、『北海道新聞』から引用）。

平成九（一九九七）年

アイヌ文化振興法が可決

七月。アイヌ民族の働きかけにより、北海道旧土人保護法を廃止して、「アイヌ文化の振興並びにアイヌの伝統等に関する、知識の普及、及び、啓発に関する法律（略称・アイヌ文化振興法）」が可決され、施行された。

法律の目標は、アイヌ民族としての誇りが最大限に尊重される社会の現実にあった（『新得町百二十年史・上巻』から引用）。

平成十一（一九九九）年

アイヌ生活実態調査

北海道のアイヌ生活実態調査では、世帯数七、七五五戸、人口二三、七六七人。高校進学率は九五・二%、道内水準とほぼ同じ。生活保護支給は三・七%であり、道内水準の倍以上になる。差別された経験は、二八・一%あり、その大半は結婚や学校のことだという。

アイヌ民族の先住権や少数民族の誇りを尊重し、アイヌ文化の継承発展を支援する運動が早急の課題となっている（『音更百年史』から引用）。

平成十九（二〇〇七）年

先住民族の権利に関する国連宣言

九月。国連総会で日本を含む一四四ヵ国の賛成多数で採択された。全文と本文四六条で構成されている。令和二年十二月九日付け、北海道新聞から紹介する。

前文（抜粋）

・先住民族は植民地化され、土地、領土、資源を収奪された結果、歴史的な不正義に苦しみ、自ら発展する権利を妨げられてきた。

・この宣言によって先住民の権利を承認することは、正義と民主主義、人権尊重、非差別、信義誠実の原則に基づく国家と先住民族の調和的、協調的な関係を向上させると確信する。

本文でうたう先住民族の主な権利

・民族自決権・自治権

・国政参加権

・同化を強制されない権利

・文化的伝統と習慣を実践する権利

・宗教的伝統を実践し、祭具や遺骨の返還してもらう権利

・歴史、言語、口承伝承を未来の世代に伝達する権利

・独自の言語で教育を提供する権利

・立法、行政との協議権

・経済的、社会的条件を改善してもらう権利

・収奪された土地、領域、資源の回復と補償を受ける権利

（令和二年十二月九日付け、『北海道新聞』から引用）。

平成二十（二〇〇八）年

アイヌ民族は先住民族

衆参両院で「アイヌ民族を先住民族とすることを求める決議」を全会一致で可決。官房長官が先住民族と認める談話を発表する（令和二年十二年九日付け、『北海道新聞』から引用）。

平成二十一（二〇〇九）年

北海道アイヌ協会に改称

四月一日。再び、「北海道アイヌ協会」と改称される。昭和五（一九三〇）年に「北海道アイヌ協会」が設立され、昭和三十六（一九六一）年に、「北海道ウタリ協会」と改称された。その後、再び、「北海道アイヌ協会」と改称された（『十勝大百科事典』から引用）。

民族共生象徴空間「ウポポイ」の提言

七月。「アイヌ政策のあり方に関する有識者懇談会」報告が政府に提出され、国立アイヌ民族博物館を中心とした民族共生象徴空間「ウポポイ」の整備が提言された。

政府は提言を受け、東京オリンピックが開催される令和二（二〇二〇）年までに、胆振管内の白老町に、「民族共生象徴空間（ウポポイ）」を整備することにした（『新得町百二十年史・上巻』から引用）。

平成三十一（二〇一九）年

アイヌ民族の遺骨

四月。この時点で、アイヌ民族の遺骨は、全国の一二の大学、北大、東北大、東大、新潟大、京大、大阪大、札幌医科大、大阪市立大、南山大、天理大、岡山理科大、東京医科歯科大で保管されている。その数は一、五七四体。個体として判別できない遺骨が三四六箱。

その後、胆振管内白老町のアイヌ文化復興拠点「民族共生象徴空間（ウポポイ）」の慰霊施設に一、三二三体と二八七箱が移された（令和二年十二年二十七日付け、『北海道新聞』から引用）。

アイヌ民族「白人説」・遺骨の盗掘

遺骨は、明治初期（一九世紀）から昭和の初め（二〇世紀前半）にかけて、「アイヌ民族白人説」

の検証などのため、欧州の研究者らが収集を始めた。昭和五（一九三〇）年頃からは、旧帝国大学の和人研究者も発掘を始めた。

東大教授だった故小金井良精が、明治二十一（一八八八）年に、遺骨を収集した様子を記した「北海道旅行記」には、「アイノ（アイヌ）が、まだ、付近に居るようなところは避けて、なるべく古い無縁の墓場を探し求めるのが最も大切であると考えていた」と記述。アイヌ民族に見つからないように、盗掘していたことが分かる（令和二年十年二十三日付け、『北海道新聞』から引用）。

平成は、平成三十一年四月三十日まで。

令和元（二〇一九）年

令和元年は、五月一日から始まる。

先住民族の明記

五月。法律で初めて、アイヌを「先住民族」と明記したアイヌ施策推進法を施行した（令和二年十二月九日付け、『北海道新聞』から引用）。

令和二（二〇二〇）年

博物館などのアイヌ民族の遺骨

一月。文化庁によると、この時点で、アイヌ民族の遺骨は、一二の大学とは別に、北海道博物館や東京国立博物館などの全国の博物館一七施設で保管されている遺骨は一三三体、八箱が保管されている。各施設では、地域のアイヌ民族団体と返還について協議をしている（令和二年十二月二十七日付け、『北海道新聞』から引用）。

民族共生象徴空間（ウポポイ）が開業

七月十二日。胆振管内白老町で、アイヌ文化の復興拠点「民族共生象徴空間（ウポポイ）」が開業した。政府が国立アイヌ民族博物館や遺骨の慰霊施設を整備。アイヌ文化とその歴史を国内外に発信する（令和二年十二月二十五日付け、『北海道新聞』から引用）。

遺骨の返還訴訟

八月。浦幌町のアイヌ民族団体「ラポロアイヌネイション（旧浦幌アイヌ協会）」は、遺骨の返還訴訟を通じ、平成二十九（二〇一七）年八月から、今年の八月にかけて、北大、札幌医科大、東大から遺骨一〇二体を取り戻し、再埋葬した（令和二年十二年二十七日付け、『北海道新聞』から引用）。

アイヌ文化に触れ合う集い

十月十八日。帯広市生活館（フクロウの館）で、「アイヌ文化にふれあう集い」が開催された。帯広アイヌ協会が主催。とかちエテケカンバの会、帯広カムイトウウポポ保存会によるアイヌ生活文化展と同時開催。古式舞踊や伝統楽器ムックリの演奏を披露した（令和二年十月十八日付け、『十勝毎日新聞』から引用）。

サケ漁を行う権利

十二月十七日。浦幌町のアイヌ民族団体、「ラポロアイヌネイション（旧浦幌アイヌ協会）」が、国と道を相手取り、浦幌町の浦幌十勝川でサケ漁を行う権利の確認を求めた訴訟の第二回口頭弁論が札幌地裁（高木勝己裁判長）であった。国と道は、「原告の主張には、法制度上の根拠がない」と反論した（令和二年十二月十八日付け『北海道新聞』から引用）。

アイヌ民族の政府予算案

十二月二十一日。政府は、令和三（二〇二一）年度の予算案を閣議決定した。一般会計総額は、一〇六兆六〇九七億円。

・アイヌ政策関連は、五七億五二〇〇万円。

・「民族共生象徴空間（ウポポイ）」の管理運営などにかかる予算が、三〇億三八〇〇万円。

・アイヌ制作推進交付金は、二〇億三〇〇万円。

・アイヌ文化の振興、普及啓発関連は、三億二九〇〇円。
アイヌ民族文化財団への補助などが大半を占めた。

・これとは別に、令和二年度補正予算案として、ウポポイへの誘客を進めるためのCM放送や感染防止策などに、一九億八二〇〇万円を計上した（令和二年十二月二十二日付け、『北海道新聞』から引用）。

第八章　十勝アイヌ民族の生活・風俗・習慣

アイヌモシリ

アイヌ民族は、自分たちが住んでいる土地を「アイヌモシリ（人間の大地）」と呼び、自然現象、動植物など、すべてのものをカムイ（神）の化身と信じた。

イオル

アイヌ民族は、自然からの恵みで生活しているため、資源の枯渇には、敏感であった。生活のため必要な地域、狩猟や採集を行う地域を「イオル」という。

寛文年間（一六六一〜七二）から、和人との交易に商業色が濃くなっていった。「山アイヌ」と呼ばれた十勝内陸のアイヌ民族は、春になると、酋長に引率され、三〇人、五〇人と一団になり、海岸で漁労に従事した。冬になると、故郷のイオル（生活の場）に戻った（『帯広市史・平成十五年編』から引用）。

内陸のアイヌ民族を「山アイヌ」と呼んでいたのに対して、海岸に住むアイヌ民族を「浜アイヌ」といった。

コタン

アイヌ民族が住んでいる集落、一戸でも住んでいれば、「コタン」といった。すなわち、「人の居住する所」がコタンであった。

コタンが形成される条件は、主として、次のような特徴がある。
・河川の流域の段丘上。
・飲料に適する泉。清流の谷川。大川の河口付近。
・周囲が見通しよく、自然の要塞になっているところ。近くにチャシが築かれているところ。
・植物の採集や漁労、狩猟に適したところ。
・水陸ともに、交通に便利なところなど（『池田町史・上巻』から引用）。
アイヌ民族の居住する地域をコタンといった。コタンは、集落という意味になるが、一戸でも数戸でもコタンといった。日頃の生活の便利な場所を選んで、家（チセ）を造り住んだ。
・鹿、熊、ウサギなど狩猟のしやすいところ。
・鮭や鱒など捕獲しやすい河川沿いや河口。
・物を作る木の繊維が採取しやすいところ。
・敷物の材料となるガマやスゲを採取しやすいところ。
・食用や薬草が手に入りやすいところなど（『新得町百二十年史・上巻』から引用）。
アイヌ民族は、夏は主として鮭や鱒などの魚や野山の植物を採取し、冬期は鹿などの猟を行って生活したため、その都度、生活に便利なところに住んだ（『上士幌町史・補追版』から引用）。

アイヌ民族は、粟《あわ》、稗《ひえ》、蕎麦《そば》などを栽培する農耕を知っていた。ほとんどは、魚などの自然物採取に依存し、漁法も熟練に頼っていた。貯蔵法は乾燥が主であった。生活は自然に左右されるので、獲物が豊富なところには、人家が集中していた。

血縁で結ばれた小さな集落をつくり、それぞれが酋長に統率されていた。一般的には数戸の集落をコタンというが、一戸でもコタンといった。人口が増えると分かれて小集落をつくった。

集落の基本的な形は、丘陵を壕や土塁で補強し、周囲に砦や柵を立て、見張り櫓《やぐら》などをつくり、防備した「チャシ」に守られた、ポロチセ（オンネチセ・特に大きく造られた家）を中心に集まっていたのが普通であった。

和人の支配が強くなると、チャシを捨て、魚の豊富な場所、交易に便利な土地に移動した。明治以降は、一般の集落、農村と同じようになった（『幕別町百年史』から引用）。

トイチセ（穴居）

アイヌ民族の住居として、古くはトイチセ（穴居）も使用された。樺太アイヌ民族の穴居は、擦文時代の竪穴式住居に似ていたという（『池田町史・上巻』から引用）。

松浦武四郎の『十勝日誌』に、リフンライ（豊頃の礼文内）などにはトイチセ（穴居跡）が三〇余りある。土地の者は小人の住居の跡といっているが、小人ではなく、大昔の人々の住んだところで、こういう遺構を本土の各地で見たことがある、と書かれている（『十勝日誌』から引用）。

チセ（住居）

アイヌ民族の住居を「チセ」という。一定の方向に向けられ、形は長方形、一部屋。建築資材は、近隣の森林からの材木や樺の皮、葦《あし》（芦・葭・蘆・ヨシのこと）、笹などが用いられた。部屋の内部の中央には炉が造られた。天上の一部に煙り出しが築かれていた。窓は一ヵ所で、神窓といわれていた。出入り口はムシロが下げられた。

チセ（家）の近くに、付属施設としてプー（倉庫）があった。高床式に造られ、収穫物の穀類が貯蔵された。ネズミの害を防ぐため、高床式で仕掛け（ネズミ返し）をしてあった。

明治三十年代にトーフツ（昭栄地域）に入植した人の話しによると、アイヌ民族のチセは、和人の開拓小屋よりも立派だったという（『池田町史・上巻』から引用）。

住居をチセ（家）といった。屋根、壁などの材料は、木や草など身近な野山の中から用意した。大きいチセは、幅一〇メートル前後、奥行き五メートル前後あった。

柱は、石などの土台を用いず、地面に直接穴を掘って埋めた。長方形の家の四隅に柱が立てられ、その中間にも立てられた。部屋の内部に柱を立てることをしなかった。チセの出入り口は、セム（またはモセム）と呼ばれる玄関兼物置の張り出し部屋になっていることが多かった。

骨組みの木を固定するのに釘を使わず、ブドウ、コクワの蔓、シナノキの皮などを縄として使った。屋根や壁はヨシが使われた。

チセの内部は、四角形の一室で、中央に炉が掘られている。炉の上には、魚や肉を燻製にするため、炉棚が天井の梁《はり》から吊されていた。その中央には、炉鉤《ろかぎ》が下げられていた。

窓は、入り口から入って正面に一ヵ所、右、または、左に一、二ヵ所あり、特に、正面の窓はカムイ（神）が出入りする窓で、ロルンプヤル（神窓）と呼ばれ大事にされた。この窓の向く方向は、地方によって異なり、帯広や芽室では、西。音更や池田では、北を向いていた。

チセの周囲には、生活や信仰に関わる付属施設が建てられていた。主なものは、祭壇、熊の飼育檻、倉庫、干し棚、便所などである。これらも地域によって位置、形、建て方に違いがみられた（『新得町百二十年史・上巻』から引用）。

昭和二十五、六（一九五〇、一）年頃、私（編者）が小学校に入学する前、父の自転車に乗せられ、出面（農作業のアルバイト）を頼むため、芽室太のアイヌ民族の家に行った記憶がある。

草葺きの家に下げられたムシロの戸をめくり、部屋の中を見ると、一室（ワンルーム）で、床は土間であった。土の上にムシロが敷かれ、その上で二、三人の大人が横になって休んでいた。窓のない家で、壁はヨシで作られていたためか、隙間から明かりが差し込み、外が見えた。冬はとても寒くて住むことができない。今、思い出して見ると、暑さを防ぐ、夏の家だったのかもしれない。アイヌ民族の家は、狩猟時期に使用する簡易な家や用途に応じて夏の家や冬の家があったという。

衣服

衣服は、獣の皮や樹皮の繊維で作ったアッシという布の着物を着た(『音更百年史』から引用)。

毛皮、樹木の内皮繊維で織った布、交易で手に入れた木綿布で衣服を作った。鹿の皮で作った衣服は、冬の防寒用として着た。木の皮の内皮繊維で織った樹皮衣は、アットゥシといい、オヒョウ(アッニ)やシナノキ(ニペシニ)、ハルニレ(チキサニ)の繊維で作った。

江戸時代の後半になると、和人との交易により木綿布が手に入れやすくなった。よそ行きの衣服の主流は木綿衣となり、木綿衣には刺繍が施された。

木綿衣には、刺繍を入れた衣服や黒、紺の細い布を縫い付けたもの、その上に刺繍を施したものがある。衣類の中で、模様を付けられているのが儀式用で、あまり刺繍のないのが普段着として使われた。模様は母から娘へと母系の系譜にしたがって伝えられた(『新得町百二十年史・上巻』から引用)。

アイヌ民族の衣服は、古くは主として獣皮を着用し、その他、鳥毛衣(ラプリ)、魚皮衣(アクミ・カプリ)、草衣(ケラ)を着用した。

オヒョウやアカタモの木の皮から繊維を取って、アッシを織り、イラクサの繊維から敷物(イタラッペ)を織った。アイヌ民族の着物の着方は、左衽《さじん》(ひだり前・左の襟を内側にして着物を着ること)である。遊牧民族も左衽である。

ロシア沿海州の山丹交易によってもたらされた蝦夷錦は有名である。蝦夷錦は、紺色や黄色の布地に金糸、銀糸を用いて、竜、青海波（波の模様）、七宝模様などが刺繍されている豪華な衣装である。アイヌ民族は重要な宗教儀礼の際や役人たちの出迎えに着用した（『幕別町百年史』から引用）。

アッシの文様は、一見してアイヌ文様と判別できる特徴がある。アイヌ文様には、「織り込み文様」、「切り伏せ文様」、「刺繍文様」の三種類がある。

中でも、特色のあるのが、「切り伏せ文様」である。「切り伏せ文様」は、「イエチウス」といい、「物をそこに我等おく」の意味で、元々の布地がすっかり隠れてしまうほど、他の布地で切り置かれ、縫い付けられる（『池田町史・上巻』から引用）。

タマサイ（胸飾り）

アイヌ民族の女性が、正装したときに首からさげる、色とりどりの丸型のガラス玉の胸飾りを「タマサイ」という。胸飾りの下には、「シトキ」と呼ばれる銀や銅製の飾り板を付けるのが一般的である。

タマサイは、現在の女性の装飾用とは異なり、アイヌ民族女性の魂を意味し、護符《ごふ》（お守り）としての宗教的意味があった（『池田町史・上巻』から引用）。

（個人蔵）

写真二十三．タマサイ（胸飾り）

アイヌ民族の女性が、熊送りなどの儀式のとき、正装をする。
そのとき、首から吊され胸に飾られた。
タマサイは、アムール川下流域や樺太の山丹交易で入手したガラス玉が使用された。

コンチ（頭巾）とマタンプシ（帯状のはち巻き）

アイヌ民族の男が、冬山に狩猟に出かけるとき、足に鹿皮の靴を履き、頭には防寒頭巾《ずきん》をかぶった。この頭巾を「コンチ」という。

男も女も、マタンプシと呼ばれる額を締める、帯状のはち巻きを装飾用としてつけた（『池田町史・上巻』から引用）。

仕事

鹿や熊を狩り、鮭や鱒の漁を行った。夏には鱒の大群が川底が見えなくなるほど遡上する。やがて、秋になると鱒にかわって鮭が所狭しとのぼってくる。冷たい風が大地を通り抜け、山々が白一色になる頃、男たちは狩猟の準備に余念がない。

狩猟や漁労は危険が伴うので、身の安全と豊富に獲物が手に入るようにカムイに祈る。獲物が手に入ると、タバコや塩を供え、カムイに感謝の祈りを捧げた。こうした「祭り」や「送り」は日常生活の一部であった（『音更百年史』から引用）。

食料

食料は、川に遡上する鮭、鱒、その他の小魚や鹿などの動物の肉など。野山ではいろいろな種類の野草を採取した。ウバユリの根から作られる良質なデンプンが有名である。

（編者撮影）

写真二十四．姥百合《うばゆり》の実（種子）の殻

実の殻の大きさ：縦五・〇センチメートル、横二・七センチメートル。

姥百合の球根から、上質なデンプンが取れた。アイヌ民族の貴重な食糧。

明治十六（一八八三）年五月二十三日。札幌県は十勝川上流の鮭漁の禁止を布達した。このため、翌年の春、十勝地方のアイヌ民族は飢餓状態となる（『音更百年史』から引用）。

狩猟や植物採取で日常の食料を確保した。狩猟の方法は、主に弓矢が使われた。矢先にはトリカブトの根から作った猛毒を塗った。仕掛け弓（アマッポ）でシカやキツネを捕った。川に遡上した鮭や鱒などは、マレックという突き鉤《かぎ》、ヤスで突き捕った。保存食として、獣の肉や魚を炉棚に置いたり、吊したりして燻製を作った。

食用や薬用の植物採取は、女、子供、老人の仕事だった。薬用は天日干しにして保管した。粟や稗を栽培するアイヌ民族もいた（『新得町百二十年史・上巻』から引用）。

食物は、主として魚、獣の肉や野山に自生する草類、果実などを食べた。肉類は生で食べることもあるが、多くの場合は焼いて食べた。アイヌ民族は、自然の幸を求めて生活していたため、大雪やその他の自然災害で飢餓状況になったり、餓死する場合もあった（『幕別町百年史』から引用）。

アイヌ語と口承物語・ユーカラ

アイヌ民族は文字を持たず、アイヌの伝説や物語を口承で伝えてきた。ユーカラは民族の神話や英雄、歴史など口頭で伝承される物語、叙事詩のことである。人々は言葉を大切に扱い、伝承する長老を尊敬した（『音更百年史』から引用）。

（編者撮影）

写真二十五．マレㇰ（マレック、マルッポともいう。突き鉤）

マレㇰで鮭や鱒の横腹を突いて捕獲する。
マレㇰは先だけを持ち運び、川岸で手頃な木を切り、木の棒の先に縛り付けて使用する。

アイヌ語には、各地域の方言がある。アイヌ語の言葉の並びは、日本語と同じとされている。

アイヌ民族は、文字を持たない民族である。そのため、昔話や神話、伝説、歌などは、口頭で語り継いできた。同じ物語や伝説でも口承のため、その時々により伝える人により、新しく挿入されたり、話しの内容が変化することがある。そのことが口承文芸を豊かにしているという（『新得町百二十年史・上巻』から引用）。

口承伝説によれば、十勝アイヌ民族と石狩アイヌ民族との間に、「天産（天然の産物）略奪」の抗争があったとされる。日高アイヌ民族からは、「宝物略奪」、釧路アイヌ民族からは、「娘略奪」の害を受けたとされる。不思議なことに、和人社会でいうところの産業、経済については、登場しない（『帯広市史・平成十五年編』から引用）。

サコロベ・口承物語

文字を持たないアイヌ民族には、すぐれた口承による物語文学がある。これは、謡われる韻文の物語りと語られる散文の物語りに分けられる。

知里真志保（北海道大学教授）は、韻文のものをカムイユカル（自然神謡）、オイナ（人文神謡）、ユカル（ユーカラ・英雄詞曲）、ウエペケル（首領談）の四つに区分している。

このうち、「ユカル」、すなわち「ユーカラ」は、日高、胆振方面で語り継がれ、十勝、釧路、北見など道東方面では、「サコロベ（節のある謡いもの）」で、語り継がれている。

ユーカラやサコロベには、数種類のものがある。物語の筋も謡い方も大同小異であるといわれている（『幕別町百年史』から引用）。

歌と踊り

アイヌ民族の歌や踊りは、動物や植物、風や雷などの自然風物の多くのカムイとの関わりの中から生まれたという。長い歴史の中で様々な歌や踊りが行われ、今日に至っている。

歌には、熊送りの儀式の時の歌、余興の時の歌、即興歌、仕事の時の作業歌、子守歌、子供たちの遊び歌など様々な種類がある。

踊りは、動物の姿を真似た動物踊り、悪い神を威嚇する呪術的な踊り、遊びの要素を持った踊りがある。人々が踊り神々も一緒になって踊りを楽しむという。祭りの時には、ウポポ（座り歌）やリムセ（踊り歌）を集団で踊る（『新得町百二十年史・上巻』から引用）。

信仰

アイヌ民族は、人間（アイヌ）を除くすべてのものが、カムイ（神）の化身であるとされている。熊、狼、狐、鳥などの動物、木や草などの植物、山や川、岩石などや風や雷などの自然現象までがカムイの化身であり、信仰の対象となっている。

アイヌ民族の世界では、アイヌが住むアイヌモシリ（大地）と神々の住むカムイモシリがあり、カムイモシリでのカムイは人と同じ姿で暮らし、自由に姿を変えてアイヌモシリと行き来し、カムイとアイヌは同じ立場としている。

カムイはアイヌ民族によって祭られ、祭られたカムイは、アイヌ民族の祈りによって、アイヌ民族の力になってくれるとする。

アイヌ民族の神事は、すべて男が取り扱い行い、婦女子は祖先の礼拝や酒、供物を捧げるほかは神事に関わることはしない（『音更百年史』から引用）。

アイヌ民族は、この世は人間とカムイ（神）とで成り立っていると考えられてきた。動物、植物、山、川、火、雷などの自然界にある全てのものを神と考えてきた。平和な生活、災いに遭うこともすべてカムイとの関わりと考えられている。

火はアペフチカムイという。いつも人間を身近で見守るカムイとして、儀式の中で最も重要な役割を果たした。

シマフクロウは、コタンコロカムイと呼ばれ、人間のコタンを守ってくれるカムイである。カシワの大木は、コムニシリコロカムイと呼ばれ、その地域の大地を守るカムイである。十勝川、日高山脈の十勝幌尻岳、クマネシリの山々もカムイと考えられていた。

カムイが人間の世界に訪れるときは、動植物などいろいろな姿をして現れるが、カムイの国では、人間と同じような暮らしをしているという（『新得町百二十年史・上巻』から引用）。

イナウ

イナウ（弊・へい）を作るときの材料は、ヤナギ、ミズキ、アオダモなどで作られる。悪い神に捧げる時には、ニワトコ、クルミを用いたという。

一本の棒の表面を削り、削りかけの白い部分をそのまま二〇センチぐらいの長さで垂れ下げる。それを何本も下げる。こうしてイナウを作り、祭壇に立て祭る。

アイヌ民族のイナウ（弊）の作り方、祭り方の起源が、どこにあるのか不明であるが、和人の古代の民間信仰にも、こうした例があるそうだ（『池田町史・上巻』から引用）。

熊狩り

アイヌ民族の熊狩りは、主に、冬眠から覚めない時期、春の穴熊狩りが多かった。長い冬ごもりのため、体力が衰えた時期の狩猟が好都合だった。

冬眠している熊の穴は、真っ白い雪が熊の息でかすかに汚れているため、発見できるという。熊の穴を見つけると、丸太を何本か穴の入り口に立てかける。そうして置いてから、熊を追い出すと、立てかけてある丸太が邪魔になり、穴の中に引っ張って入れようとする。熊はそのような性質があるので、そこを見計らって毒矢を射ったり、村田銃で撃った。

オプニレ（野山で熊狩りをしたときの儀式）

オプニレは、イオマンテ（熊送り）とは異なる儀式で、山中で熊を捕ったり、穴から出てきた春熊を捕ったときに行う儀式である。

昭和四十二年二月五日。帯広畜産大学の学生会館の北側で、アイヌ民族が山中で熊狩りを行ったときの儀式、「オプニレ」が行われた。

このオプニレは、帯広動物園で飼われていたが熊「太郎」が二〇〇キロ近くの体重になり、危険との判断から、民族資料保存のため殺された。

オプニレの儀式を正しく知っている十勝唯一のアイヌ民族、芽室町芽室太の田中万之助（七〇歳）さんが行った。

村田銃によって射殺された熊の太郎は、祭壇の前に供えられた。イナウ、祭壇を祭る準備から六時間後には、皮を剥がれ、解体された。頭部が切り取られ、祭壇に捧げられ、天国への昇天を祈る祭壇（ヌササン）に安置されて、オプニレ（熊を狩り送る儀式）が終了した。

このオプニレは、帯広郷土研究会（角田東耕会長）、帯広畜産大学芳賀教授が協力した。十勝地方のオプニレの記録は、これが初めてで、最後となるであろうとのことである（昭和四十二年二月六日付け『十勝毎日新聞』から引用）。

写真二十六．オプニレ（熊を仕留めたときの儀式）

オプニレはイオマンテ（熊送り）と異なる。野山で熊を捕った時に、天国へ昇天させる儀式。芽室町芽室太の田中万之助氏（当時、七〇歳）が儀式を執り行った。

（編者撮影）

イオマンテ（熊送り）

イオマンテは、「イ（それ・熊）、オマン（行く）、テ（させる）」、すなわち「熊を送る」の意味である。

アイヌ民族とカムイの送りの場で、代表的な神事が、熊送り（イオマンテ）である。熊は化身してカムイモシリからアイヌモシリに訪れ、カムイは、狩猟民族であるアイヌ民族に、その肉を食料として残し、カムイモシリに送り返される。この時、アイヌ民族は感謝の祈りを捧げ、酒や供物を十分に供え丁重にカムイを送る。

多くのカムイの中でも、熊は特別な畏敬の念をもって祭られるカムイである。送られたカムイは、アイヌモシリでたくさんの贈り物で祭られたことを得々と語り自慢する。それを聞いた他のカムイは自分たちも多くの贈り物を受けたいと語り合うという。

昭和三十年頃まで、アイヌ民族のイオマンテ（熊送り）が行われていた。帯広の学校グランドで行われた「熊送り」の様子を紹介する。

キナムシロを敷き、宝物を飾り、柳を削ってイナウ（木弊・もくへい）を立て、神座を作った。熊を檻から出して、神の元へ昇天させるためのウポポを歌い踊りを踊るうちに、弓で熊を射止め、熊の首を丸太で絞り、その頭骨をイナウケで包み神座に供えた。

アイヌ民族の「熊送り」の儀式は、ほとんど見ることのできない珍しい儀式のため、人々でグランドを埋め尽くした（『音更百年史』から引用）。

クマを射止めたときは、カムイが肉と毛皮をまとってカムイの世界から、現世、人間の世界に下りてきたものと考える。肉体と魂に分け、肉体は人間が食料や衣服に利用する。

クマの魂は、人間界のたくさんのお土産と共に、カムイの世界へ送り返すため、儀式を行った。この儀式をカムイイオマンテ（クマの霊送り）という。

クマがたくさんの食料をもたらしてくれるので、それに感謝し、再び、その恵みをもたらしてくれるように願う儀式であった。大切に送られたクマのカムイは、再び、肉と毛皮をお土産に人間界に訪れると、考えられていた。

このカムイイオマンテは、山で射止められた熊を送る場合と、山で捕まえた子熊をコタンへ連れ帰り飼育し、一年ほど経ったら、カムイの世界にいる親熊の元に送る二種類があった。

このようなイオマンテは、シマフクロウやキツネ、すでに絶滅したオオカミなどでも行われていた（『新得町百二十年史・上巻』から引用）。

「熊送り」の儀式は、アイヌ民族独自の儀式ではなく、熊が生息する北方に居住する民族の、共通して行われた神事的風習である。

熊送りに使用するクマは、狩猟によって捕獲した子熊である。コタンに連れ帰ると、そのコタンは悪疫や天災が起こらないと信仰された。

明治五（一八七二）年八月。「熊送り」を廃止する達しがあった。

大正十（一九二一）年一月十五日。伏古で熊送りが行われた。

昭和二十五（一九五〇）年三月。池田町高島別保のアイヌコタンでイオマンテ（熊送り）が行われた（『池田町史・上巻』から引用）。

入れ墨の起源

アイヌ民族がいつ頃から、「入れ墨」をするようになったのか、不明である。江戸時代の元和四（一六一八）年と元和七（一六二一）年に、蝦夷地を視察したイタリアの宣教使アンジェリスの報告に、「蝦夷の女は、唇を青く染め、また、手の皮膚にも五つ、六つの青色の輪を描いてる」と書かれている。

「入れ墨」のことをアイヌ語で、「シヌィエ」という。「自身を染める」という意味である。十勝アイヌ民族の間では、古くは、「アンチピリー」という言葉が、「入れ墨」の意味に使われていた。「黒曜石（十勝石）の傷」という意味である。

黒曜石で作った石の刃で皮膚に傷をつけ入れ墨をした。後には、カミソリの刃やマキリを使って、一定の模様に細かく傷をつけて、シラカバの皮を燃やした鍋の煤をすり込んで入れ墨にした。コタンでは、熟練した老婆が娘たちの入れ墨をした（『浦幌町百年史』から引用）。

「日本の昔話・アイヌの昔話」に日高管内の伝説として、「太古文化神オキクルミの妹の手に入れ墨がしてあった。それをアイヌ民族の女性がまねるようになった」というようなことが書かれている。

文化五（一八〇八）年、最上徳内が著した『渡島筆記』には、「コロポックルの女性が手や唇の周囲に、美しい入れ墨をしていた」と書いている。『渡島筆記』の記録よりも、以前から、入れ墨の習慣があったことになる。オキクルミとコロポックル族が同じ民族かどうか分からないが、同じような話であることに興味深い。

入れ墨の意義

アイヌ民族の女性は、口元や手に入れ墨をした。十歳前後になると上唇に入れ墨が始められた。五、六年かけて口の周囲や手、腕の入れ墨が完成する。入れ墨が完成すると成人と認められ、結婚することができた（『音更百年史』から引用）。

入れ墨は、地域によって異なるが、およそ、結婚適齢期に完成するものであり、「入れ墨を施した口は、ただ夫のためにのみ語り、その手は、ただ、夫のためのみに働くという誓いの印であるという」。

女性だけでなく、男性も入れ墨をすることがあった。永田方正の明治二十二年から二十三年の調査で、「男子は、右手にだけ入れ墨をする。弓矢の巧みな者になりたいと願うためである。弓形、弓矢の形である」と、記している（『浦幌町百年史』から引用）。

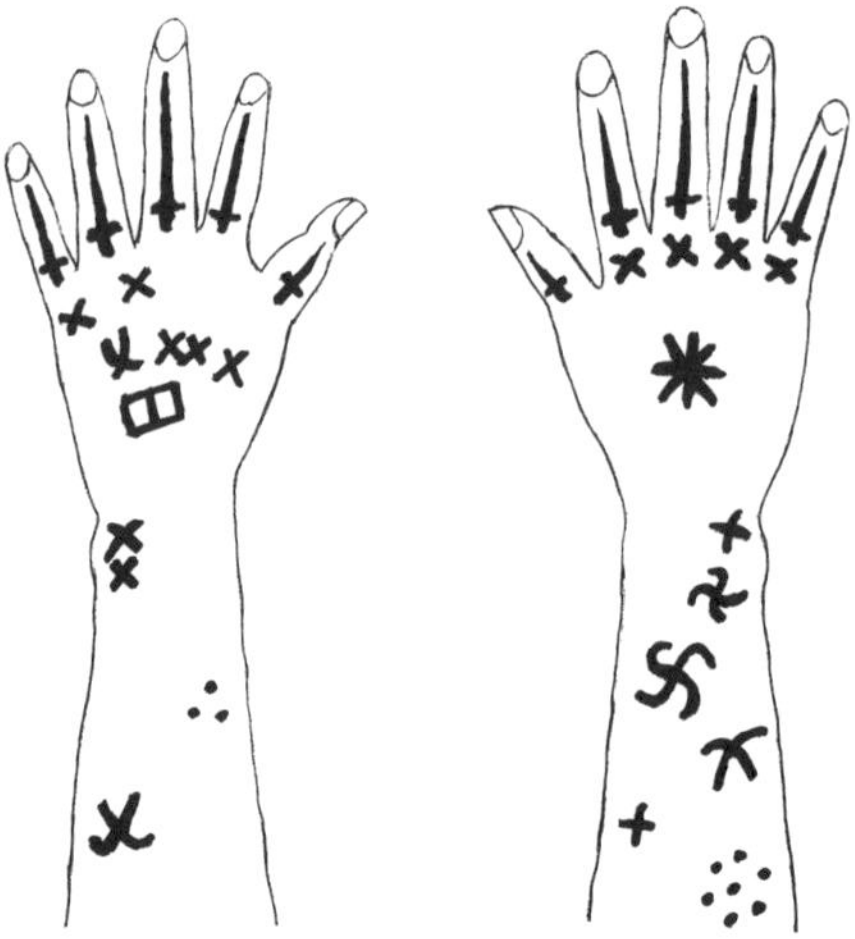

図版六．多良間島の針突文様（入れ墨）
原図：『多良間村史』第4巻・民族編から引用

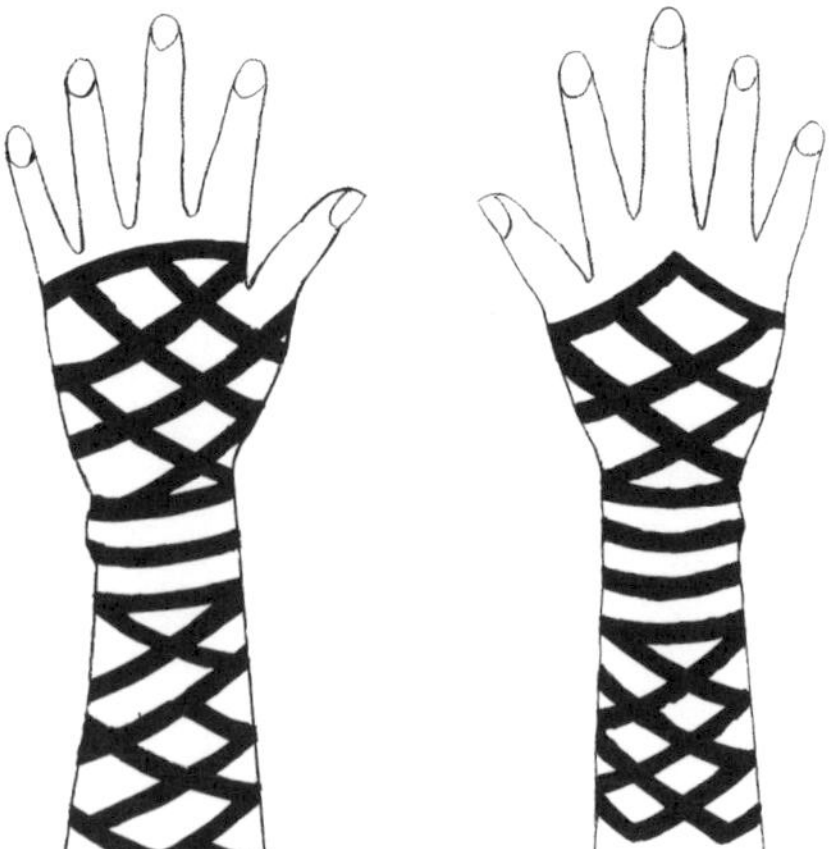

図版七．十勝地方の分身（入れ墨）
原図：児玉作左衛門・伊藤昌一「アイヌの分身の研究」(『北方文化研究報告』から引用)

入れ墨の禁止

入れ墨は、江戸幕府時代から二度にわたって禁止していたが、効果がなかった。明治四年に、開拓使が禁止して以来、それ以降、減少した。浦幌では、昭和三十三、四年頃まで、入れ墨をした老婆が見られた（『浦幌町百年史』から引用）。

明治四（一八七一）年十月八日。開拓使は、アイヌ民族の「入れ墨」を禁止した。禁止しても、急速に入れ墨の習慣がなくなったわけではなく、その後、しばらく続いた。

沖縄・与那国島で入れ墨の話

私（編者）が沖縄の与那国島に滞在したとき、一人の女性が、『私のお婆さんが、手に紫色の入れ墨をしていました。何の材料の色を入れていたのでしょうか』と、私に話した。私が北海道から来たということで、アイヌ民族のことを連想したのかも知れない。私も興味があったので、帰宅してから調べてみた。

「入れ墨」は、「日本書紀」に「文身」と書かれているので、歴史的には、かなり古くからの習慣である（『エミシの研究』より）。

入れ墨の色については、満岡伸一著『アイヌの足跡』によると、シラカバの炭《すみ》と藍《あい》を混ぜたと書いてあった。沖縄の『多良間村史』によると、墨汁、木炭、石油ランプの煤煙などが使用されたようだ。

与那国島では、文明九（一四七七）年に漂着した済州島人が残した記録がある。当時の記録には、入れ墨のことにふれていなかったので、入れ墨は、その後の習慣であろうと言われている。

葬儀

大正六（一九一七）年四月。アイヌ民族の葬儀が行われた。この葬儀について、アイヌ民族研究の吉田巌が記録している。その葬儀の様子を要約して紹介する。

「囲炉裏《いろり》の左右に、婦女子が二列に座り密集した。上座に老人など数人の男が座り、遺体のそばで婦女子が、号泣して外に響いた。持参したお金と米を出し、老婦はその米をつかみ、火の中に二、三回投げ入れた。神座と遺体との間には、キナ（ムシロ・筵）を一枚吊し、境としていた。

やがて、女三人、男七人が立ち上がり、男二人は、遺体を担いで墓地に向かった。唐鍬で穴を掘り、かつぎ棒で吊ったままのキナ包みの遺体を穴の中に入れた。一人の女がナタで吊り縄を切り、直ちに土をかけた。副葬品は、イヨマブニ（子守用の棒）とイタンギ（お椀）と古衣をナタで破り裂いたものだった。

帰り際は、ヨモギか代用のハギの枯れ枝を渡された。各自がそれぞれ衣服を払い、『ごくろうさま』と云って別れた」。

こうした伝統は、昭和三十年代まで見られた。昭和三十五（一九六〇）年、ある長老の葬儀で、独特の習わし、「泣人」と呼ばれる数人の婦女が、身をなげうち震わせて、いつまでも泣いていた。

アイヌ民族は、家族の誰かが亡くなると、その家を焼いて、住居を他に移すという習慣があり、住宅は粗末な家が多かった（『音更百年史』から引用）。

この風習は、伝染病など疫病を防ぐ手段のひとつだったのであろうか。

アイヌ民族のお墓

アイヌ民族の墓は、ニワトコで作られたクワ（墓標）が建てられ、一見して分かる。男の墓標は、ヤリ型、女の墓標は、T字型で、それぞれ狩猟道具、杖（つえ）を意味する。

アイヌ民族の埋葬方法は、「土の舟（トイチップ）」といわれる墓穴に、頭を東の方向に仰向けにして伸展葬《しんてんそう》（身体を伸ばしたままの状態で埋葬）にする。遺体は、キナと呼ばれるムシロに包まれる。それを六本のニワトコの枝で作った串で結ぶ。

家の主人が死亡すると、「家送り」といって、家を焼き払う習慣があった。別保のアイヌ民族の場合は、主人が亡くなった場合のみならず、そこの奥さんが亡くなった場合にも、家を焼いたという。これは、死者に家を持たせて先祖の国へ行くという意味があったようだ。

別保にあったアイヌ民族の墓は、昭和四十九年、高島の共同墓地に移転した（『池田町史・上巻』から引用）。

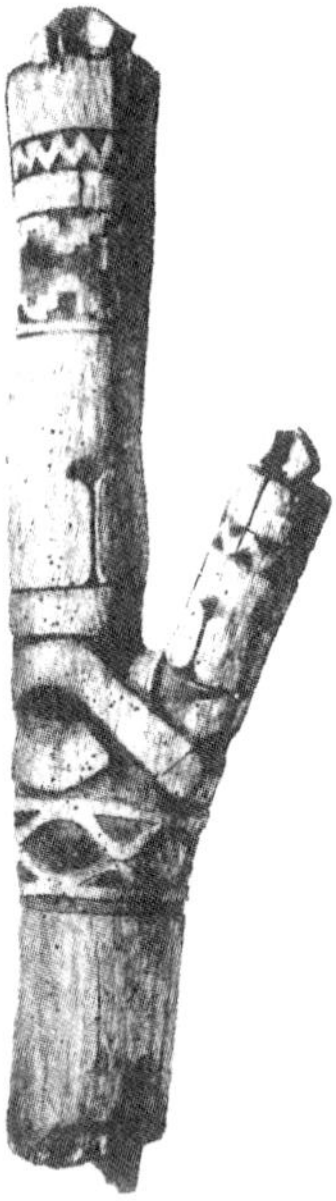

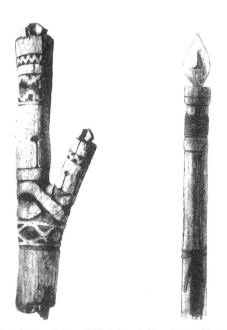

写真二十七．クワ　墓標<左　女性、右　男性>
（金田一京助・杉山寿栄男『アイヌ文様』）

第九章　十勝アイヌ民族の伝説

音更・トキタサップ（大盃のお礼）の由来

音更にトキサラという地名があった。トキサラとは、沼の縁に耳のような形で、小沼のある土地をいう。

子供のいない一人暮らしの貧しい老人が、北見方面からやって来た。アイヌ民族の族長の家を訪ね、『オトフケは、鮭の背中が川の水面に出るほど豊かと聞いて、途中、草を食べながら二二日かかって、やっと、たどり着きました。少しでも良いので、鮭を捕らしていただけないか』と懇願した。

族長は気の毒に思い、鮭の上る小川を分けてあげた。すると、老人は宝物の「大盃（トキ）」を、お礼の贈り物に差し出した。族長は感心して、その小川を「トキタサップ」と名付けた（『音更百年史』から引用）。

音更・アイウシピラ（矢のある壁）の由来

旧木野市街付近には、アイヌ民族の家が三軒あった。そこに住む女の子が子供を背負って歩いていると、巨鳥が舞い降り、逃げる間もなく二人は空高くさらわれた。

集落の強弓を射る者が、巨大な鳥をめがけて射ると見事にあたり、士幌川の東の山の上に落ち、危ういところで助かった。そのため、そこを「アイウシピラ（矢のある壁）」というようになった（『音更百年史』から引用）。

音更・腐ったクマの肉が鮫になる

大昔、ある悪神が川をせき止め、杭を討ち、そこから上に上れないようにした。シャマイクルは堤を壊し、杭を抜いて悪神の企みを退けた。杭を抜いた跡は、滝になった。シャマイクルはある日、熊を捕り肉を取った。数日たち肉が腐ってしまったので、川に捨てた。すると、その肉は鮫になった。シャマイクルの手から川に捨てた物は、いろいろな物に替わったという（『音更百年史』から引用）。

音更・シュオロ（士幌川）の由来

音更のアイヌ民族が三人、上士幌方面に熊を捕りに行った。川の側で煙が上がっているのを見た。こんなところで誰が焚火をしているのだろうと近づいた。すると、河原に二〇人ばかりがいた。音更のアイヌ民族は急に物陰から躍り出た。相手は驚き、鍋を川の中に放り投げてしまった。

ところが、なんと音更アイヌ民族は皆殺しになってしまった。これらのアイヌ民族は、北見方面からやって来た盗賊だった。このようなことがあり、この川を「シュオロ（鍋をうるかす川）」になったという（『音更百年史』から引用）。

士幌・シュウウホロ

「鍋《なべ》川」の意味があるという。現在の佐倉付近の士幌川沿いに無頼の徒が住み付き、住民の生活が脅かされた。その年は、凶作で野山の木や野草の実がみのらず、川魚も捕れなかった。飢えに耐えかねて、無頼の徒たちは、「シュウウォロー」と叫んで、煮る物もない鍋を川の中に投げ捨て、どこかへ行ってしまった。飢えながら死んでいくことを悲しんで、「オルベレレー、オルベレレー」と声を上げて泣いた。「居辺」の地名の由来である（『続士幌の歩み』から引用）。

士幌・ヌプカウシヌプリ

昔、雌阿寒の山は女山で、幌尻岳と夫婦であった。夫婦喧嘩をしたので、ヌプカウシヌプリ（音更山）が仲裁しようと女山と話をしていると、幌尻岳がやきもちをやいて、二人をめがけて槍を投げつけた。ヌプカウシヌプリ（音更山）に当たりそうになり、逃げ出したが、片方の耳が槍で飛ばされてしまった。

士幌や然別にある大石は、ヌプカウシヌプリの耳が、吹き飛んだものだという。ヌプカウシヌプリが、もと、あったところは然別湖になった。

ヌプカウシヌプリ（音更山）は、阿寒の山を助けた偉い山なので、音更では昔から、酒をあげて祟（あがめる）めている（音更アイヌ民族・竹内老咾伝・『続士幌の歩み』から引用）。

上士幌・パラトー（溜水沼）

アイヌ民族の居住地は、昔、パラトー（溜水沼）だった。カムイ（神様）と住居が同じだった。カムイの住居なら、必ず、我々に譲ってくれるに違いない、どうせ貧乏するのならカムイの住むところがいいと、ナイタイから移ったのだった。ナイタイからわざわざ移った土地は、乾燥地で肥沃な土地だった。

移って来る時、赤子のポネラウンクルは、背負われ、和人からもらった黄金の刀の鞘を後ろ手にして、お尻を支えられた。そのとき、背中で小便をしてしまった。黄金の刀の鞘に小便をかけてしまったので、その後、ポネラウンクルの子孫は、常に、貧乏から逃れない運命になったという（『上士幌町史』から引用）。

上士幌・フレ川（赤い川）

アイヌ民族同士の戦いが、時々起こった。負傷したアイヌの人たちは、音更川上流にある温泉に向かった。その温泉に浸かれば、傷を癒やすことができると、神様からのお告げがあったからだ。

負傷したアイヌの人たちは、自然の美しさと立ち並ぶ奇岩、怪石に陶酔しながら、岩の上に腰をおろして休んだ。その瞬間、一本の矢が飛んできて、岩に当たった。敵の追っ手がやって来たのだ。

一同は、慌てて大きな岩陰に隠れた。敵が岩陰を通り過ぎようとしたとき、一人が大きなクシャミをしてしまった。そのため、敵に見つかり、無残にも皆殺しにされた。

自然の清らかな流れだった谷川が、一時期、流血によって、フレ川（赤い川）になったという（『上士幌町史』から引用）。

上士幌・士幌川（シュウホロベツ）の語源

士幌川は、アイヌ語で「シュウホロベツ」、または「シ・ホルカ・ベツ」という。意味は「鍋をうるかした川」。

昔、北見アイヌ民族（無頼の徒）と十勝アイヌ民族が戦って、北見アイヌ民族が、現在の士幌町佐倉付近で、川に鍋を投げ入れて逃げ去ったことから、「士幌川」の語源になったという（『上士幌町史・補追版』から引用）。

鹿追・音更山（ヌプカウシヌプリ）と然別湖

十勝のアイヌ民族で、夫婦喧嘩の仲裁をした音更山（ヌプカウシヌプリ）に酒を供えない者はいない。

十勝岳（オプタテシケヌプリ）は男山で、釧路の雌阿寒岳と夫婦だった。夫婦喧嘩をしたので、雌阿寒岳は阿寒に帰った。

晴れた日、喧嘩して別れた十勝岳が見えたので、雌阿寒岳は手にしていた槍を十勝岳に投げつけた。それを中間にいた音更山（ヌプカウシヌプリ）が見て、これは大変と槍を押さえようとしたが、間に合わず、耳を削り飛ばし、槍は十勝岳にかすって落ちた。そのため、十勝岳をオプタテシケヌプリ（槍が肩をかすった山）といった。

怒った十勝岳は、槍を拾い取り雌阿寒岳に投げ返した。槍は、雌阿寒岳の体にあたって血が飛び散り、血は萱（かや・茅）になり、槍の刺さった傷跡からは、膿が硫黄になって流れた。

音更山は、山の中から出たっきり帰ることができず、原野の中に立っている。このため、ヌプカウシヌプリ（原野にいつもいる山）といい、もといたところは水が溜まって然別湖になった。飛ばされた耳の破片は十勝の火山弾になった（『鹿追町七十年史』から引用）。

芽室・雨山と新嵐山

昔、アイヌ民族が、ピパイロ（美生）川筋の山麓に、鮭漁の網を乾かしていた乾燥場所があった。そこは、「アミ山、網山」といわれていた。それがいつの間にか転訛されて「雨山」と云われるようになったという。

また、この山に雲がかかると、芽室市街地の方にも雨が降るので「雨山」となったと云われている。

現在の名称は「新嵐山（雨山）」という。大正十二（一九二三）年、十勝鉄道が帯広から上美生まで開通した。その頃、小高い山の様子が京都の嵐山に似ていることから、「新嵐山」と名付けられたという。現在は、パークゴルフ場、スキー場、温泉、ホテル、頂上には展望台がある（『芽室五十年史』・『芽室町八十年史』から引用）。

中札内・新しい創作伝説

西札内地区、元更別の高台、ヌツカクシユナイの川筋で、「矢根石（十勝石）」が発見されている。札内川園地の「ピリカメノコの涙石」も、アイヌ民族が使用したものと云われている。「矢根石」は、黒曜石（十勝石）である。黒曜石は、音更川、利別川で多く見られる。黒曜石の原石から作られた「矢根石」が、この村からも発見されている。

これらのことから、中札内村にかかわりのある伝説、不可思議な札内川の地形から物語として伝えたいことを「新しい創作伝説」として生み出した（『新中札内村史』から引用）。

中札内の新しい創作伝説、「山の頂の海」、「札内岳の大沼」、「大鹿とサチナイ川」、「ピリカメノコの涙石」、「裸族伝説」、「裸族伝説・ピリカメノコの涙石」を紹介する。

中札内・山の頂の海

札内川の上流にあるポロシリ岳は、昔から人がめったに行かない神の山だった。この山の頂には湖があって、ワカメや昆布などの海草が生え、魚やアザラシが棲んでいた。大雨が降って

（編者撮影）

写真二十八．札内川上流

不可思議な札内川の地形から、多くのアイヌ民族の物語が伝えられている。

増水すると、ときどき、札内川にワカメや昆布が流れてきた。

山の上に、海のものが棲んでいるのは、大昔に、海の神のレプンカムイが天上のカンナカムイに反抗して争いとなり、負けた海の神のレプンカムイが、その代償として、海の魚や海藻を差し出して許してもらったからと云われている（『新中札内村史』から引用）。

中札内・札内岳の大沼

サツナイヌプリには、大昔から大沼があって、海の動物や植物があると伝えられている。あるとき、サマイクルがサツナイヌプリに登り、沼の主を確かめに行った。

家があったので覗いて見た。何が棲んでいるのか分からなかったので、石を投げ入れた。すると、沼の主は怒って、『家に石を投げ入れるとは、無礼なやつだ。お詫びの品を差し出さなければ、命をとる』と、怒った。サマイクルは償いとして、一二〇種類の海の動植物を沼の主に差し出して許されたという（『新中札内村史』から引用）。

中札内・大鹿とサチナイ（水の乾いた川）川

川の上流で、天も地も震える大音が響いた。下流に住んでいる十勝アイヌの人たちは驚いた。何事かと様子を見に行くと、日高山脈の山頂にせまる川岸に、大鹿がいるのを見つけた。十勝アイヌの人たちは、これまで、見たこともない大きな獲物と喜んだ。すぐさま、一斉に弓の矢を放って、見事に大鹿を仕留めた。

ところが、大鹿を運んで持ち帰ろうとしたところ、日高アイヌが現れて、「その大鹿は俺たちが倒したものだ」という。突き刺さった矢を調べると、確かに日高のアイヌの矢も刺さっていた。

大鹿の持ち主を巡って争い、チャランケ（談判）が始まった。どちらも譲ることがなく、結局、等分に分けることで決着した。

等分に分けられた鹿肉は、重くて担ぐこともできず、転がして川の中に入れ、水の流れを利用して下流に運んだ。川幅いっぱいになった鹿肉のため、何度も川の水がせき止められた。

このため、水かさが減り、下流では玉石が顔だし、ついに、石の河原となってしまった。このため、アイヌの人たちは、この川をサチナイ（水の乾いた川）と云うようになった（『新中札内村史』から引用）。

中札内・ピリカメノコの涙石

ある日、帯広の市民から、中札内村村長に、「札内川園地の駐車場に、一つの石があり、アイヌ民族の遺物ではないか調査してほしい」という投書があった。

早速、役場の職員が調査し、写真を二風谷の萱野先生に送り判断を求めたところ、『昔、アイヌがこの石の真ん中の穴を利用して、トリカブトの根を潰したのかも知れない』と、連絡を受けた。

このようなことで、新しい創作伝説が作られた。「ピリカメノコの涙石」という創作伝説である（『新中札内村史』から引用）。

中札内・裸族伝説

昔、山の中で、裸で暮らしている種族がいた。ときどき、種族保存のため、健康でたくましいアイヌ民族の男をさらっていった。そのため、裸族が居ると云われている山に、近寄る者がいなかった。

あるとき、オペレペレ（帯広）のコタンに住むペップクルが、鹿猟のため、友だちと札内川上流に出かけた。ペップクルは、裸族が住むという山奥まで来たのだから、子供の頃から、見たいと思っていた裸族を、本当に居るのかどうか確かめたくなった。そのことを友だちに話すと、血相を変えて反対した。それで、ペップクルが一人で行くことにした。

歩き続けると、目の前が広がり明るい場所に出た。青く深い湖があらわれ、薄く流れる霧が神秘的だった。これぞ、裸族が住んでいる伝説の湖に違いないと思った。

風の音にのって、「ペップクル、ペップクル」と、若い女の声が、聞こえるような気がした。振り返ると、驚くことに肌が茶褐色の美しい女性が立っていた。

裸族の女は、ペップクルが山に入ってから、ずっと、様子を観察していた。「あなたは、勇気がある。その血を私たちの一族に残すため、私の婿になることを許された。一族の決定に従わなければ、あなたを殺し、アイヌコタンに住む人たちも皆殺しになるであろう」と、女ははっきりと云った。

こうして、妻子あるペップクルは、美しい裸族の女性と結婚し、一緒に暮らすことになった。妻子あるペップクルが、平和に暮らせることなく、その後、妻子に悲劇が起こった（『新中札内村史』から引用）。

中札内・裸族伝説・ピリカメノコの涙石

オペレペレのコタンの若者、ペップクルは、サツナイ川の源流に住む裸族の女と結婚したため、コタンに住むことができなくなった。ペップクルは、一度、コタンに戻って来たものの、酋長らに諭されて、再び、裸族の女のもとへ戻ってしまった。それから、再び、ペップクルの姿を見ることはなかった。

コタンに残されたペップクルの妻と二人の子供たちは、夫、父が荷を背負い、涙を流し、森の中に吸い込まれて行った姿を、いつまでも忘れることができなかった。いつしか、子供たちは、たくましい男とピリカメノコに成長した。

福寿草の花が咲く頃、父恋しさのあまり、兄妹は、裸族と一緒に住む父、ペップクルを探し訪ねようとした。酋長は、訪ねればアイヌ民族と戦いになるので、反対した。

酋長は『どうしても行くのであれば、若者よ、お前一人で行くが良い』と許した。そして、強い弓と矢を与えた。さらに、貯えてあったスクル（猛毒・トリカブトの根）を炉の熱灰に入れて軟らかくし、川岸にある大きな石の穴で潰して、弓の矢に塗ることを教えた。

その後、若者はいつまで経っても戻って来なかった。母と娘は待ち続けた。春が過ぎ、夏も過ぎ、秋風が吹くようになっても若者は戻って来なかった。待ち続ける母と娘の姿に、コタンの人々は涙を流し見つめていた。

コタンで、熊送りが行われ、人々が集まり賑わった。母と娘は仲間から外れ、大石の傍に立っていた。ふと、大石の穴を見ると満月に照らされた穴の水面に、夫、父の顔、我が子、兄の顔が写り出されていた。その夜から、コタンで母と娘を見かけることがなかった。

夫、我が子、兄を待ち続けた母と娘の涙が、大石に点々と小さな穴になって今も残っている。コタンの人たちは、誰ともなく、この石を「ピリカメノコの涙石」と呼ぶようになったという（『新中札内村史』から要約して引用）。

広尾・メノコチャシの伝説

豊似川の上流、海岸から約八キロ、国道から四キロの豊似川右岸に遺跡がある。堡塁約三六〇メートルが現存している。

昔、北見のアイヌ民族の一群が十勝に侵入し、各地のアイヌコタンを侵略して抵抗する男を殺し、広尾に迫ろうとしていた。

チャシラロの娘、ツンランケは、憤然として防禦のため戦うことを決心した。ツンランケは、たいへん美しい娘であった。コタンの若者たちを奮い立たせた。

数回の激戦の末、北見から侵入してきたアイヌ民族を見事に撃退した。このようなことがあり、この砦を「メノコチャシコツ」と、言い伝えられるようになったという（『新広尾町史第一巻』から引用）。

幕別・狐の妖怪

昔、あるところに、兄のオタスッンクルと弟ポンオタスッンクルの兄弟が住んでいた。年に一、二回、酒を造って、神様に供えていた。弟は、見慣れない女が、その酒を盃に入れ、神々にお酌をして歩き回っているのを見た。

弟は、しばらくの間、旅に出ていたので、その女は、兄嫁と思った。ところが、その女をよく見ると、額の鉢巻きの間から異様な光を放っていた。眼も稲妻のような怪しい光に輝いていた。弟は背筋が寒くなった。

兄は、働きもせず、魂を失ったような生活をしていた。兄にどうしたのかと尋ねてもはっきりしなかった。頬を叩いても、反応もなく同じことだった。

弟は、その女の様子もおかしいので、頬を叩いた。そのとき、脚が四本あるのに気がついた。

兄は狐の妖怪にとりつかれているのだと気がついた。

弟は、妖怪の女を成敗しようとしたところ、家にあった金や銀の宝物を持って逃げ出した。宝物が重すぎて、妖怪の女は、弟に捕まってしまい、殺されてしまった。

妖怪にとりつかれた兄は正気に戻った。その後、兄弟は、助け合って、家を守り平和な生活をおくったという（『幕別町百年史』から引用）。

豊頃・旅来砦跡の口碑

ある年、日高アイヌが、この地を攻めて来たとき、十勝アイヌは、旅来にチャシ（砦）を築いた。攻めてくる日高アイヌを防ぎ、数日間、激しく対抗した。十勝アイヌは日高アイヌを退け、十勝を守ることに成功した。

そのとき、十勝アイヌの酋長は、不幸にして敵の矢に当たり、深い傷を負ってしまった。酋長は、深い傷にも負けず、砦に四肢を踏張って立ち、日高を睨みながらタップカラ（神楽）を舞い、舞い終わると、その場に倒れ息を引き取った。

やがて、共に戦ったアイヌ民族は、戦勝の英雄として死んでいった酋長のことを忘れず、この地を「タップカラライ（旅来）」と呼ぶようになった（『豊頃町史』から引用）。

豊頃・旅来沼の鯉

昔、十勝のコタンに侵入してきた日高アイヌの若者が、戦いに敗れ、傷ついた。三日三晩、雨にうたれ、梅雨に濡れて倒れているのを十勝アイヌの娘が見つけた。コタンの人たちの目を逃れ、傷ついた敵軍の若者を山小屋の中で介抱した。やがて、若者の傷も治り、日高のコタンに帰ることになった。

若い二人には、敵味方をこえ愛情が芽生えていた。宿敵同士の十勝アイヌの娘と日高アイヌの若者が結ばれることは、絶望的なことだった。

それでも、二人は、草深い山小屋で愛を誓い、若者は一年後の今日、必ず、娘をつれに戻ると云い残して去った。

それから、約束の一年が来た。若者は娘のもとに現れなかった。また、一年が過ぎた。そして、また、一年が過ぎた。ある日、娘は若者を慕って日高のコタンへ訪ねようと試みたが、コタンの人々に連れ戻されてしまった。

思いあまった娘は、近くの沼に身を投じてしまった。それから、また、一年が過ぎ、日高と十勝に平和が訪れたある日、愛する娘が、この世の人でなくなったことを知らず、日高のコタンの酋長となった若者は、娘を連れにやって来た。

娘の死を知った若者は、風でさざ波の寄せる柳原に立ち、娘の冥福を祈り、心の中の夫婦の契りを硬く誓った。それからいつの間にか、魚の棲むことのなかったこの沼に、鯉が棲みはじめた（『豊頃町史』から引用）。

豊頃・『カンチューだ、逃げろ』

川の水が凍結することは、アイヌの人々にとって、神秘的な現象であった。利別川に張り詰めた氷が、早春の暖気で解け、融雪による増水が、川の氷を一気に流す勢いは、まさに、白い魔物が、川で暴れ回る姿に映った。

利別川流域のアイヌ民族は、この川の流氷を『カンチュー』と呼んだ。この時期に、流域のアイヌ民族は、『カンチュー、サンナ、キラヤーン（カンチューが行くぞ、逃げろ）』と云って恐れた（『豊頃町史』から引用）。

豊頃・乳兄弟

昔、十勝が飢饉に見舞われたとき、十勝のアイヌ民族は、石狩川沿いのコタンの食料を奪うため、大雪山を越え石狩川を下った。

そうとは知らず、石狩川上流に住むアイヌ民族の酋長は、十勝からやって来た客人に、『十勝も石狩も、もとは、大雪山という一人の母親の二つの乳房によって育てられた乳兄弟ではないか。どうか心置きなく、酒を飲んでくれ』と、酋長は接待した。

十勝から食料を奪いにやって来たアイヌたちは、出かけたときの下心を恥じ、戦闘用の石を隠して戻ってきた（更科源蔵著『アイヌ』昭和四十三年・『豊頃町史』から引用）。

豊頃・命より大切な針

日高や十勝のアイヌ民族は、針を大切にした。コタンの外れで緊急の知らせ『フホー』という声がしたので、皆、外へ飛び出した。『どうした、針をなくしたのか』と、怒鳴った。そうしたら、『子供が死んでしまった』と云った（『豊頃町史』から引用）。

豊頃・盲人・トルホッパ

十勝川流域、海岸から一五、六里（六〇～六四キロ）上のところに、ハラトウというコタンがあった。酋長（惣乙名）の名はトルホッパといった。

ヲホッナイ（大津）にも時々姿を見せた。白鬚は胸まで伸び、体格は大きく頑丈だった。十勝一帯に剛勇ぶりは知れわたり、誰一人として、酋長の指示に背く者はいなかった。

ウセモンという妻の他に、カンナリ、オヤモンという二〇才ぐらいの美しいメノコを二人はべらせていた。

この酋長は、十勝一帯の川筋や山、谷などのことを知り尽くし、山並み、沢の様子、川の水源など、いろいろと聞いても答えられないことはなかったという。八八才の冬、亡くなった（『豊頃町史』から引用）。

本別・サマイクルの干し場

義経山（二九四メートル）は、昔、「サマイクル・サン（サマイクル干し場という意味）」とよばれていた。サマイクルは、人間の生活に必要なことを教えた神である。

ある年、サマイクルが一二匹のオルケオカムイ（オオカミ）を引き連れ、義経山に家を造り住んだ。毎日のように数匹のオルケオカムイを連れて、狩りに出かけた。獲物の肉は、頂上で保存のため干した。

狩りに出かけないオルケオカムイは、干し場の番をした。一二匹のオルケオカムイには、それぞれ名前があった。

サマイクルが、分散しているオルケオカムイを呼び集めるときは、『チョー、チョー』と連呼した。すると、たちまち、サマイクルのところに駆け寄った。アイヌ民族が、イヌを呼ぶとき『チョー、チョー』と呼ぶのは、サマイクルの真似をしているのだという（清川ネウサルモン談・『本別町史』から引用）。

更科源蔵編著『アイヌ伝説集』には、「昔、この付近が海であった頃、サマイクルが鯨を捕って料理したところで、山の上には、その時の鯨が岩になって残っている」と書かれている。

義経山（源氏山ともいう）には、義経が来たという伝説がある。アイヌ民族の伝説には、道東では「サマイクル」、道西南部では「オキクルミ（サマイクルと同じような神）」が「義経」だと信じている人たちも多い。

義経山は、アイヌ民族の霊山として知られている。この山に一人で登ることはできない。メノコ（女性）は登ってはいけない。登ると雨が降るという言い伝えがある。

大正中頃まで、日照りが続くと集団で登り、神に酒を供え、焚火をして雨乞いをした（『本別町史』から引用）。

本別・ニカルシピラの伝説

ニカルシビラは、仙美里ダムの貯水池東の足寄地域にある崖の名である。崖の上にはチャシコツがある。ニカルシビラは、「崖にハシゴがある」の意味である。

ある冬、釧路（厚岸軍）のアイヌ民族が大勢で、本別地方に攻めて来た。地元のアイヌ民族に反撃されて全滅してしまった。釧路アイヌ民族の一人が、いち早く前線から抜け出し、追っ手が来ないようにするため、チンル（雪輪・かんじき）を逆に履いて崖下にたどり着いた。ブドウの蔓をハシゴにしてよじ登り、無事、逃げ帰ることができた。このため、その後、この崖は「ニカルシビラ」と呼ばれるようになった。

この戦いで捕虜にした一人の女が、妊娠していたので、命を助け、十勝で嫁がしたという（清川ネウサルモン談・『本別町史』・『足寄百年史・上巻』から引用）。

本別・シンコチャシの戦い

キロロの向こうのチャシ（現在のシンコチャシコツ）と、その向こうのポンチャシ（現在の八幡チャシコツ）からは、利別川の上流、ポンベツ、ピリベツの合流点、上浦幌の丘の斜面まで見渡せることができた。この地に侵入する者は、すべて、このチャシの前に姿を現さなければならなかった。

ある夏の日、利別川上流から、蕗（ふき）の葉がたくさん流れてきた。釧路アイヌ民族が蕗の茎をくわえ、潜って姿を隠し、呼吸しながら奇襲を仕掛けて来たのだった。

本別の酋長は、これを見破った。手薄なはずのチャシの下流に軍勢を集め、一人だけを残し全滅させた。

いつの頃からか、和人と戦ったという言い伝えもある（清川ネウサルモン談・『本別町史』から引用）。

本別・鏡付きのキロロチャシ

キロロチャシの崖下には、昔、大きな沼があった。釧路アイヌや北見アイヌがたびたび攻めて来た。木の陰や藪の中に隠れて忍び寄る敵の姿は、チャシから見える沼に丸写しになるので、いつも、防備をして敵を敗走させることができた（清川ネウサルモン談・『本別町史』から引用）。

本別・地獄穴の老人

現在、フラッツナイ（現在のパンケフラッツナイ）の墓地のあるところよりも、もっと奥の方に、年中、草や木が枯れない暖かいところがあった。

そこに、あの世に通じている地獄の穴（オマンルパロ）があるという。穴の入り口のそばで、老人たちは冬でも、蕗（ふき）を採って食べていた。

人が近寄ると手招きをするそうだ。それを見た者は、必ず死ぬと言われているので、誰も近づく者が居ない（清川ネウサルモン談・『本別町史』から引用）。

本別・大水を出すカッパ

利別川筋の沼には、昔から、河童（かっぱ）が棲んでいた。フラッツナイの沼、本別市街地の沼、勇足のシュスエトウという大きな沼、池田の利別川付近の沼にも河童が棲んでいた。河童は海に行きたくなると大水を出した。

河童は、頭が禿げていて、ポン・エカシ（小さな爺さん）か、ポン・フッチ（小さな婆さん）か見分けがつかなかった。時々、『フン』という大きな声を出したという（清川ネウサルモン談・『本別町史』から引用）。

本別・オトイパピラの伝説

利別川は冬に凍結する。早春、雨が降ると、水量が増し、一度に上流の氷が押し流される。その氷の圧力で下流の氷が割れて飛ぶことがある。この現象、氷が飛ぶことを「カンチュウ」という。

利別川沿いにオトイピラという崖がある。ある年の冬に、雨が降り氷が解け、押し寄せてきた。上流のウトマンピラ辺りで、氷が飛びそうになった。それを見ていた一人の女が、この崖のところから下流のチエトイのコタンに向かって、『カンチュウ・サン・ナ・キラ・ヤン（カンチュウが下るから逃げろ）』と叫んだ。

この崖からチエトイのコタンまで一里（四キロ）もある。神が特別に、この女に声が届くように力を与えたので、チエトイまで声が届いた。

チエトイのコタンの人々が待避していると、もの凄い勢いでカンチュウがやってきた（更科源蔵著『アイヌ伝説集』・『本別町史』から引用）。

本別・ウトマンピラの伝説

ウトマンピラという崖が、利別川に突き出ている。大昔、戦争があった。そのとき、老夫婦が逃げて、ここで抱き合って寝たので、ウトマン（抱き寝する）ピラ（崖）と言うようになったと伝えられている。

また、一説には、悪い猟師が女をさらってきて、ここで抱いて寝たので名付けられたともいう。いずれにしても、崖の形が二つ並んで、人間が抱き合っているかのように見えるので、このような伝説が生まれたのであろう（更科源蔵著『アイヌ伝説集』・『本別町史』から引用）。

本別・オチルシカムイの伝説

義経山の隣りに、山の峰がせり出したところ（現在の神居山か）がある。ここは、お祭りがあると、オチルシオンカムイ（峰の神）に酒を供え祈願する場所である。

このあたりが、見渡す限り青海の原だったとき、山の神が鯨を捕って食べ、その頭を投げたところが、この山になったという（更科源蔵著『アイヌ伝説集』・池田町高島・山越三次郎談・『本別町史』から引用）。

本別・大鱒（ます）の子孫

ビリベツに、ケネウイトッパというマスノスケ（大鱒）の祖印（家の紋章）をもつ家があった。マスノスケは陸に上がり蕗を食べたり、人間に化けるという。

この人々の祖先が、ある日、ビリベツ川に蕗を採りに行ったところ、一人の女が、鼻歌を歌いながら、蕗を採っていた。男の姿を見ると、驚いて川の中に飛び込み、大きな鱒の姿になって逃げようとした。

男は褌（ふんどし）をはずして、川の中に飛び込んだ。股を広げ大鱒の逃げ道を塞いだ。すると、大鱒は、陸に上がり再び、女の姿に戻った。そして、男の妻となった。その子孫は、大鱒の子孫であることを表すために、ケネウイトッパ（大鱒の祖印）を用いるようになったという（更科源蔵著『アイヌ伝説集』・池田町高島・山越三次郎談・『本別町史』から引用）。

本別・チホマベツの伝説

押帯川と美蘭別川の中間に、チホマベツという利別川に注ぐ小川がある。チホマは「悪霊のひそむ」、ベツは「川」という意味である。幼い頃から、母（清川ネウサルモン）が、近寄ってはならないときつく云っていた。

昔、戦いがあったとき、敵の死体を投げ込んだところらしい（清川武雄談・『本別町史』から引用）。

本別・ニセイの伝説

活込ダムの人造湖になったところを、昔、ニセイ（深山にあって川岸にかぶさるように出ている崖）といった。ここで、川をはさんで石合戦があったという（吉田巌『とかちあいぬ研究』・『本別町史』から引用）。

足寄・オオカミが老婆を守る

昔、足寄川と利別川が落ち合う付近に小屋を造って住み、イラクサから繊維を取っていた老婆がいた。

ある日の夜、老婆が小屋の中で眠っていると、一匹のオオカミが入ってきて、炉の中の温かくなっている灰の上で丸くなって寝てしまった。

まもなくして、一頭の大熊が入って来た。老婆は驚いた。昔から、このような時には、ユーカラ（神話）を聞かせればいいということを思い出した。老婆は、火ばさみを持って、炉の縁を打ちながら拍子をとり、ユーカラを始めた。

それでも、大熊は、スキがあると、飛びかかろうとした。そのたびに、オオカミは首をあげ、唸って、大熊を牽制した。

ついに、大熊は老婆に飛びかかった。オオカミは下から噛みつき、猛烈な攻撃を繰り返した。オオカミも大熊もお互いに傷つき、共倒れになってしまった。

このようにして、老婆は、オオカミによって助けられ、長生きしたという（『足寄百年史・上巻』から引用）。

足寄・神々が遊ぶカムイエキロ山

足寄川と利別川の間に、カムイエキロという四〇〇メートルほどの山がある。この山では、常に酒を供え、祈願する習慣があった。

昔、道に迷って、どうしてもコタンに戻れない猟師が、この山の峰で野宿をした。すると、夜中に多くの神々が集まって、物語や歌などで賑やかだった。

猟師は眠ることができず、朝になるのを待って逃げ帰る途中、大熊に出会った。猟師はその大熊を捕り、コタンにたどり着いた。

この話しを聞いたコタンの猟師たちは、神々の物語や歌を聞きたくて、その山に行ってみると、神々は現れなかった。道に迷い偶然に、その山にたどり着いた猟師だけが、神々の物語、歌を聞くことができるという。

今でも、雷が鳴るときには、この山に落雷があり、特別大きな音がするそうだ。それは、神々が遊んでいるからだという（『足寄百年史・上巻』から引用）。

足寄・カムイトー（神の沼）伝説

カムイエロキの対岸、ペンケオワシップ川が利別川に入り込むところに、昔、カムイトー（神の沼）という沼があった。沼には、大きな長い物が棲み、村人は恐れ、沼に近寄る者はいなかった。

ある年、日高アイヌの人がやって来て、『ここの土地に住みたい』と、希望した。そこで、村人たちは、『カムイトーに棲んでいる恐ろしい物を退治してくれたら、ここに住んでも良い』と云った。

すると、日高アイヌの人は、沼の縁に行って、何やら話しを聞かしているようだった。それからというもの、沼では、村人が恐れおののいていた物が見えなくなった。

この沼は、何か異変が起こったり、他から人がやって来る時など、事前に、沼の水の色が変化する。それで沼の近くに住む村人は前もって知ることができた(『足寄百年史・上巻』から引用)。

足寄・神が鹿を天から降ろす

釧路の白糠と十勝の国境に、ウコタキヌプリという山があり、山へ猟に行くときは必ず、この山にイナウ（木弊）を捧（ささげる）げることになっていた。ここは、ユケランヌプリともいって、昔、鹿を司る神が、天から鹿を降ろしたところと、伝えられている。

最近まで、よく雷が鳴って、鹿が降ろされる音がしたという。足寄や白糠に鹿の生息が多いのは、この山に降りた鹿が、峰を伝わって人里へ集まって来るからだそうだ。

白糠では、この山から峰続きになっている石炭岬やサシウシの岬に酒を捧げ、鹿を授けてもらえるよう祈願した（『足寄百年史・上巻』から引用）。

足寄・蕗の茎をくわえ水中に潜る

上利別と大誉地の中間、トプシコタンの対岸に、トミルベシベという川があり、この川を伝わって遡って行くと、足寄川に出る山道がある。

昔、この山道を通って、釧路方面から夜盗が、攻めて来ることがあった。それで、トミ（戦争）、ルベシベ（通路）という。

このトミルベシベの川に、たくさん蕗の葉が流れてきたことがあった。蕗の茎をくわえ、水中に潜って息をしながら、大勢の敵が攻めて来たのだった。不意をつかれたトミルベシベ河口のコタンの人々は、ほとんどが全滅してしまった。その頃の人々が使ったと思われる洞窟が二つある。その二つの洞窟をつなぐ壕も掘られている（『足寄百年史・上巻』から引用）。

足寄・阿寒岳と阿寒湖の誕生

太古の海ばかりの頃。神は、海ばかりでは変化がなく面白さがないと、色とりどりの山を造った。阿寒にも一つの山ができた。

ところが、一つだけ山では淋しく可哀想だからと、もう一つ山を造り、夫婦の山にした。その山が、ピンネシリ（雄阿寒岳）とマヒネシリ（雌阿寒岳）である。

そのときにできた阿寒湖にも、休む場所が必要ということで、ところどころに島を造ったので、いくつもの島がある（『足寄百年史・上巻』から引用）。

足寄・雄阿寒岳の妾山と雌阿寒岳の噴火口

ピンネシリ（雄阿寒岳）とマヒネシリ（雌阿寒岳）とは、夫婦の山であるが、雄阿寒岳には、北見の留辺蘂の裏にあるポンヌプリ（小さな山の意味）という山が、妾山だった。

あるとき、魔神のニッネカムイが現れて、山のくせに妾をもつのはけしからんと、持っていた槍で、雄阿寒岳を突き刺した。ついでに、何の罪もない雌阿寒岳の頭も吹き飛ばしてしまった。その時の魔神の槍跡が雌阿寒岳の噴火口だという。

二つの山を痛めつけた魔神は、続いてポンヌプリも突き刺した。その槍先がそれて、槍跡が深い沢となった。

この魔神の暴挙に恐れたポンヌプリは、留辺蘂から逃げ出し、屈斜路湖畔に移ってしまった。その山は、現在、どの山か不明であるが、その山の一方から赤い水が流れ出て、山の涙であるという。ポンヌプリのあった山の跡は、沼になった。

こうしたことがあって以来、阿寒の人が屈斜路湖上にでると、必ず雨が降るという（『足寄百年史・上巻』から引用）。

足寄・気性の荒い雌阿寒岳

昔、雄阿寒岳は、海の近くに立っていて、ピシタアンピンネシリ（海の縁にある雄山）といっていた。この雄山が、雌阿寒岳を嫁にしたところ、この山は、ひじょうに気性の荒い山だったので、周囲の山々が崩れ、すっかり地形が変わってしまった。

雄阿寒岳は崩れさることなく動かなかったので、それでアカンと云うようになった。アカンは、動かないという意味である（『足寄百年史・上巻』から引用）。

足寄・阿寒の青沼と赤沼

雌阿寒岳の頂上から、旧火口の底に、不気味な青沼と赤沼とが見下ろすことができる。ここは、昔から、雷神が降り、遊ぶところと云われている。

青沼をカムイシンプイ（神様の井戸）といい、赤沼は、フレトー（赤沼）と云っている（『足寄百年史・上巻』から引用）。

足寄・雌阿寒岳の薬湯

昔、石狩の方の山の続きに、ニッネヌプリ（魔神の山）という山があった。そこには、常に、魔神たちが隠れていて、人間の世界の邪魔ばかりしていた。

そこで、オタシトンクル（歌棄人）というアイヌの英雄が、これを退治するため、山を攻め、六日六晩、激しい戦いが続いた。魔神たちは、黒雲をはいたり、雨を降らして逃げ回った。山から谷、森へと隠れ、海上にも逃げた。そのたびにオタシトンクルに追跡され、苦し紛れに霧をはいて山の方に逃げた。

雄阿寒岳に隠して欲しいと助けを求めた。雄阿寒岳は、岩の拳骨（げんこつ）で殴りつけた。するとと、今度は、雌阿寒岳のところに逃げて、泣きながら助けを求めた。雌阿寒岳は、しかたがなく魔神に同情して懐に隠した。

これを知ったオタシトンクルは、ひじょうに怒った。雌阿寒岳の懐から魔神を引き出し、惨殺した。そして、オタシトンクルは雌阿寒岳に、『魔神を隠したお前の懐（ふところ）からは、いつまでも、臭い息が出て膿（うみ）が流れるであろう』と呪った。

それで、魔神を隠した雌阿寒岳の懐からは、今でも、臭い噴煙が立ちこめ、硫黄の濃が流れ出ているという。

魔神を殴りつけた雄阿寒岳は、コタンの人々から尊敬され、お祭りのたびに酒が供えられている。

もう一つの伝説。魔神を退治したのは、アイヌ民族の英雄、オタシトンクルではなく、国々から選ばれた六〇人の勇士であるという伝説がある。

六〇人の勇士は、一二日間かけて、魔神の手下を全部退治した。勇士たちも傷つき、あるいは、殺され、二〇人ほどになった。最後に魔神を雌阿寒岳から引きずり出し退治したのは、六人の勇士だった。

この六人の勇士と国々の神は、雌阿寒岳に厳重な談判（チャランケ）を行った。チャランケをされた雌阿寒岳は、その償いとして、魔神に殺された五四人の勇士の死体を集め、薬を沸かして傷を治し、魂をよみがえらせ、もとの元気な勇士の姿に戻した。

それで、アイヌの人々は、この山をニッネアウンシリ（雌阿寒岳・魔神の入った高い山）といって、お祭りをしなかった。

その後、怪我や病気のときは、雌阿寒岳の薬湯で身体を治すようになってから、お祭りを行うようになった。その時の薬の湯が、今の阿寒湖畔の温泉である。(『足寄百年史・上巻』から引用)。

足寄・阿寒の小山が、利尻島とペンケ沼をつくる

悪いことをしてあちこちに姿を現す魔神は、雷神のカンナカムイに追われ逃げ回っていた。雌阿寒岳に、ようやく、かくまってもらい、一年ぐらい隠れていた。

魔神は、雷神がいつもゴロゴロと音をたて、回って歩くのが不安で、雌阿寒岳のふところから飛び出した。するとすぐに、雷神に見つかってしまった。

逃げて、逃げて、やっと、アブタヌプリ(虻田山)に頭を隠したところ、雷神が投げた槍が、後ろから飛んできた。魔神には当たらず、山に突き刺さった。そのため、アブタヌプリが爆発してしまった。

それから何年かして、魔神が阿寒付近に姿を現した。すると、たちまち、雷神に見つかってしまった。魔神はあわてて、阿寒川のルチシから土の中にもぐり、阿寒湖の落口、オォコツに出ると、なおも、雷神が追ってきた。

今度は、雄阿寒岳の下へもぐろうとしたが、岩が多くて頭を突っ込むことができなかった。今度も雷神が槍を投げつけたが、魔神に当たらず、近くの小山に当たった。不意に槍を刺され

た小山は、泣きながら雄阿寒岳の上に涙の大雨を降らせた。

そして、小山は、阿寒の見えない遠い西方の沖に飛び去り、利尻島になった。小山が飛び去って抜けたところは、リクントー（現在のペンケ沼）になったという。

魔神は、このどさくさに紛れて、何処かへ姿を隠し現れなくなった（『足寄百年史・上巻』から引用）。

足寄・鹿族のカムイ（神）、鹿を地上に降ろす

雌阿寒岳の南側にあるウコタキヌプリは、昔、ユッランヌプリ（鹿の下る山）といった。

大昔、阿寒の山々でササが茂り過ぎ、森林の下草や松の幼木が育たず、豊かな森だったのが、今にも倒れそうな老木ばかりになってしまった。

天国で、これを見ていた鹿族のカムイ（神）は、『美しい森をなくしてはならない』と、鹿を入れた大きな袋を地上に下げ降ろした。

森に降りた鹿は、ササの葉を食べ、子孫を増やした。増えた鹿の群れが、さらに、多くのササを食べ、豊かな森に回復した。

ユッランヌプリから阿寒の山々に増えた鹿は、その後も増え続け、足寄から十勝、日高、北見へと分派して増え続けた。

そのため、山へ鹿猟に入るときは、必ず、ユッランヌプリで木弊を作って捧げることになっ

ている（『足寄百年史・上巻』から引用）。

足寄・弓矢の自白、アイカップ（矢の届かないところ）

アショロに、熊狩りの名人の老人がいた。

あるとき、先ほど通ったかと思うような熊の足跡を見つけ、老人は、矢を放った。矢は、一生懸命、熊の後を追った。熊の歩くのが早過ぎて、矢は途中で倒れてしまった。

熊狩りの名人の老人は、「そろそろ、熊が倒れたころだろう」と、鍋を背負って、矢の後をたどって行くと、矢がひっくり返っていたので、ビックリしてしまった。

老人が、『おい、どうしたんだ。お前らしくないじゃあないか』と、矢を起こして声をかけた。矢は、『あんまり、熊が早く歩くので、倒れてしまった。これからは、確かに見た熊でなければ、決して私を射ってはなりません』と老人に云った。

何故かというと、昔の矢は、二、三日前に歩いて行った熊も、追いかけて殺すことができた。今は、矢も年を取ってしまったからだ。

老人は、『下手なことをしてしまったものだ』と、残念がった。そして、矢が倒れたところを、「アイカップ（矢の届かないところ）」と名付けた（『足寄百年史・上巻』から引用）。

足寄・十勝アイヌと石狩アイヌは、同じ祖先

アシソオロのオッテナの孫息子に、シラテッカという青年がいた。オッテナの血を引く剛勇豪快な青年だった。父のアプニアイヌは、アシソオロの酋長だった。

ある日、アプニアイヌが、シラテッカとコタンの若者ピカンを呼んで話した。『聞くところでは、十勝アイヌと石狩アイヌが、狩場のことで争っているようだ。武器を持って戦う準備もしているというから、私の使いとして出向き、これを収めてきなさい』と、酋長は、二人の青年に託した。

夕暮れに、戦いの準備をしている十勝アイヌのコタンに着いた。シラテッカは、ひと呼吸して、大きな声で叫んだ。

『私は、アシソオロの酋長アプニアイヌの使いの者、シラテッカである。横にいる者は、ピカンという者である。これから酋長が託した使いの言葉を述べる。コタンのエシカ(長老)は、前に出てください』

戦闘準備をしていたコタンの人たちは、静まり返って、皆がシラテッカの口元を見つめた。

『このコタンにも賢いエシカがいるのに、武器を持って戦おうとするのは、どうしてなのか。十勝アイヌと石狩アイヌは、もとを正せば同じ祖先、同じ仲間同士ではないか。両方の国の川の源は、同じ山から出ている。母の乳房が右と左に別れていても呑む乳に変わりがない。同じ山から流れる川の恩恵によって、平和な生活を続けられたことを忘れたのか』と、説得した。

一緒に来た青年、ピカンもシラテッカと同じ内容の説得をするため、石狩アイヌのコタンを目指して、走った。

石狩のコタンに着いたピカンは、エシカを集めて、平和な解決を説いた。石狩アイヌの中にも十勝アイヌと同じように戦いによって決着しようとする若者たちがいた。

そのようなときに、十勝のコタンから使者が到着した。もともと平和を望んでいたエシカたちは、血気にはやる若者たちを説得した。

翌朝、石狩アイヌは、平和の使者をたてて、ピカンと共に国境へ出発した。十勝と石狩の川の源が流れ出る国境で、双方の代表が出会い、円満に解決することができた。その後、一度も争うようなこともなく、平和が続いた（『足寄百年史・上巻』から引用）。

浦幌・蜂の大群が厚岸軍を襲う

直別には、砦の跡（オタフンベのチャシ）がある。昔、この砦に、爺さんと婆さんが住んでいた。ある晩、婆さんは、水を汲みに川に降りて行った。耳環に月の光があたり、キラキラと光った。そのため、厚岸から攻めて来た敵の矢で射られ殺されてしまった。

その後、敵の厚岸軍は、きっと爺さんもいるはずと待っていた。爺さんは、なかなか姿を現さなかった。そこで、厚岸軍は、海岸の砂を盛り上げ鯨の型を作り、その上に魚の皮を置いた。海鳥が集まって騒いだので、砦にひそんでいた爺さんは、鯨が寄ってきたと喜び、砦を出た。

その時、爺さんは、厚岸軍に射られてしまった。着物が破れ、睾丸も傷つき、川を飛び越えて逃げるとき、睾丸を川の中に落として死んでしまった。

厚岸軍は、勝ち誇り歌を歌いながら沖を舟で進んだ。すると、蜂の大群が飛び出してきて、厚岸軍に襲いかかり、たった一人を残して、刺し殺した。一人を残したのは、そのことを伝えさせるためである（『浦幌町百年史』から引用）。

帯広・チョマトーの伝説

チョマトーは、帯広市西一五条～一六条北一～二丁目にある小さな沼である。古くは、北二丁目から南一丁目にかけて三日月湖のような大きな沼だったと伝えられている。

この沼には、アイヌ民族の戦いの伝説が残されている。明治四十年発行の『十勝史』には、次のような趣旨のことが述べられている。

ある年、十勝アイヌと日高アイヌが戦った。その時、十勝アイヌは大敗し、サッナイの東の方に退却した。

その後、七〇年を経てから、再び、戦いが起こった。その時は、日高アイヌが大敗して退却した。その途中、空腹のため歩行困難となり、今の伏古アイヌ学校付近の沼のところで、水鳥を数羽捕り、これを食べて空腹をしのいだ。ところが、そこを十勝アイヌに包囲されてしまった。

逃げ場を失った日高アイヌは、ことごとく、沼に落ちて溺れ死んでしまった。それ以来、その沼は、「チョマトー」、すなわち、「腐敗する沼」と、呼ばれるようになった（『帯広市史』から引用）。

第十章　コロポックル族と伝説

コロポックル族の意味

コロブクングル＝コロポックル族の意味は、「フキの葉の下で、その茎を持っている人」という意味である。また、「土室（つちむろ）に住む人」という意味もある。今のところ二〇〇年以上前に書かれた、『渡島筆記』が、最初に、コロポックルについて、具体的に書かれた資料と言われている。

コロポックルの呼び名

『渡島筆記』。最上徳内は、天明五（一七八五）年から六（一七八六）年にかけて、幕府の蝦夷地調査に参加した。和人として初めて、択捉島、得撫島に渡り、蝦夷地の研究をした探検家である。後に、文化五（一八〇八）年に『渡島筆記』を著した。

その『渡島筆記』には、コロポックルを「コロブクングル」、「コロボツコルウンクル」、「トヰ（イ）チセウンクル」と記録している。

明治四十年発行の『十勝史』には、「コロボウングル」と表現され、昭和十二年発行の『新撰北海道史』では、「コロポックル」となっている。

古い記録

『渡島筆記』は、毛筆で書かれ、難解。同じ毛筆の文章が、『日本庶民生活史料集成・第四巻』

に、活字で記載されている。それを要約、引用して紹介し、後ほど考察を述べたい。

（前文省略）。コロブクングルというものあり、古い昔の人で、いつの頃か分からない。コロブクングルのことを詳しく述べれば、コロボッコルウンクルのことで、「ボッ」は「ボキ」、「下」。「コロ」は「フキの葉」。「コル」は「持つ」。「ウン」は「居る、住む」。「グル」は「人」という意味である。すなわち「フキの葉の下で茎をを持っている人」という意味になる。

婦人は、手と唇の周囲に入れ墨（いれずみ・黥・刺青・文身ともいう）をしている。入れ墨は、コロブクングルから始まると伝わっている。

声がしても姿が見えない。夷人（アイヌ民族）が漁をすると先に捕ってしまい、捕ってある魚を盗み、家に来て魚を欲しいという。与えなければ悪さをする。

ある日、窓から魚を取ろうとする手を握り、家の中に引き入れた。見ると美しい婦人だった。三日間、食べ物を与えないと死んでしまった。手や唇の周囲は入れ墨をしてあり、美しかった。アイヌ民族の女たちは、これを学んだ。

女の唇の周囲の入れ墨は、男の髭（ひげ）状にする。その色は黒いほど良いとした。両手には幾何学模様の形にして、その間に花、葉状にした。唇に入れ墨をすると、数日間、食べることができなくなる。たまたま、死に至ることもあるという。

コロブクングルのことは、取るに足らないように思えるが、コロブクングルは魚を欲しがることなく、人に魚を与えるという。コロブクングルは一人の名ではなく、種族をさして呼んでいる。

さまざまに蝦夷を悩まし、戦闘のときは、六、七人がフキの葉の下に伏せ、小さいので幻のように伝えられる。

彼らの家跡は、地を掘り、深さは二、三尺。所々にあり、どこへ行ったのか跡なし。その家跡や周辺から小壺を掘り出すことが、時々ある。夷人（いじん・外国人・未開人）も、まれに、これを手に入れれば秘蔵する。小さな壺は二合ほど入る。

喜右衛門もコタンベツの川ところの岡で、全く壊れていない壺を一個を得た。トママイの小使シトクタという蝦夷も同じ壺を二個を秘蔵している。一つの壺の中には、薪の燃やした炭と砂が入っていた。幾百年か、幾千年前の壺かは知らないが、炭は腐ることがない。

コロブクングルのことをコヒト、コヒトという。蝦夷がコヒトと云えば、穴居の跡をいい、胡人かどうかわからないようであるが、よくよく聞いてみると、フキの葉の陰に六人も七人も隠れるので、普通の人ではなく小人（コヒト）であるという。（以下省略）。

右記を要約すると、次のようになる。

コロポックルは、アイヌ民族が魚を捕ろうとすれば、先に捕ってしまったり、盗んだりするいたずら者だったらしい。コロポックルの美婦人が、美しい入れ墨を口元や手にしていたので、アイヌ民族も入れ墨をするようになったこと。コロポックルは一人の名称でなく、種族の名称である。戦闘のときは、フキの下に六、七人が伏せっていたり、隠れていたりでアイヌ民族を悩ませたこと。広さ四坪、深さ二、三尺の穴居（けっきょ）に住んでいたこと。住居跡から古い壺が発見されることがあり、アイヌ民族も貴重な壺を秘蔵することがあったことなどが、記録されている。

コロポックルの身長

『蝦夷島奇観』によると、コロポックルは、背の高さ四尺（約一二〇センチ）ぐらいで、アイヌ民族に魚類や獣類などを窓から差し入れ与えるなど、人の良さもあったようだ（『エミシの研究』）。

コロポックルの背の高さが四尺（約一二〇センチ）ぐらいということであれば、高さ二メートル以上、葉の直径が一メートル以上もあるフキの葉の下に数名が隠れることはたやすい。北海道の各地で発見されている縦穴、土器、石器などの使用者は、コロポックル族と言われた時期があった。この説は、明治中期の人類学発達の初期において主流をなしたそうだ。その後、アイヌ民族も縦穴、土器、使用したことが明らかになり、この説は否定されるようになった（『新撰北海道史・第二巻』から引用）。

コロポックル族とは

コロポックルとは、コロコポクウンクルの略である。「蕗《ふき》の葉の下の人」という意味である。

コロポックルは、トイチセクル（土の家の人の意味）、あるいは、トンチンカモイ（土の家の神の意味）、あるいは、トイチセコッコロカモイ（土の家を持つ神の意味）、あるいは、トイチセコッチャカムイ（土の家の傍の神の意味）などの呼称がある。

樺太アイヌは、これをトンチという。身体が矮小にして一本の葦《あし》を数十人、数百人で担ぐという。一枚の蕗の葉の下に、数十人、数百人が入るという。身長は、七、八寸（二一～二四センチ）という。あるいは、三、四尺（九〇～一二〇センチ）という。敏捷で姿を現すことを嫌う。声だけで姿が見えない。

コロポックルの女は、アイヌ民族の家の窓下に来て魚を与える。食を乞うと品物と交換する。あるとき、アイヌ民族が手をつかみ、家の中に入れた。口の周囲、手に入れ墨があった。このことにより、コロポックルは、どこかに去り、その後、姿を見ることがなくなった（『北海道史』・『幕別町百年史』から引用）。

巨大なフキ、家畜の餌《えさ》

私（編者）が根室に住んでいたとき、酪農家の家の湧き水がある庭で、足寄町のラワンブキと同じような、高さ二メートル以上、茎が腕の太さもあるフキを見た。戦前、国後島から持ってきて栽培しているとのこと。そのとき、長さ三〇センチほどに切ったフキを一本頂いた。家族で食べるのに、十分な量だった。

戦前、国後島に住んでいた人たちは、二メートル以上もあるフキを切り倒し、大きな穴に詰め、冬期間の家畜用飼料としてサイレージを作ったそうだ。飼料が不足すると、海岸に打ち寄せた海草も飼料として使ったという。

イギリス人ランドーの旅行記

明治二十三（一八九〇）年。イギリス人のA・ヘンリー・サヴェジ・ランドーは、北海道を一周した。

八月十五日。下帯広村の晩成社幹事、英会話ができる渡辺勝、カネ夫妻に会った。ランドーは、そのときの印象を、「私がしばらく忘れていた、文明社会の生活に引き戻してくれた」と、述べている。

ランドーの旅行記では、コロポックルの実在を信じていたようである。要約して、次のように紹介する。

縦穴居住者たちが、有史以前の遺物と遺跡を残して、蝦夷地と千島列島から姿を消したとなると、当然、いくつかの疑問が残る。これら縦穴居住者は、何者なのか、どこから来たのか、どこへ行ってしまったのか。私たちやアイヌ民族たちも、このことについて、完全に無知なのに、想像力たくましい日本人たちの説明には、信頼することができない。

蝦夷地には、昔、小人の人種が住んでいて、アイヌに敵対し、数度にわたる戦いの結果、アイヌ民族によって根絶された、とアイヌ民族のある者は説明する。これらの戦いが、いつ、どこで行われたのかについて、曖昧模糊としている。

アイヌの説明では、これらの縦穴居住者たちは、コロポックル（穴の人という意味）と呼ばれ、かって、蝦夷地と千島列島に住んでいたという。コロポックルの背丈は、三、四フィート（一フィート、三〇・四八センチメートル・約九一～一二二センチメートル）。アイヌ民族のいくつかの伝説では、たった数インチの人々として描かれている。これはアイヌ民族と比較してひじょうに小さかったと、解釈すべきであろう。

アイヌ民族の中でも、想像力の豊かな少数の者は、コロポックルは非常に小さかったので、雨が降ると、フキの葉の下に雨宿りをしたと、真面目に語るほどである。

また、別のアイヌは、コロポックルは、アイヌ民族の祖先であり、現在のアイヌ民族よりも、多毛であったと語る。（中略・『ランドーの旅行記』から引用）。

アラスカに住むエスキモーは、かって、アメリカ東海岸、北海道と同じような緯度に住んでいた。その後、徐々に北方の厳しい土地へ撤退して行ったことはよく知られている。これと同じことが、アイヌ民族の蝦夷地侵攻の後、ここでも起こったのかも知れない。

コロポックルは、征服者であるアイヌ民族よりも、明らかに文明化されていた。土器を作り、石に細工をした。消極的な性格、弱い体格であったため、未開で多毛な人種の数に圧倒され、やがて姿を消した（後略）。（『幕別町百年史』から引用）。

コロポックルを殺す

昔、アイヌ民族が、十勝地方に住んでいたコロポックルを追い払うとき、十勝川で溺らせ殺したことがあった。

コロポックルは溺れながら、『私たちを虐殺するお前たちも、魚の皮が焼け焦げるような運命に遭うであろう』と、叫んで死んだ。それで「トカップ」というようになった。「トカップ」とは、「魚の皮」の意味である（『鹿追町七十年史』から引用）。

入れ墨をした美しい女性

昔、ある年、有珠山が噴火した。流れ出た溶岩のため、山麓のアイヌ民族の集落のほとんどが、全滅してしまった。かろうじて、カナメ一族が災害を逃れ、十勝国へ移ることになった。カナメ一族が落ち着いたところは、鮭の豊かな「シベ」という土地であった。「シベ」とは、「鮭」のことで、カナメ一族は、ここで豊かな平和な集落をつくった。

ある日、集会のとき、一族の中のサピンノトクが、『この頃、朝になると、誰かが二、三匹の川魚を置いていく』と、不思議そうに話したところ、それはサピンノトクの家だけでなく、どこの家でも同じことが分かった。

誰なのか正体を突き止めるため、眠らずに待っていた。すると、夜中に、真白い手が戸の隙間から差し入れられ、三匹の川魚を置いた。すかさず、手を押さえたところ、身の丈が一尺（三〇センチ）ほどで、唇や手の甲に入れ墨をした、コロポックルの美しい女性だった。

サピンノトクは、その女性を酋長の家に連れて行き、いろいろと尋ねたが、泣くだけで何も答えなかった。

コロポックルたちは、酋長の娘がさらわれたことを知ると、シベ集落に押しかけ娘を奪い返した。そのとき、アイヌ民族に向かって、『アイヌども、呪われて若死にしろ、早く年を取って髭も早く白くなり、鮭の焼け焦げるように苦しんで死ね』と、呪いの言葉を叫んだという。

その後、コロポックルの呪いのためか、カナメ一族は、男も女も年頃になると、皆、若死し、最後に残ったカナメ一族の者は、シベ川（十勝川）の氾濫で溺死してしまい、集落の影さえもなくなってしまった。

現在のアイヌ民族は、その後、北見、石狩、釧路方面からやって来た者の子孫であるという。「トカプチ」という言葉は、「鮭の焼け焦げる」という意味で、コロポックルの残した呪いの言葉であり、それ以来、「シベ」といわず、「トカプチ」と、言うようになったという（『十勝史』・『鹿追町七十年史』から引用）。

コロポックル族とアイヌ民族の戦い

芽室。美生川川筋にある丸山のコロポックル族とアイヌ民族との戦いの伝説は、いつの時代からの伝説であるか不明である。

大正十四（一九二五）年発行の『芽室発達史』に記載されているので、それよりも以前から、伝説が伝えられていたことは確かである。『芽室五十年史』にも、コロポックル伝説が分かりやすく記載されているので、要約して紹介する。

「コロポックル族の一団があった。鮭や鱒を捕りながら、十勝川から美生川を上ってやって来た。上流に進み、丸山付近にたどり着いた。この辺は雨山（新嵐山）に面し山峡をなし、瀑布があり、魚類は、これより上流に遡上しないことを知り、この辺一帯に住むことになった。しばらく、平和な年月が過ぎたある年の暮れ、身の丈六尺（約一八〇センチメートル）、眼光鋭く、獣の皮をまとった一団を見かけたという情報が伝わった。

コロポックル族は相談した結果、断崖の上の丸山に砦を築き、異人種（アイヌ民族）の襲来に備えた。

コロポックル族は、美生川の断崖の上の丸山に砦を造ったので、何回かの戦いに有利であった。数年後、アイヌ民族は東側の平坦部から攻めて来たため、コロポックル族は滅亡してしまった」。

現在、丸山には壕跡が残されているが、戦いの証明となるような遺物は、発見されていないそうだ（『芽室五十年史』から引用）。

（編者撮影）

写真二十九．丸山（芽室町）と美生川

丸山の山頂には、壕を堀巡らしたチャシコツがある。
昔、コロポックル族とアイヌ民族が戦ったという伝説がある。

引用参考文献

・最上徳内著『渡島筆記』文化五（一八〇八）年
・酒井章太郎編『十勝史』明治四十（一九〇七）年
・『北海道史』北海道庁　大正七（一九一八）年
・『芽室村発達史』芽室村史刊行会　大正十四（一九二五）年
・『芽室五十年史』芽室町　昭和二十七（一九五二）年
・『静内町史』静内町役場　昭和三十八（一九六三）年
・高倉新一郎著『アイヌ研究』北海道大学生活協同組合　昭和四十一（一九六六）年
・高倉新一郎編『日本庶民生活史料集成　第四巻』三一書房　昭和四十四（一九六九）年
・『大樹町史』大樹町役場　昭和四十四（一九六九）年
・『上士幌町史』上士幌町役場　昭和四十五（一九七〇）年
・『豊頃町史』豊頃町役場　昭和四十六（一九七一）年
・浅井亨編・稲田浩二監修『日本の昔話二「アイヌの昔話」』日本放送出版協会　昭和四十七（一九七二）年
・高倉新一郎著『新版・アイヌ政策史』三一書房　昭和四十七（一九七二）年
・北海道庁編『北海道旧土人保護沿革史（復刻）』北海堂　昭和四十八（一九七三）年

・松浦武四郎著・丸山道子現代語訳『十勝日記』凍土社　昭和五十（一九七五）年
・『本別町史』本別町役場　昭和五十二（一九七七）年
・『新広尾町史　第一巻』広尾町役場　昭和五十三（一九七八）年
・『函館市史 通説編 第一巻』函館市　昭和五十五（一九八〇）年
・北海道新聞社編『北海道大百科事典　上・下巻』北海道新聞社　昭和五十六（一九八一）年
・『士幌のあゆみ』士幌町　昭和五十六（一九八一）年
・渡辺茂編『北海道歴史事典』北海道出版企画センター　昭和五十七（一九八二）年
・『芽室町八十年史』芽室町役場　昭和五十七（一九八二）年
・阿部正己編『十勝国旧土人沿革調査』
（第二期アイヌ史資料集　第四巻　阿部正己文庫編（一）北海道出版企画センター　昭和五十八（一九八三）年
・『帯広市史』帯広市役所　昭和五十九（一九八四）年
・吉田巌『北海道河西郡帯広町伏古旧土人調査資料』
（第二期アイヌ史料集　第三巻　吉田巌著作編（三）北海道出版企画センター　昭和五十九（一九八四）年
・『鈴木銃太郎日記』柏李庵書房　昭和六十（一九八五）年
・A・ヘンリー・サーヴィジ・ランドー著・戸田祐子訳『エゾ地一周ひとり旅』未来社
昭和六十（一九八五）年
・池守清吉編『回想　忠類ナウマン象の発掘』忠類村長白木敏夫　昭和六十（一九八五）年

・満岡伸一著『アイヌの足跡』白老民族文化伝承保存財団　昭和六十二（一九八七）年
・『池田町史　上巻』池田町役場　昭和六十三（一九八八）年
・吉田巌『北海道あいぬ方言彙集成』小学館　平成元（一九八九）年
・北海道編『新北海道史年表』北海道出版企画センター　平成元（一九八九）年
・『池田町史　下巻』池田町役場　平成元（一九八九）年
・『復刻・新撰北海道史　第二巻（昭和十二年）』北海道　平成二（一九九〇）年
・山下恒夫再編『江戸漂流記総集　第一巻』日本評論社　平成四（一九九二）年
・研究者代表　小谷凱宣著『フレデリック・スターのアイヌ研究資料の民族学的研究』
名古屋大学大学院人間情報学研究科　平成四（一九九二）年～五（一九九三）年
・『続士幌のあゆみ』士幌町　平成四（一九九二）年
・『上士幌町史　補追版』上士幌町役場　平成四（一九九二）年
・金田一京助・杉山寿栄男『アイヌ文様』北海道出版企画センター　平成四（一九九二）年
・金田一京助・杉山寿栄男『アイヌ芸術』新装版　北海道出版企画センター　平成五（一九九三）年
・『多良間村史　第四巻　民族編』多良間村　平成五（一九九三）年
・十勝大百科事典刊行会編『十勝大百科事典』北海道新聞社　平成五（一九九三）年
・『鹿追町七十年史』鹿追町役場　平成六（一九九四）年
・『陸別町史　通史編』陸別町　平成六（一九九四）年

・宇田川洋編集代表『アイヌのチャシとその世界』北海道出版企画センター　平成六（一九九四）年
・『新大樹町史』大樹町役場　平成七（一九九五）年
・『幕別町百年史』幕別町　平成八（一九九六）年
・『海峡も縄文の道』北海道新聞　平成九（一九九七）年七月二十三日
・中田勝也著『エミシの研究』新泉社　平成十（一九九八）年
・山本正著『近世蝦夷地農作物地名別集成』北海道大学図書刊行会　平成十（一九九八）年
・『新中札内村史』中札内役場　平成十（一九九八）年
・『追補　池田町史』池田町役場　平成十（一九九八）年
・木村方一著『太古の北海道―化石博物館のたのしみ』北海道新聞社　平成十（一九九八）年
・『浦幌町百年史』浦幌町　平成十一（一九九九）年
・『忠類村史』忠類村　平成十二（二〇〇〇）年
・野村崇・宇田川洋編『旧石器・縄文文化』北海道新聞社　平成十三（二〇〇一）年
・『音更百年史』音更町　平成十四（二〇〇二）年
・『帯広市史（平成十五年編）』北海道帯広市　平成十五（二〇〇三）年
・野村崇・宇田川洋編『続縄文・オホーツク文化』北海道新聞社　平成十五（二〇〇三）年
・野村崇・宇田川洋編『擦文・アイヌ文化』北海道新聞社　平成十六（二〇〇四）年
・『清水町百年史』清水町　平成十七（二〇〇五）年

・山本正著『近世蝦夷地農作物誌』北海道大学出版会　平成十八（二〇〇六）年
・『足寄百年史　上巻』北海道足寄町　平成十九（二〇〇七）年
・池間栄三著『与那国の歴史』平成十九（二〇〇七）年
・田辺安一編『お雇い農業教師　エドウィン・ダン―ヒツジとエゾオオカミ―』
北海道酪農協会　平成二十（二〇〇八）年
・日本史用語研究会『四訂・必携日本史用語』実業出版　平成二十一（二〇〇九）年
・『オホーツク人DNA解読』北海道新聞　平成二十一（二〇〇九）年六月十八日
・『港川人の顔ほっそり　日本人の起源、再考迫る』北海道新聞　平成二十一（二〇〇九）年十一月十七日
・『人類最古の石器使用跡』十勝毎日新聞　平成二十二（二〇一〇）年八月十二日
・『人類の起源』北海道新聞　平成二十二（二〇一〇）年九月四日
・竹沢健三著『父・竹沢嘉一郎・聞き覚え書き・竹沢経吾編』平成二十三（二〇一一）年
・『アイヌ民族と芽室』帯広百年記念館での学芸員、内田裕一氏の講演資料
平成二十四（二〇一二）年四月十九日
・加藤公夫編『十勝開拓の先駆者・依田勉三と晩成社』北海道出版企画センター
平成二十四（二〇一二）年
・『北海道アイヌ生活実態調査報告書』北海道環境生活部　平成十八（二〇〇六）年・二十五（二〇一三）年
・『道内最古「嶋木遺跡」見つかる』十勝毎日新聞　平成二十六（二〇一四）年九月二十七日

・『芽室の歴史探訪』めむろ歴史探訪会編　平成二十八（二〇一六）年
・『トカプチ　二十一号』NPO十勝文化会議郷土史研究部会　平成二十九（二〇一七）年
・加藤公夫編『松浦武四郎の十勝内陸探査記』北海道出版企画センター　平成三十（二〇一八）年
・『丸木舟で「渡来」成功』北海道新聞　令和元（二〇一九）年七月十日
・『縄文遺跡群を世界遺産推薦へ　北海道、北東北の縄文遺跡群、一七遺跡の時代区分』
北海道新聞　令和元（二〇一九）年八月十一日
・加藤公夫編『松浦武四郎の釧路・根室・知床探査記』北海道出版企画センター　令和元（二〇一九）年
・『人類移動の謎・ゲノムで迫る』北海道新聞　令和二（二〇二〇）年十一月十四日
・『遺跡に光を・①〜⑦』十勝毎日新聞　令和二（二〇二〇）年八月十九〜二十七日
・『新得町百二十年史　上巻』新得町役場　令和二（二〇二〇）年

あとがき

文献を調べ、「十勝のアイヌ民族」の原稿を書き著す過程で、日本人の起源について、次のようなことを知りました。

日本人、アイヌ民族は、突然、空から降ってきたり、地から湧いて出たのではなく、四四〇万年前に、アフリカ東部で発生した人類、旧石器時代、縄文時代、続縄文時代、擦文時代と連綿と続いた人々、日本人であると、そのように理解しました。

日本人の祖先は、今から四、五万年前の旧石器時代の後期、樺太の「北ルート」、大陸・朝鮮半島の「中間ルート」、台湾・沖縄の「南ルート」の三ルートから日本列島に移動し、住み始めました。

石器時代、縄文時代には、人々が日本列島に定住していました。その後、日本列島の地理的に近い中間部に大陸、朝鮮半島などから人々がやって来るようになり、それとともに、鉄文化や稲作文化が伝わりました。その時代を弥生時代といい、北海道では、稲作が行われなかったことから、続縄文時代といっています。

アイヌ民族といわれている人々は、縄文時代から継続して生活し、和人といわれる人々は、弥生時代に混血して定着した人々が、主流となって、現在の日本人を形成していると思いました。

結局のところ、日本人は、縄文人か弥生人のどちらに似ているであろうかということであり、もとをたどれば、皆、同じ、皆、親戚、ということになるのではと思いました。

昭和九（一九三四）年発行の『北海道旧土人保護沿革史』の始まりの文章、「渡来の経路」に、「今日、アイヌ民族は、北海道だけに住んでいるようになっているが、以前から、広く本州方面にも住んでいた」と、私が思っていたことと同じようなことが記述されていました。


安政五（一八五八）年、春と夏の二回、十勝内陸を調査した松浦武四郎の探査記からは、アイヌ民族は名前だけで、名字がないことや、多くの名前の中で、ひとつも同じ名前がないことを知り、驚きました。また、名前には、それぞれ意味があると思いました。

ほとんどのアイヌの人たちの家々では、浜の請負場所や会所・番屋で雇われ働きに行っていました。そのため、各家には、年老いた父母や妻、幼い子供が残り、周囲の自然からの恵みだけで生きていくことは、大変なことだったと思いました。

蝦夷地のアイヌ民族と和人との交流は、今から、八〇〇年以上前の鎌倉時代から始まっています。松浦武四郎の十勝内陸探査記では、アイヌの人々も、和人との交流の中で、生活していくことの必要性を感じ取っているようにうかがえました。


「十勝のアイヌ民族」を記述するにあたり、同じ事柄、伝説など、文献、資料によって、異なる表現がありました。異なっている事柄も調査が行われたり、言い伝えられたことと思いますので、そのまま活用させていただきました。氏名の記述も、市町村史によって異なっている場合があました。

また、私が記述した文章も、活用した資料、文献の文章そのままでなく、内容を換えることなく、私流に要約、記述するなど、表現せていただきましたことをお断りいたします。

本書の出版にあたりまして、北海道出版企画センターの野澤緯三男様のお世話になりました。厚くお礼を申し上げます。

妻には、写真の撮影、原稿の校正など、いろいろな面で協力をしていただきました。

令和三（二〇二一）年八月　加藤　公夫　記

■編者履歴
・加藤　公夫（かとう　きみお）
・昭和21（1946）年、北海道、芽室町生まれ
・帯広畜産大学別科（草地畜産専修）修了
・北海道職員退職（開拓営農指導員・農業改良普及員）

■主な著書

『北海道　砂金堀り』北海道新聞社	昭和55（1980）年
『酪農の四季』グループ北のふるさと	昭和56（1981）年
『根室原野の風物誌』グループ北のふるさと	昭和60（1985）年
『写真版・北海道の砂金掘り』北海道新聞社	昭和61（1986）年
『韓国ひとり旅』連合出版	昭和63（1988）年
『農閑漫歩』北海道新聞社	平成19（2007）年
『タクラマカンの農村を行く』連合出版	平成20（2008）年
『西域のカザフ族を訪ねて』連合出版	平成22（2010）年
『十勝開拓の先駆者・依田勉三と晩成社（編集）』北海道出版企画センター	平成24（2012）年
『中央アジアの旅』連合出版	平成28（2016）年
『日本列島　南の島々の風物誌』連合出版	平成29（2017）年
『シルクロードの農村観光（共著）』連合出版	平成30（2018）年
『松浦武四郎の十勝内陸探査記』北海道出版企画センター	平成30（2018）年
『松浦武四郎の釧路・根室・知床探査記』北海道出版企画センター	令和元（2019）年
『十勝開拓史 年表』北海道出版企画センター	令和３（2021）年

十勝のアイヌ民族
その歴史的な経緯を「市町村史」などにより探る

発　行　2022年３月10日
編　者　加 藤 公 夫
発行者　野 澤 緯 三 男
発行所　北海道出版企画センター
〒001-0018　札幌市北区北18条西６丁目２-47
電話　011-737-1755　FAX　011-737-4007
振替　02790-6-16677
URL　http://www.h-ppc.com/
印 刷 所　㈱北海道機関紙印刷所

ISBN 978-4-8328-2201-6